PAUL RICŒUR
Um filósofo
em seu século

PAUL RICŒUR
Um filósofo em seu século

François Dosse

TRADUÇÃO DE
Eduardo Lessa Peixoto de Azevedo

Copyright © Armand Colin, 2012
Copyright © 2017 Editora FGV
Título original: *Paul Ricœur: un philosophe dans son siècle*

Direitos desta edição reservados à
EDITORA FGV
Rua Jornalista Orlando Dantas, 37
22231-010 | Rio de Janeiro, RJ | Brasil
Tels.: 0800-021-7777 | 21-3799-4427
Fax: 21-3799-4430
editora@fgv.br | pedidoseditora@fgv.br
www.fgv.br/editora

Impresso no Brasil | *Printed in Brazil*

Todos os direitos reservados. A reprodução não autorizada desta publicação, no todo ou em parte, constitui violação do copyright (Lei nº 9.610/98).

Os conceitos emitidos neste livro são de inteira responsabilidade dos autores.

1ª edição: 2017; 1ª reimpressão: 2018.

Cet ouvrage a bénéficié du soutien des Programmes d'aide à la publication de l'Institut français.

Este livro contou com o apoio à publicação do Institut Français.

COORDENAÇÃO EDITORIAL E COPIDESQUE
Ronald Polito

REVISÃO
Victor da Rosa e Marco Antonio Corrêa

PROJETO GRÁFICO DE MIOLO, CAPA E DIAGRAMAÇÃO
Ilustrarte Design e Produção Editorial

Ficha catalográfica elaborada pela
Biblioteca Mario Henrique Simonsen/FGV

Dosse, François, 1950-
    Paul Ricoeur: um filósofo em seu século / François Dosse; tradução de Eduardo Lessa Peixoto de Azevedo. - Rio de Janeiro : FGV Editora, 2017.
    268 p.

    Tradução de Paul Ricoeur: un philosophe dans son siècle.
    Inclui bibliografia.
    ISBN: 978-85-225-1946-0

    1. Ricoeur, Paul, 1913-2005 – Crítica e interpretação. I. Fundação Getulio Vargas. II. Título.

CDD – 194

Sumário

Introdução 7

1. A travessia existencialista 11
   Os ensinamentos de Gabriel Marcel: "Ser-com" 11
   Do personalismo à pessoa 21
   Outro existencialismo que não o de Sartre 28

2. Uma fenomenologia do agir 45
   O apresentador de Husserl 45
   O complemento da fenomenologia da percepção
   de Merleau-Ponty: a fenomenologia da vontade 54

3. A enxertia hermenêutica 69
   O símbolo faz pensar 69
   A verdade com método 74
   A relação com Heidegger 85

4. A travessia do estruturalismo: por uma hermenêutica
   crítica baseada na narrativa 91
   O mergulho no *corpus* freudiano 91
   Explicar/compreender 103
   O diálogo com Claude Lévi-Strauss 108
   A confrontação com os linguistas 115
   O retorno do referente: a metáfora 120

5. A confrontação com a filosofia analítica
   e a construção de uma hermenêutica
   do si mesmo pela narrativa   133
   O aporte dos narrativistas   133
   A construção de si   146

6. Uma filosofia do homem capaz   155
   O social e o próximo   155
   O trabalho e/ou a palavra   157
   O paradoxo político   160
   Resistir ao determinismo cognitivista   168

7. Os caminhos da sabedoria prática   171
   Uma ética antes da moral   171
   A aspiração por uma vida boa   178
   A preocupação pelo justo e pelo reconhecimento   182
   As forças da vida até à morte   196

8. Historicidade sem teleologia   201
   Renunciar a Hegel   201
   Distinguir história e memória   206

9. Pensar como filósofo a tradição
   judaico-cristã   219
   A desmitificação   219
   Pensar a Bíblia como filósofo   229

Conclusão. Um filósofo em seu século   239

Bibliografia   247
   Obras de Paul Ricœur   247
   Trabalhos sobre Paul Ricœur   249
   Referências   253

Introdução

"Você é incontestável", disse-lhe um dia Emmanuel Levinas. Paul Ricœur é ao mesmo tempo retidão e abertura ao outro. Graças a uma ascese que sempre foi sua, à sua arte dos meandros, ele terá procurado esclarecer as questões em debate por meio da herança de dois milênios de cultura. Sua simplicidade em grau superior é simultaneamente nele a resultante de uma acumulação cultural e responde à preocupação de permanecer disponível ao outro, à inovação, à busca de mais justiça e de mais humanidade. Ele terá sido um extraordinário pensador da falibilidade do homem e da tragédia na história. Um gesto, que se desdobra em três momentos, atesta sua singularidade como filósofo: a escuta, o engajamento, o distanciamento. Em primeiro lugar, portanto, a atenção ao outro, o acolhimento fundamental à diferença, à alteridade, ao risco de sacudir sua identidade, essa diferença com a qual se caminha e que ele exerceu ao limite da fadiga psíquica e física, com um apetite sempre devorador na descoberta do novo. Suas "Leituras" tão numerosas, a partir das quais ele nos guia pelo labirinto dos textos da história e da filosofia, atestam sua preocupação em acompanhar o outro, de lhe atribuir crédito ao lhe acordar uma parte de verdade. Porém, contrariamente ao que poderiam julgar alguns detratores, tal não significa uma atitude de caudatário, pois Ricœur destaca em sua leitura do outro uma distinção pela qual ele expressa seu engajamento pessoal, reafirmando as convicções que o levam a não seguir quaisquer iniciativas reducionistas, mecanicistas. Ele anuncia, assim, os prolegômenos de um engajamento que não deve ser entendido como uma escolha do branco contra o negro, mas a afirmação de um ponto de vista que percebe como o melhor entre o pior e o medíocre. É o momento da tomada de riscos, pois não há engajamento sem a exposição a um possível fracasso da causa que se defenda. O terceiro momento não é o de uma síntese processada por um saber absolutizado, a qual fosse formulada em um novo sistema, subsumindo-se as contradições para se chegar a uma síntese ideal. Paul Ricœur apresenta, ao contrário, uma filosofia paradoxal, que mantém ao mesmo tempo o questionamento e a tensão resultante da necessidade de pensar em conjunto o mesmo e o outro, o universal e o singular, o tempo cosmológico e o íntimo, a narrativa e o referente. Para fazê-lo ele cria conceitos como o da identidade narrativa, da distinção no interior do eu entre o *idem* e o *ipse*, de representação... que são mediações diversas, sempre imperfeitas, para pensar em conjunto essas tensões. Diferentemente de um modo de pensar que esteve muito em voga nos anos 1970, segundo o qual convém forçar o tom ao extremo para se fazer entender, Paul Ricœur tornou-se um mestre ao nos revelar os mecanismos do jogo das contas de vidro que é o nosso, em sua complexidade crescente. Pode-se dizer hoje que ele o fez com o sacrifício de sua pessoa, porquanto para se complexificar, para se elevar em altura conceitual, perde-se em receptividade. Mas ele terá progredido, o que é reconfortante, em longo prazo, no reconhecimento daqueles, cada vez mais numerosos, que mediram a justeza de suas tomadas de posição. Ao longo de seu percurso filosófico, Paul Ricœur terá contado com um mestre interior, o que lhe aclarava o acontecido, graças ao peso de toda a história do pensamento para esclarecer as questões da sociedade e instruir assim o debate democrático. Longe das luzes midiáticas e, ao mesmo tempo, sem desprezo pela mídia, a uma boa distância da atualidade, mas sempre respondendo ao atual, ele terá sido um vanguardeiro. Paul Ricœur é, com efeito, essencialmente um pensador do agir, desde a tese em que expõe o que pode ser uma filosofia da vontade. Todo seu esforço especulativo terá sido voltado especialmente à ação propriamente humana, de insistir sobre a aptidão que termina sempre a triunfar sobre o trágico na história. Ele terá exposto um pensamento animado por uma vontade de presença — em sentido forte — em seu século. Daí seu esforço de pensar, de engajar-se ao extremo, até o último momento de sua morte para sustentar até o final as promessas da vida. Paul Ricœur renunciou a um pensamento sistemático, assim como a toda postura de projeção ou a toda teleologia histórica, substituindo-as por uma atenção aos fenômenos emergentes e à incompletude que desemboca no inacabado. De onde uma lógica de sondagem, pela qual Paul Ricœur retoma os "resíduos" das questões não resolvidas em cada um de seus estudos para fazer delas seu novo questionamento. Porém jamais em uma lógica solipsista: ele está sempre inserido em uma lógica síncrona de resposta ao contexto, aplicando-se a si mesmo suas próprias posições dialógicas, passando assim tanto pelo existencialismo, pelo estruturalismo, pela hermenêutica como pela filosofia analítica... para afirmar que a pessoa não é uma coisa e que antes convém pensar sobre o agir humano em suas potencialidades que se recriar um horizonte de expectativa. Ricœur terá sido um magnífico viajante entre a filosofia continental (Husserl, Gadamer) e a filosofia analítica anglo-saxônica. Dessa maneira, ele nos curou dos dilemas empobrecedores ao substituí-los pela perspectiva de melhor compreender ao explicar em maior profundidade, e augurando uma nova fase do pensamento, o da reflexividade. No entrelaçamento entre pensar o presente e prefigurar o futuro, ele trabalhou para combater o ceticismo e o fatalismo para, a cada vez, fazer prevalecer a responsabilidade humana. Da mesma maneira que o indivíduo, a sociedade, segundo Paul Ricœur, não se pode privar de ter um projeto, um horizonte de expectativa e de esperança, de onde o sentido que atribuía ao passado, de ser uma fonte potencial de recursos para a construção do futuro, de uma convivialidade mais harmoniosa e mais justa. Sempre resolutamente voltado para o futuro, ele defendia a ideia de uma utopia em sua função libertadora que "impede o horizonte de expectativa de se fundir com o campo da experiência. É o que mantém a distância entre a esperança e a tradição". O luto das visões teleológicas pode então transformar-se em uma oportunidade para refundar um projeto de futuro comum, a partir do reexame das possibilidades não confirmadas de nosso passado.

1
A travessia existencialista

Os ensinamentos de Gabriel Marcel: "Ser-com"

"Ler Gabriel Marcel a partir de Ricœur muito nos ensina sobre Marcel, mas igualmente sobre o próprio Ricœur" (Begué, 2010:84). O jovem filósofo aprendiz que é Paul Ricœur em 1934-35 (ele tem então pouco mais de 20 anos) é cedo apresentado às "sextas-feiras" de Gabriel Marcel. Ele é imediatamente seduzido pelo personagem, pelo estilo socrático de diálogo que este impõe a seus discípulos, por um estilo marcado pela inventividade e pela teatralidade. A regra dessas "sextas-feiras" é a de jamais se permitir o pensamento de outrem. Cada um deve exprimir sua própria reflexão. A segunda exigência é de processar tanto quanto possível elementos tirados de sua própria experiência. Sem contestar a qualidade de seus professores da Sorbonne, Léon Robin, Henri Bréhier ou Léon Brunschvicg, o agregador Ricœur está feliz por frequentar esse lugar convivial, que oferece um contraste vantajoso em relação ao caráter "mandarinesco" da universidade. Cada convidado das "sextas-feiras" é chamado a dissertar sobre um assunto com base na experiência comum, a fim de problematizá-lo do ponto de vista filosófico. É assim que o jovem Ricœur intervém sobre o tema da justiça, que em verdade jamais deixará, para revê-lo fortemente ao alvorecer dos anos 1990. Esse local de convivialidade, de amizade, torna-se o cadinho essencial na formação do gesto filosófico de Ricœur. Ele daí extrai seu gosto pelo diálogo, pela inquietação argumentativa posta ao serviço das interpelações da atualidade: "A mais viva lembrança que guardo das sessões de trabalho, que generosamente nos dirigia ele em seu domicílio, em benefício de estudantes como nós, pesquisadores jovens e menos jovens, é a de um tom de investigação marcado pelo foco no tópico de exemplo, pela explicação rigorosa, pela expressão precisa e justa" (Ricœur, 1992c:51).

Ricœur experimenta, por ocasião desses encontros, uma tensão fundamental entre dois estilos, entre dois modos de questionamento que todo seu trabalho posterior visará a manter juntos, a pensar em conjunto. Esse corte, às vezes doloroso, preserva-o em todo caso de se posicionar como um simples discípulo e contribui para a construção de seu próprio pensamento. De um lado, é atraído pelo estilo marceliano, que o orienta em direção aos problemas da encarnação, da invocação, do mistério. Ele lê então a obra publicada de Gabriel Marcel (1927, 1935). De outro lado, descobre apaixonadamente no mesmo ano a obra de Husserl, com a tradução inglesa das *Idées directrices*, pensador mais conceitual, fundador de um método fenomenológico. Ricœur lhe dedicará seus primeiros trabalhos filosóficos e contribuirá fortemente para introduzi-lo na França, graças à sua tradução do alemão para o francês. Nos anos 1930, Ricœur ainda não distingue com nitidez o caráter antitético dessas duas filosofias. A preocupação de se voltar para o concreto, de ir em direção às próprias coisas, lhes é comum. Ricœur encontra-se, portanto, inicialmente preso entre essas duas lógicas, em situação de descontinuidade, e tão ligado a uma quanto à outra. Resultará disso a sua preocupação constante de discernir os elementos que compõem lógicas em conflito, sem jamais abandonar um dos dois termos da contradição percebida. Esse domínio paradoxal do impasse, da fronteira, traduz uma vontade de acolher a diferença, o contraditório, sem nunca ceder à confusão que eliminaria as arestas das posições divergentes.

Gabriel Marcel desempenha nos anos 1930 a função de despertar, não hesitando em contestar os conformistas, não suportando a abstração apartada da experiência. Ele proíbe a seus próximos dizer "Kant ou Descartes disseram que...", para que estejam sempre orientados à criação pessoal, pensada e vivida. A personalidade exuberante de Marcel, autor de peças de teatro, é, todavia, antípoda à de Ricœur. Apesar da sensibilidade ao mundo, comum a ambos, Marcel não compartilha a radicalidade dos engajamentos de Ricœur à esquerda. Eles se encontram sobretudo no seu repúdio comum a todo pensamento dogmático, assim como no mergulho na filosofia da existência, conhecida no pós-guerra sob a denominação de existencialismo. Marcel terá ainda precocemente iniciado Ricœur na abertura para o estrangeiro. De fato, a partir de 1927, Marcel é responsável pela coleção "Fogos cruzados" da editora Plon, consagrada à literatura e à filosofia anglo-saxônica. Ele conhece e discute as teses de Whitehead e de Russel em um momento em que esses autores permanecem totalmente ignorados na França, e publica Virginia Woolf, Rosamond Lehmann, Aldous Huxley, D. H. Lawrence, Forster e muitos outros.

As relações de estima e de amizade que nasceram entre Marcel e Ricœur no ano de 1935 prosseguiram até a morte do primeiro em 1973. Ainda que as múltiplas atividades de Ricœur o tenham distanciado da rua de Tournon, eles não cessaram de se ver, de se manter em contato. Outra dimensão, existencial, conecta Marcel e Ricœur: a travessia precoce do trágico por ambos. Paul Ricœur, nascido em Valence a 27 de fevereiro de 1913, passa à guarda do Estado, ao perder seu pai, morto em 1915 na Batalha do Marne, tendo sua mãe desaparecido pouco após seu nascimento. Quanto a Gabriel Marcel, foi, como Ricœur, educado pela sua tia, após o falecimento de sua mãe quando tinha quatro anos. A morte e a questão do mal povoam suas reflexões. Essa busca impossível para romper o mistério leva Gabriel Marcel a se converter ao catolicismo, na idade madura. De fato, ele tem 40 anos quando é batizado em 23 de março de 1929. Sua evolução espiritual é revelada em 1927 pela publicação do *Journal Métaphysique*. Tornando-se católico, Marcel vê-se confrontado com o neotomismo, que se desenvolve de maneira espetacular nos meios católicos desde os anos 1920, na esteira de Jacques Maritain. Sua conversão aguça sua oposição à maneira pela qual a filosofia é tratada na Sorbonne sob a direção de Brunschvicg. Essa passagem a convertido protege-o contra todo pensamento dogmático em que pudesse encerrar-se; abre-o ao diálogo, mas com uma exigência de harmonização entre a dimensão especulativa de seu pensamento e a nova acolhida a sua fé cristã. Ora, em 1930, é o tomismo, portanto Maritain, que assume a figura de quadro mais coerente para reconciliar a razão e a fé. Ele participa então das reuniões dominicais de Meudon, em casa de Jacques e Raïssa Maritain. Essa travessia é necessária, segundo Marcel, mas ele se mantém a uma distância respeitosa de todo espírito sistemático. Os dois temas que se encontram no cerne de sua filosofia da experiência humana são o da promessa e o da fidelidade, que serão recolocados por Ricœur em posição central (Bégué, 2010:83-93).

Gabriel Marcel ensina também a seus estudantes uma filosofia da ação, atento a responder às interpelações da atualidade: "Contrariamente a certos outros filósofos, eu estou estritamente sob a dependência do acontecimento" (Marcel, 1971:265). Para ele, o filósofo deve-se apartar de uma postura distante, de espectador destacado, para participar ativamente de seu tempo. No plano político, fortemente marcado pela Grande Guerra, não o satisfaz a tese oficial de as responsabilidades serem puramente alemãs. Ele se junta ao ponto de vista de Alain contra as teses nacionalistas de Poincaré, porém não se torna por esse motivo pacifista, e permanece vigilante ante a progressão do nacional-socialismo, antes mesmo da chegada de Hitler ao poder. Não se alinha, contudo, com a Frente Popular, o que não o impede de indignar-se com o bombardeio de Guernica, tendo assinado em março de 1937 um texto pela defesa do povo basco, ao lado de Maritain, Mounier e Mauriac. Nos anos 1930, seu potencial de indignação encontra eco e reconforta o jovem Ricœur, já bastante engajado com a esquerda, e lhe aponta a possibilidade de conectar a análise filosófica à tomada de posição política. Gabriel Marcel opõe ao *cogito* cartesiano uma apologia do sentir, e conduz o sujeito em direção ao ato de participação. Ele privilegia assim uma primeira relação de reflexividade, que abre a ordem da experiência para a fé como modo do Ser. A metáfora marceliana da "sondagem" convém perfeitamente ao encaminhamento de Ricœur, cuja reflexão filosófica tem raízes em um passado considerado acumulação de camadas sedimentares de pensamento, como um depósito de sentidos. Esse rumo, que consiste em "sondar", objetiva colocar em movimento um sentir, que é confrontado com a transcendência ontológica graças à experiência da prova. Essa dialética permite realizar o encontro do tu no interior do eu, e se abre para uma intersubjetividade alcançada graças a experiências de passagem de um domínio a outro.

A insistência sobre essas mediações permite a Gabriel Marcel, em uma metafísica da presença, a simples transparência a si do pensamento. Ricœur convida assim a ler Marcel em seu máximo de exigência filosófica. Esse movimento de segunda reflexão, definido por Marcel como o tempo da reflexão recuperadora após sua primeira fase crítica e dissolvente, prolongar-se-á mais tarde em Ricœur dos anos 1960 em uma visada de apropriação hermenêutica. A intuição permanece em Marcel, segundo um belo oximoro, uma "intuição cega" que permite alcançar o ser-com, isto é, o outro, em um processo histórico indefinido. Conforme a tradição antiga, Marcel qualifica como *meta* as diversas sondagens necessárias à problematização filosófica. Em sua filosofia de múltiplos desvios, Ricœur sentir-se-á confortado, sabendo que as vias curtas, as imediatistas, não podem senão resultar em ofuscações.

Gabriel Marcel e Ricœur encontram-se novamente em público em 1967, para seis entrevistas difundidas pela France-Culture, posteriormente editadas (Ricœur, 1968a). Graças a esse diálogo, percebe-se melhor o que aproxima em profundidade, no plano do pensamento, os dois filósofos.

A rota do ser e o seu movimento não são entendidos como uma base de assentamento situada por detrás dele, mas "como uma terra prometida". A ontologia permanece como um horizonte a construir, uma perspectiva aberta, à maneira segundo a qual Aristóteles a situa, ao termo do percurso filosófico. Essa promessa guia os passos de uma linha de pensamento colocada sob o signo da exploração. A filosofia de Ricœur é fortemente marcada pelo estilo marceliano, uma progressão "*de próximo em próximo* ou *em estrela*, que, por encadeamento temático, consegue conferir uma universalidade concreta a experiências nucleares" (Ricœur, 1992c:68). Gabriel Marcel opõe à afirmação positivista de um realismo do espírito outra tradição, a da corrente reflexiva francesa, de filósofos como Maurice Blondel ou Louis Lavelle, pensadores antes do Ato que do Ser. É essa experiência da liberdade a partir de um *cogito* partido que vai definir, dos anos 1930 em diante, o fio condutor da filosofia de Ricœur.

Em 1934 Paul Ricœur defende em Rennes sua tese de mestrado sobre o *Problème de Dieu chez Lachelier et Lagneau*. Professor de filosofia no Liceu Michelet em Vanves na virada do século, Jules Lagneau defendia o ato de julgar como a essência de uma psicologia filosófica, fonte de um método reflexivo que deve passar em revista todas as obras do pensamento a fim de promover um despertar e uma educação do espírito. Ricœur não enxerga aí uma simples transposição francesa do kantismo, mas antes a elaboração de um caminho original, proveniente de uma tradição propriamente francesa, inaugurada por Maine de Biran e continuada por Ravaisson, Boutroux, Lachelier e finalmente Brunschvicg. Essa filiação francesa encontra seu ponto de ancoragem em Descartes. O famoso *cogito* cartesiano é o ponto nodal dessa reflexão. É, aliás, o único ponto sobre o qual Ricœur compele Marcel a uma autocrítica em 1967, quando aquele censura a este haver estendido sua contestação do funcionalismo ao *cogito* cartesiano, enfraquecendo assim resistências ao que por outro lado denunciava.

Paul Ricœur considera que Jules Lagneau se divide entre essa tradição cartesiana reivindicada e uma posição spinozista integrada como momento de seu pensamento reflexivo. Ele estava à procura de uma posição mediana que pudesse manter juntas a apercepção e a afirmação, no ato do julgamento. A análise reflexiva deve permitir encontrar a realidade do mundo em cada objeto e todo o pensamento em cada pensamento, pelo reconhecimento da compreensão em ato, sob a forma do julgamento, na percepção. Lagneau volta-se para Spinoza, considerando impossível a disjunção operada por Descartes. Trata-se de um movimento similar ao que ele opõe à disjunção kantiana entre fé e saber. Ele tenta reconciliá-los, ao colocar a realidade da perfeição como fonte do ser intangível e da existência sensível. Essa orientação reflexiva é toda em movimento, não deixando espaço algum em sua busca para a segurança de afirmações saturando os sentidos.

É com entusiasmo particularmente intenso que Ricœur saúda a obra de Jean Nabert, o *Essai sur le mal*, que aparece em meados dos anos 1950 e o conforta na sua reflexão sobre o mal e a culpa (Nabert, 1955): "Há poucos livros cujo crítico ouse dizer, ao fechá-lo, que seria esse que ele desejaria ter escrito; poucos livros que lhe arranquem tal confissão, sem uma sombra de arrependimento ou de inveja, em pleno reconhecimento ao seu autor" (Ricœur, 1992c:237). Ao início do segundo volume da *Phylosophie de la volonté*, que aparecerá em 1960, Ricœur preocupa-se de mencionar sua "dívida para com a obra do Sr. Jean Nabert" (Ricœur, 1988a:15). Sobre a figura do mal, Nabert mostra que a intensa ruptura do ser se opõe à retomada da posse de si mesmo. O método reflexivo esbarra com um paradoxo, pois retorna para saturar o sentido do mal. Esse encaminhamento reflexivo faz assim emergir o caráter insondável do mal. Se ele o evita, pode-se dizer que foge ao sentido mesmo da existência. Nabert efetua a travessia do que qualifica como o injustificável, isto é, o que excede e faz fracassar o racionalismo sob sua dupla forma moral e especulativa. A consciência se encontra incapaz, assim, de se apropriar totalmente da causalidade geradora da ação defeituosa, a qual escapa a todo estudo genético.

Ao adotar por completo uma análise rigorosa de natureza kantiana, Nabert convida a abandonar o objetivismo fisicalista. Ele propõe o conceito de causalidade impura, não para designar uma causalidade de segunda ordem, mas para lembrar que ela é radicalmente outra. Esse conceito significa a distância, o intervalo entre o surgimento do possível e a adesão requerida do eu. É ao fazer a escolha dos possíveis que o eu se faz sujeito da moralidade e que o mal se distingue do instinto, da reação reflexa. A questão do mal procede, portanto, de um ato que diferencia diversas possibilidades: o mal não é um dado em situação de exterioridade, fora do campo prático. E o pecado aproxima-se desse mal considerado na interioridade do ato que o produz. Ele põe em questão, com efeito, a totalidade do ser, na medida em que provoca mais que uma falha temporária, mas atesta uma recusa de fazer prevalecerem de forma absoluta as exigências da moralidade sobre os interesses do eu. Kant, na busca da compreensão do mal, descortina-o como dependente de valores morais racionais postos sob o domínio das sugestões do sensível. É a inversão de hierarquia que perverte a vontade, inserida na dualidade entre razão e sensibilidade. Segundo Kant, é a propensão a valorizar a ordem sensível que se encontra na base da inclinação inexorável ao mal na condição humana (Kant, 1994:65-93). Essa irredutibilidade do mal é reassumida por Nabert, que a define como a única via de acesso ao mal.

Essa busca em Nabert de uma superação do racionalismo pelos recursos próprios do racionalismo, permanecendo no terreno da filosofia, seduz particularmente Ricœur, cujo percurso é similar. Com Nabert, Ricœur encontra também a categoria do testemunho como lugar de confrontação entre as enfermidades da travessia da experiência e a consciência fundamental, assim como entre teologia e filosofia: "Essa dianteira do testemunho sobre a reflexão é, se quisermos, o presente que o religioso dá ao filosófico" (Ricœur, 1995b:242). Com esse reconhecimento da dívida ante Nabert, em uma temática tão essencial para Ricœur como a do mal e da culpa, é o reconhecimento da força de impulsão primeira que representa a corrente da filosofia reflexiva francesa que insistia sobre a irredutibilidade do mal, esse desafio que nenhum artifício filosófico pode fazer desaparecer.

Essa confrontação com o sentimento de culpa, para o qual não se pode encontrar a origem tangível, confirma ao filósofo a convicção de que a verdade não pode ser senão tensiva: ela se inscreve em um cenário de conflito inelutável, no qual é de responsabilidade do filósofo manter com firmeza os dois polos antagônicos. Surge daí um estilo próprio a Ricœur desde seus primeiros trabalhos: o aspecto marcante do trágico. Sem dúvida, o trágico está presente em seu pensamento como gênero. A tragédia grega, especialmente, desperta seu interesse. Porém, mais fundamentalmente ainda, encontra-se igualmente o trágico na aporia, no impasse que descentra de forma incessante o pensamento filosófico. Não que o estilo de Ricœur pertença, de forma alguma, ao melancólico, ao mórbido, ao complacente com a dor ou com a queixa. É na verdade o contrário, essas fases tensivas permitem-no saltar a cada vez, de aporia em aporia, sob o impulso de uma afirmação cada vez mais original, mas que não é acessível senão pela travessia do trágico. A afirmativa é sempre partida. O acesso à fonte não se pode efetuar senão por meio do que a parte. A luz imanente à afirmativa é, portanto, difratada na experiência trágica. A confrontação direta com o trágico encontra-se, em Ricœur, em torno de duas questões que se vão converter em preocupações constantes ao longo de sua obra, o mal e o tempo.

É a falibilidade do homem, preso entre finitude e infinitude como ser temporal, que abre as condições possíveis para o mal. O tempo oferece o cenário dessa falibilidade humana que Santo Agostinho já havia vislumbrado como a tensão própria à alma, que ele chamava *distentio* e que é a quebra entre o mais já e o ainda não. Ricœur prefere substituir a noção aprisionante de pecado original pela de dívida, central para ele, que sempre antecede o sujeito e se remete à ideia que não existem senão dívidas contraídas (Ricœur, 1969d:265-282). Ele considera mesmo como perigosa a noção de pecado original, na medida em que limita uma mensagem teológica a uma representação biologizada, que arrisca reduzir-se a uma relação puramente egocêntrica. A noção de dívida, ao contrário, sobretudo nos anos do imediato pós-guerra, faz eco a uma concepção coletiva do tempo. É a partir dessa circularidade entre o mal e o tempo, na qual a dívida cumpre o papel de ligação, que Ricœur reflete sobre as diversas formas de expressão do trágico. A tragédia grega interessa tanto mais a Ricœur por colocar em cena pontos de vista que têm cada um a sua legitimidade, mas que são incomensuráveis, como no caso do *double bind* tematizado por Bateson. Ela escrutina o verdadeiro em busca de sentido. À maneira do filósofo, "o trágico de Édipo é um trágico da verdade; a última palavra da tragédia não se refere ao sofrimento como sem sentido, mas ao sofrimento como descoberta de sentido" (Ricœur, 1994e:194). Haveria mesmo uma analogia possível entre a posição de Édipo e a de Sócrates, condenado ao sofrimento e à morte, sacrificado por seu desejo de conhecimento. É certo que a filosofia teve de superar a visão da tragédia baseada na fatalidade e na predestinação do mal, na dominação do Deus cruel. Mas Ricœur se pergunta se a tragédia não pode ter "a virtude de recarregar a filosofia das tensões primordiais que ela tende a descartar em benefício do discurso coerente" (Ricœur, 1994e:194).

La symbolique du mal consagra esse retorno à tragédia grega (Ricœur, 1960a). A tragédia é o cenário onde se confrontam duas ordens de grandeza: a do Deus cruel e a do herói que encarna a resistência da liberdade e da vontade diante da fatalidade do destino, antes de ser ineluctavelmente esmagado. A emoção e a tristeza trágicas nascem da exaltação até seu paroxismo. Esse distanciamento temporal dá a ilusão de um futuro ainda incerto, ainda aberto a uma possibilidade de contornar o destino. A libertação não é, todavia, exterior à tragédia. Ela aí reside como um núcleo de verdade, apesar do desenlace fatal. Ela é essa travessia necessária, o "sofrer para compreender" que celebra o coro em *Agamêmnon* de Ésquilo, ou esse "saber trágico" segundo Karl Jaspers. Hegel havia já atribuído um lugar destacado à dimensão trágica na construção de sua dialética. Mas ela não é aí senão uma etapa em direção a uma possível ultrapassagem, enquanto em Ricœur "o trágico marca um distanciamento original: ele tem lugar ou teve lugar como uma ligeira defasagem com relação ao presente, como uma falha de presença" (Petitdemange, 1994:88). Sua falha instituinte vem sempre enfraquecer as construções, as retomadas de sentido. Graças ao espetáculo que oferece, a tragédia permite dar ao impasse, ao horizonte da aporia, uma figura singular, corporal. A força do trágico grego é ter mostrado esse limite do conhecimento como uma contradição ao mesmo tempo viva e insuperável. A tragédia dá uma resposta possível a essa angústia sobre a qual Ricœur trabalha em seu nível mais profundo, confrontado como filósofo e como crente na questão da culpa. Trata-se de um pensamento que não pode, à época, encontrar o menor apaziguamento, senão no conflito. Essa dimensão é inerente ao ato, ao agir, à escolha exposta à possibilidade do trágico, à promessa não mantida, à dívida não honrada, à infinidade de esperas e à finitude do eu. O trágico é, pois, prova da existência. É aprendizado dos limites, experiência do inescrutável.

Importa permanecer de olhos abertos diante da opacidade do sofrimento e de ganhar em responsabilidade perante a ação. Ora, o agir e o voluntário têm necessidade de se livrar da fatalidade do pecado original para o desenvolvimento de suas possibilidades. Essa tensão rumo à criação, rumo à realização, rumo ao futuro, torna-se concebível graças à travessia e à lição do trágico, e a saber que a verdade não poder ser senão uma verdade partida que emerge da prova, tendo conseguido fazer recuar a culpabilidade mortífera. Porém, a condição humana permanece sempre em posição de fragilidade nessa travessia da prova. Sua capacidade de sofrer e de agir permanece vulnerável. Cada um dos pontos de vista tem sua própria legitimidade, de onde o imperativo do discernimento filosófico, de distinção dos registros argumentativos. É por essa mediação que Ricœur ingressa em uma reflexão ética, a partir dessa dimensão trágica. Amor e justiça nunca coincidem e tudo é dilemático (Ricœur, 2008).

Do personalismo à pessoa

Em plena crise de 1929, em busca de um novo caminho de esperança, o jovem filósofo cristão Emmanuel Mounier sente a necessidade de criar uma nova revista que muito vai contar para Ricœur. Por detrás da crise econômica, ele percebe os sinais precursores de uma crise de civilização mais global e entrevê a necessidade de romper com o que ele qualificará de "desordem estabelecida". Essa nova revista, *Esprit*, tornar-se-á um dos lugares privilegiados da inscrição intelectual e das intervenções públicas de Ricœur. Quando aparece o primeiro número da *Esprit* em outubro de 1932, Ricœur ainda não completara 20 anos. É como jovem estudante, exterior à empresa em seu início, que recebe as teses de Mounier. Mas a simpatia do jovem filósofo protestante por esses católicos heterodoxos é imediata. O que Ricœur aprende de Mounier e de sua revista é sobretudo sua postura participativa, seu engajamento na sociedade e sua preocupação de romper o isolamento da atividade filosófica, em geral confinada aos cenáculos universitários de especialistas. O caráter militante das posições filosóficas de Mounier lhe permite entrever uma conciliação possível entre suas convicções religiosas e políticas: "Eu aprendia junto a Mounier a articular convicções espirituais com as tomadas de posição políticas que haviam permanecido até então justapostas a meus estudos universitários e a meu engajamento nos movimentos de juventude protestantes" (Ricœur, 1995e:18). A nova revista *Esprit* atesta o clima de efervescência geral nos meios intelectuais que será mais tarde qualificado de "espírito dos anos 1930" pelo historiador Jean Touchard. O *crash* de Wall Street não passa de um epifenômeno para esses jovens intelectuais que sofrem sobretudo pelo fosso intransponível escavado pela Primeira Guerra Mundial, que separa os antigos combatentes, ainda jovens mas aquebrantados pela prova de fogo, e a nova geração, órfã, presa das dificuldades de carregar o peso da guerra e incapaz de se impor aos mais velhos, que lhes parecem opor uma verdadeira muralha de incompreensão. Esse conflito de gerações repercute então com estrépito em uma França entorpecida, com o olhar fixado em uma mítica "*belle époque*" de antes da guerra. Um sentimento de vazio captura essa juventude intelectual para além das clivagens políticas, em direção a uma contestação geral dos valores dominantes. É-se então anticapitalista, anticomunista, antirracionalista, antiamericano. Uma larga frente de repúdio se desenha nesses anos 1930. Chega-se ao extremo com a revista *Ordre Nouveau*, que convoca ao boicote das eleições de 1936. Sem dúvida, deve-se bem distinguir sensibilidades diferentes entre esses intelectuais, e há mais que simples nuanças entre o neotradicionalismo de *Réaction* e o de *Combat*, o espiritualismo de *Ordre Nouveau*, o tecnocratismo de *Plans* e o personalismo de *Esprit*. Mas pode-se ainda detectar em meio a essa renovação a busca comum de uma "terceira via" que tanto recusa o materialismo individualista quanto o materialismo coletivista. O estudante Ricœur, já convencido da fragilidade inerente ao indivíduo confrontado a um coletivo que pode tornar-se opressivo, conforme demonstrava então quotidianamente a progressão dos movimentos fascistas na Europa, segue Emmanuel Mounier em sua perspectiva intermediária, assumindo a figura da pessoa como emblema.

Mounier tem êxito em seu empreendimento graças a sua capacidade de extrair os intelectuais católicos do gueto no qual se haviam deixado fechar, colocando-se até então sistematicamente alijados dos movimentos progressistas de uma sociedade cada vez mais laicizada. Ele os convida a abrir portas e janelas. A tradicional aliança entre o sabre e a água benta está, em contrapartida, sob o domínio de todo um meio católico nostálgico, voltado à Ação Francesa; porém, múltiplos sinais permitem a muitos católicos a saída de seu isolamento, como a condenação da Ação Francesa pelo papa, que os libera da hipoteca de Maurras. Por outro lado, em 1929, a juventude cristã se coloca em movimento: a criação da Juventude Estudantil Católica (JEC) e da Juventude Operária Católica (JOC) contribui para a formação de um viveiro potencial para a futura revista *Esprit*. Os católicos começam então a se aclimatar às instituições laicas, republicanas, democráticas e a se engajar em uma cooperação social ativa e aberta aos não crentes, na linha do que propunha o criador do Sillon em 1901, Marc Sangnier. É sobre esse terreno, de diálogo e de abertura para a sociedade civil, que Mounier vai basear sua aventura.

Emmanuel Mounier tem a intenção de romper com a tentação confusional de certos meios católicos e de liderar um movimento rumo a uma nova "Renascença" (Mounier, 1932:5-51). Essa vontade de participar ativamente da gestação de uma nova civilização e a referência ao Renascimento não podem senão ressoar favoravelmente junto ao estudante Paul Ricœur, que ali vê manifestar-se o apelo a um "despertar", tema familiar, muito recorrente em sua família de espírito protestante. Esse chamado ao despertar pessoal está vinculado, em Mounier, a um deslocamento de seu sentido pedagógico, do domínio do ensino ao do trabalho em uma revista. Essa atividade vai fazer dele um educador do homem do século XX, voltado para a práxis. Essa vontade de convencer passa por um sentido agudo do diálogo. O fato de "pensar com" manifesta-se desde a criação da revista, que é a princípio obra coletiva portadora de exigências comuns e não de doutrina já elaborada para a qual fosse conveniente assegurar a divulgação:

> Personalismo não é para nós senão uma senha significativa... Personalismo anuncia, portanto, não a constituição de uma escola, a abertura de uma capela, a invenção de um sistema fechado. Ele dá testemunho de uma convergência de vontades e se coloca a seu serviço, sem interferir na sua diversidade, para lhes buscar os meios de pesar eficazmente sobre a história. [Ricœur, 1964a:138]

Esprit é, desde o início, o projeto coletivo de um pequeno grupo de jovens intelectuais cristãos que mantêm entre si laços de amizade: Emmanuel Mounier, Georges Izard, André Deléage e Louis-Émile Galey — que participam dos domingos em Meudon, na casa de Jacques Maritain.
É Charles Renouvier que em 1903 havia qualificado essa filosofia de personalista. Essa filosofia de ação, no espírito de Mounier, deve recosturar os fios rompidos entre a dimensão intelectual desencarnada no espiritualismo e o indivíduo atomizado, reduzido à esfera do ter e apartado de seu ser. A qualidade da existência da pessoa não é circunscrita em uma definição *a priori*, ela deve ser uma conquista incessante diante dos dois escolhos que podem acarretar sua perda: o da fuga do mundo, em um

exílio interior, e o da coisificação no mundo. Naqueles anos 1930, joga-se novamente, de maneira ainda mais exacerbada, a tradicional tensão do cristão posicionado entre dois universos de referência e preocupado em os "manter juntos". Nesse combate pela pessoa, o adversário é a noção do indivíduo a serviço do ter, amplificado e celebrado em suas posses pela sociedade burguesa. O produtivismo, a busca do lucro em uma sociedade que acorrenta a humanidade a essa única finalidade conduzem inexoravelmente a uma despersonalização. A esse respeito, a pessoa aparece como um valor protestatório, um valor de ruptura:

> Cada ligação entrava minha liberdade, cada obra me sobrecarrega com seu peso, cada noção imobiliza meu pensamento. Difícil a presença no mundo! Perco-me ao fugir, perco-me também ao me libertar... A ruptura, o salto são bem algumas das características essenciais da pessoa. [Mounier, 1985:59]

Emmanuel Mounier volta-se para a ideia de um despertar vital, de uma revolução, da radicalidade. Mas não se deve, com o personalismo, assumir a revolução errada. A opção fascista, cujas teses são imediatamente percebidas em sua evidente demagogia, é, claro, rejeitada com firmeza. O prospecto que anuncia a criação da *Esprit* designa claramente três adversários: o materialismo individualista, o materialismo coletivista e o falso espiritualismo fascista. O marxismo tampouco suscita a adesão da *Esprit*, pois o comunismo rompe com a dimensão espiritual do homem, em benefício de um economicismo pouco compatível com a preocupação com a pessoa, orientando-se para uma sociedade tão anônima quanto a sociedade capitalista, onde o "se" impessoal triunfa sobre as veleidades de florescimento pessoal. *Esprit* não reduz ao mesmo nível, entretanto, as ideologias fascista e comunista. Pela sua denúncia da alienação, a obra de Marx pode ser considerada possível fonte de inspiração para o posicionamento personalista, mas apenas até certo ponto, pois o marxismo se afirma como portador de uma revolução de massa, por meio do otimismo do homem coletivo, recobrindo o pessimismo radical da pessoa.

Mounier encontra uma saída libertadora no conceito de comunicação, na relação com o outro. Ao contrário do individualismo que implica um recuo solipsista, o personalismo induz um descentramento do eu. O dialogismo próprio ao personalismo, esse modo de ser do *eu*, construído graças a sua relação com o *outro*, tornar-se-á uma das inspirações maiores de toda a obra filosófica de Paul Ricœur. Mounier define a civilização personalista como comunitária, segundo cinco atos fundamentais que permitem realizar a conjunção entre os dois termos: sair de si, compreender, tomar para si para assegurar seu destino, doar conforme a força viva da impulsão pessoal, e ser fiel a si mesmo. Muitos dos temas desenvolvidos por Ricœur encontram aí sua fonte primeira de inspiração. A ligação entre o florescimento da pessoa e o despojamento de si, a saída de uma perspectiva egocêntrica — a pessoa não se encontrando senão ao se perder —, é um movimento retomado sem cessar por Ricœur em sua atitude de escuta e de leitura do outro. Esse é um primeiro estágio, necessário a um segundo período, o da apropriação, no qual o eu, enriquecido pelo outro, mantém, pela duração do momento, sua promessa de fidelidade a si mesmo. Essa dialética entre a fidelidade a si próprio que passa pelo tempo, pela prova da duração, e o desvio pelo outro na ação, é sempre fonte de tensões, de obstáculos a superar. Ela não pode ser conduzida a bom termo senão pelo recurso a toda uma série de mediações. Essa busca pelas boas mediações, para pensar em conjunto posicionamentos ao mais das vezes apresentados como antinômicos, encontra-se na base do gesto filosófico mais fundamental de Ricœur.

Embora o personalismo repouse sua vocação pedagógica no cristianismo, no tema cristão da "santificação" em torno da virtude teologal da caridade, da "comunidade dos santos", Mounier recusa, todavia, o rótulo de filosofia cristã. Esse princípio de recusar a mistura dos gêneros é uma linha mantida por Ricœur com rigor exemplar. Ainda em 1995, diante da associação "Presença de Gabriel Marcel", ele insiste na família a que pertence e que faz sua a expressão de Brunschvicg "cristianismo de filósofo", afirmação de modéstia e reivindicação de responsabilidade, contrariamente ao qualificativo "filósofo cristão" que inversamente implica soberba e fechamento em si.

Não se pode fazer, contudo, de Ricœur um simples discípulo de Mounier. Da mesma forma que com Gabriel Marcel, a relação que mantém com Mounier encerra antes o companheirismo. Certamente, Mounier terá sido para ele, em seus anos de estudante, um notável diretor de consciência, o incentivador sem igual de uma revista tornada alavanca de profunda reforma da *intelligentsia* cristã. Porém, o caráter por demais intuitivo das posições do fundador da *Esprit* não o podia satisfazer no plano do rigor filosófico. Mesmo no plano de seus engajamentos, a influência de Mounier, que reencontraremos no pós-guerra, logo deixa lugar à de André Philip, por ocasião da campanha da Frente Popular em 1936.

Ricœur assumirá publicamente suas distâncias com referência à orientação personalista inicial. Cinquenta anos após a criação da revista *Esprit*, no momento mesmo de celebração do aniversário, a intervenção de Ricœur durante o Colóquio organizado pela associação dos amigos de Emmanuel Mounier, para honrar a memória deste, é representativa dessa evolução. O título de sua comunicação evoca, por si mesmo, sem equívoco, esse propósito: "Morre o personalismo, retorna a pessoa" (Ricœur, 1992c:195-202). Essa intervenção, emanada de um companheiro de Mounier fiel como Ricœur, constitui um respaldo da maior importância para a nova geração da revista. Pouco disposto a se deixar fechar no papel de guardião de museu, Ricœur assinala o que não mais é atual no personalismo e concede a constatação do fracasso dessa corrente em constituir uma filosofia. Não somente o "-ismo" é prejudicial, mas ainda, posto em concorrência com outros "-ismos", o personalismo não está mais bem armado no plano conceitual. Além da falta de rigor filosófico, o personalismo valorizou um ponto de vista contraditório entre sua maneira de se expor aos imprevistos dos fatos e a de se referir sem cessar a uma ordem hierarquizada de valores imutáveis, substancializados. Em contrapartida, Ricœur retém a pertinência da noção de pessoa, cuja centralidade se impõe cada vez mais em todos os terrenos nos quais se combate em defesa dos direitos do homem. Essa noção de pessoa parece-lhe mais apropriada que as de "consciência", de "sujeito", do "eu", e ele a define como o centro da atitude. É em Paul-Louis Landsberg que ele encontra as vias de inserção da atitude no engajamento em tempos de crise.

Toda uma nova geração descobre Ricœur nesses anos 1980, uma vez extinta a polêmica entre humanismo e estruturalismo, e toma consciência de sua dianteira em todos os terrenos das questões maiores deste século, seja pela pertinência e atualidade de seu texto sobre "O paradoxo político" no combate antitotalitário, seja por sua participação em diversos debates sobre a justiça social, por seu conhecimento de Michaël Walzer, de Charles Taylor... Para essa geração que atravessou os mestres da dúvida, como Marx, Freud ou Nietzsche, apropriando-se das questões colocadas por Deleuze, Derrida, Foucault..., Ricœur não encarna de nenhum modo o pensamento kantiano que teria permanecido surdo às interrogações dos diversos desconstrucionismos. Para toda essa geração que, diante das desilusões que tem conhecido, teria podido recair no mais puro ceticismo, no conservadorismo, ou ainda no cinismo, Ricœur representa uma figura que a preserva dessas reações de desapontamento, de ressentimento ou de desesperança.

Outro existencialismo que não o de Sartre

Enquanto Ricœur prepara sua tese na calma de Chambon-sur-Lignon, onde ensina filosofia no imediato pós-guerra para alunos da última série do segundo grau, Jean-Paul Sartre torna-se a estrela triunfante da filosofia: sua influência ultrapassa em muito o simples meio dos filósofos profissionais. A favor da fascinação de que desfruta, ele inova ao fazer descer a filosofia até à rua, aos cafés, às cenas dos teatros. O existencialismo assume a expressão de uma sede de viver, após os longos anos negros da guerra. Como escreve Simone de Beauvoir, o existencialismo está em todas as bocas no outono de 1945. Sua simples evocação atrai multidões e agitação.

Sartre, neófito no cenário intelectual desse pós-guerra, encarna o desejo de corte absoluto tanto com o pré-guerra e seus comprometimentos culposos quanto com os horrores de guerra. Ele se torna o mestre pensador de uma França largada a si mesma. Ele exprime essa necessidade radical de recomeço, de renascimento, de uma França que quer romper com seu passado. O rumor expande-se rápido: nasce um fenômeno, o existencialismo, que tem seu guru, seus advogados e seus detratores. A tese central da filosofia sartriana é demonstrar que "a existência precede a essência". Sartre se torna, com o existencialismo, introdutor do programa fenomenológico, o de Husserl, cuja obra descobre desde 1933 quando esteve em Berlim. Mas ele acrescenta às teses husserlianas, a partir de 1939, as teses de Heidegger, conforme atestam os *Carnets de la drôle de guerre*. Mistura de ontologia heideggeriana e de fenomenologia husserliana, *L'être et le néant* propõe uma versão singular, própria de Sartre, que atribui ao nada uma posição de prevalência. É a partir dessa niilificação que a liberdade pode tomar forma. O primeiro princípio do existencialismo é o de afirmar que não existe natureza humana, que o próprio do homem é não a possuir, contrariamente a um cortador de papel, determinado por suas propriedades, por sua essência. A partir desse postulado, o homem se torna plenamente responsável por aquilo que é: "O homem é condenado a ser livre" (Sartre, 1946:37). De onde, sem dúvida, a audiência excepcional dessa filosofia: o clima da Libertação cria uma situação de simbiose de todo excepcional entre a liberdade reencontrada na França e a visão sartriana da liberdade.

A ontologia sartriana opõe duas regiões do ser: o "ser-para-si", da consciência humana pré-reflexiva, e o "ser-em-si", opaco a si mesmo. O trágico do homem situa-se na tentação constante de reduzir o "ser-para-si" ao "ser-em-si", ao que ele é. A saída dessa tensão encontra-se para Sartre no poder de ruptura que é o nada: "Essa possibilidade para a realidade humana de secretar um nada que a isola, Descartes, seguindo os estoicos, lhe atribui um nome: é a liberdade" (Sartre, 1943:59). A filosofia que expõe Sartre é, pois, uma filosofia da liberdade. Ele explica pela amplitude da má-fé o fraco uso que dela faz o homem.

O existencialismo pretende-se um humanismo em Sartre. O sentido que ele dá ao humanismo é que o homem está constantemente fora de si mesmo e que não existe exceto ao se projetar fora de si para juntar-se a um universo humano. É essa relação transcendente, pela qual o homem sai de seu fechamento em si mesmo, que define "o humanismo existencialista". Sartre persegue, apesar de suas referências a Heidegger, o projeto cartesiano de pensar a partir do *cogito*, remodelando a concepção da consciência em um sentido que aprofunda a temática da liberdade do lado do sujeito prático.

Para Sartre, o existencialismo divide-se em duas grandes fontes de inspiração: o ramo cristão, representado por Gabriel Marcel e Karl Jaspers, e "os existencialistas ateus, entre os quais se deve contar Heidegger e também os existencialistas franceses e eu mesmo" (Sartre, 1946:17). Tanto essa forma de diferenciação como a declaração peremptória de Sartre segundo a qual "Deus não existe" não pode atrair a adesão de Ricœur. Suas reservas com respeito às teses sartrianas são de diversas ordens. Ele não partilha a valorização do nada pelo lado do humano. Em segundo lugar, praticando uma espécie de agnosticismo filosófico, ao delimitar o que pertence ao registro filosófico e ao registro teológico, Ricœur não apoia as intrusões do ateísmo militante na argumentação filosófica de Sartre. Em terceiro lugar, ele se sente estrangeiro à argumentação sartriana, frequentemente mais literária que conceitual. Entretanto, no momento, Ricœur encontra-se por demais ocupado na realização de sua própria tese, para dedicar-se a um trabalho crítico das teses sartrianas; por outro lado, se as confrontações teóricas o atraem, ele não tem gosto especial pelas polêmicas frontais. Será preciso então esperar 10 anos pela publicação do famoso *L'existencialisme est un humanism* para que ele exponha, uma vez passado o auge da moda, as divergências de fundo que o opõem a Sartre (Ricœur, 1964a:352).

A resposta à hipóstase, em Sartre, dos atos niilificantes assimilados ao nada se apoia sobre a "afirmação original" que repousa, segundo Jean Nabert, no centro mesmo da negação: "A negação não é senão o inverso de uma afirmação mais próxima à origem" (Ricœur, 1964a:350). Para Sartre, a característica ontológica do ser humano se situa em um nada onde se enraíza a liberdade e que escapa, portanto, a todo determinismo: "A liberdade é o ser humano colocando seu passado fora de jogo ao secretar o seu próprio nada" (Sartre, 1948:66). A liberdade encontra-se, pois, apartada de toda historicidade, de toda forma de identidade. Ricœur se pergunta se uma recusa pode ser sua própria origem, em si mesma: "Uma negação pode ter início em si?" (Ricœur, 1964a:352). A travessia do ato redutor ao nada a partir da finitude da existência não é refutada por Ricœur, mas retomada por ele de maneira a ultrapassá-la. A reflexão filosófica deve, portanto, apoiar-se sobre o núcleo de afirmação que contém o ato de ruptura do dado, o ato de repúdio, de descolamento. A esse respeito, Ricœur recusa a alternativa sartriana entre a liberdade-nada e o ser petrificado na essência: a seus olhos, essa perspectiva veicula uma concepção voluntariamente redutora e empobrecedora do ser, que é assimilado a um dado, a uma coisa. Uma vez posta essa equação, ele entende arrancá-lo da reificação por meio do ser confrontado à niilificação e realizando sua liberdade ao constituir-se como não coisa. Inversamente, Ricœur preconiza colocar a questão do ser em sua abertura. A filosofia do nada lhe aparece como uma filosofia truncada que apenas representa uma única vertente, apenas a metade de sombra de um ato total amputado de sua parte luminosa, sem a qual o ato mesmo de negatividade não teria sido possível. Essa dimensão de luz se abre para um agir, não para uma ruptura ou para uma arrancada, mas para um engajamento: "Sob a pressão do negativo, das experiências em negativo, devemos reconquistar uma noção do ser que seja antes *ato* que *forma*, afirmação viva, força para existir e para fazer existir" (Ricœur, 1964a:360). A amizade entre Ricœur e Marcel não poderia senão reforçar as prevenções de Ricœur em relação a Sartre. Marcel e Ricœur encontram-se do mesmo lado na contestação ao niilismo contemporâneo representado pela prevalência concedida ao nada, a qual conduz ao *rien ne vaut* (nada vale).

Uma falha essencial parece-lhe perceptível no interior do projeto sartriano, cujo alcance reduz, a de uma ética de todo tão impossível quanto no projeto heideggeriano, na medida em que o sujeito não pode existir senão por meio de um arrancamento solipsista, quer dizer, por meio de uma individualização absolutizada. Esse caminho não permite pensar o outro, enquanto "Existir é *existir com*" segundo Marcel e Ricœur, mantendo-se assim à distância do famoso "O inferno são os outros" (Sartre, 1944) de Sartre, que faz então fortuna.

A perspectiva de Sartre é a de exaltação do individualismo, virando assim as costas a toda forma de dialógica ou de intersubjetividade. A consciência constitui-se a partir de uma dialética entre o em-si e o para-si, mas de forma apartada do outro. A liberdade de ser, segundo Sartre, não é pensar em conjunto com os outros, como um desvio em direção ao outro, mas como um libertar-se das garras do outro. É nesse sentido que, para além da controvérsia entre Heidegger e Sartre, seus pontos de vista se encontram, na referência a figuras atenuadas do sujeito que não deixam lugar à dimensão ética. Sartre tenta, quanto a esse nível, um corte que se pretende tão radical quanto o de Heidegger, com um meandro reflexivo. A consciência escapa de se dar conta dela mesma, e deve, portanto, passar pelo outro, não para se realizar, mas para fazer um despojamento constitutivo de sua liberdade. Nessa medida, e contrariamente à imagem usual de um Sartre arrebatado pela exaltação do sujeito divinizado, poder-se-ia considerar seu horizonte como o de uma fuga incessante, animada pela absolutização da ausência, do nada, de um pensamento externo.

Quanto ao *cogito* em Sartre, ele traz a marca de uma presença de si sempre defasada, fissurada pela má-fé, marcada em parte pela ausência de si. Nesse horizonte aporético, que atribui à má-fé uma posição central, Sartre permanece afastado do que trazem as ciências sociais em pleno impulso na compreensão da relação entre o Mesmo e o Outro, notadamente a antropologia e a semiologia. Esse fechamento diante do progresso das ciências sociais condena de maneira precoce o projeto sartriano, enquanto os trabalhos de Merleau-Ponty vão servir de passarela entre a filosofia e o desafio colocado pela questão do inconsciente individual e as práticas sociais.

Ricœur terá atravessado por dentro a moda existencialista. O neologismo que representa a noção de existencialismo remonta ao pré-guerra. Ele aparece, com efeito, sob a pena de Karl Jaspers, que escreve a Jean Wahl em 1937: "O existencialismo é a morte da filosofia da existência" (Jaspers, 1937:196). Quanto ao termo existencial, ele data da metade do século XIX, sendo encontrado na obra de Kierkegaard. A diversidade de inspiração obriga assim a falar de "subespécies de existencialismo" (Colette, 1994:9). A grande questão que se coloca Paul Ricœur é saber como fazer dialogar filosofia da existência e fé cristã. Convém, segundo ele, distinguir essas duas dimensões e lhes reconhecer uma mesma fonte indivisa de motivos existenciais. Ricœur defende um conceito próximo da tradição da sociologia abrangente e considera que não existe descrição separável da revelação da experiência descrita. A fé cristã não se situa, portanto, em uma relação de exterioridade ou de marginalidade, mas se encontra na base do pensamento existencial. Para Ricœur, a filosofia de Marcel ilustra, aliás, a conexão entre a dimensão transcendental da fé cristã e a travessia da experiência concreta. Filosofia existencial e fé cristã se encontram em sua aspiração comum à universalidade do homem como vocação, como tarefa a realizar, e não como um dado definido. A maneira como se pode realizar essa promessa deve respeitar os pontos de entrada, as descontinuidades entre os dois registros, mas, em contrapartida, prolongar o impulso da pregação nas regiões onde a existência transcende a objetividade.

A esse respeito, Ricœur relembra a distinção maior a notar entre fé e religião. A história da filosofia é considerada a partir da grande confrontação entre o clericalismo teológico que excomunga ou queima a figura do sábio, a do filósofo e a do herege. As Igrejas condenaram sucessivamente Galileu, Spinoza e Servet. Esse autoritarismo, essa pretensão de anunciar a verdade encontram em seu caminho o desafio do filósofo movido por sua paixão pela liberdade. O aporte do existencialismo é o de colocar frontalmente o problema, nos pontos mais vivos que unem essas duas fontes de inspiração; ele promove um efeito de retorno sobre a teologia para libertá-la dos riscos de dogmatismo. Por outro lado, a teologia, ao denunciar o *hubris* da razão, permite ao filósofo não se fechar na autossuficiência de seu sistema. É esse duplo movimento crítico e dialógico que permite purificar a fé do cristão e contribuir para a exposição do racional filosófico como tarefa. A questão não é para Ricœur a de defender os princípios de uma filosofia cristã, mas de velar pela dupla polaridade da fé cristã e da filosofia existencial.

Em outra ocasião, Ricœur problematiza essa bipolaridade. A incidência do existencialismo sobre a apreensão do problema do mal é de tornar caduca toda reflexão fundamentada em uma concepção unilateralmente otimista. O mal se torna inexplicável e leva ao absurdo quando atinge uma pessoa. Ora, "é preciso que o mal seja inexplicável para que me engaje em uma aventura não mais especulativa, mas existencial; assim repudiava Jó com indignação as 'explicações' de seus amigos" (Ricœur, 1951:148). O existencialismo rompe também com uma concepção não problematizada da comunicação. A relação com o outro passa pelo trágico, pelo absurdo e se choca com inúmeros mal-entendidos e fracassos. Aí também a fé cristã é conduzida a uma autenticidade que poderia ter perdido, em benefício de soluções harmoniosas consideradas como a resultante natural da ordem divina.

À distinção sartriana entre existencialismo cristão e ateu Ricœur opõe uma mesma fonte de inspiração cristã das diversas modalidades de existencialismo: "É difícil não ver que todos os existencialismos se detêm sobre o terreno de uma problemática religiosa" (Ricœur, 1951:150). As descrições de ordem fenomenológica sobre a liberdade, sobre a morte ou sobre o corpo, o tempo ou o outro... pertencem a uma confrontação que pode ser de adesão ou de distanciamento, mas que se situam sempre em face ao cristianismo. No entanto, Ricœur não tenta realizar qualquer "concordismo" entre a posição ateia e a posição religiosa. Segundo ele, o existencialismo pode levar a uma purificação da fé cristã, desembaraçada das abordagens demasiado espiritualistas e otimistas que servem de cenário às questões mais fundamentais e elementares do cristianismo. O existencialismo permite então, segundo Ricœur, evitar os dois escolhos que são a separação e a confusão entre os dois domínios, possibilitando estabelecer um espaço de diálogo entre convicções religiosas e problematização filosófica. Nesse plano, Ricœur encontra tanto em Gabriel Marcel quanto em Karl Jaspers algo para confortar sua busca de mediações dialógicas.

A segunda publicação de Ricœur é dedicada a um estudo paralelo de Gabriel Marcel e Karl Jaspers (Ricœur, 1948), após ter publicado nas edições Seuil, na coleção Esprit, dirigida por Emmanuel Mounier, seu estudo sobre Jaspers escrito com Mikel Dufrenne, quando prisioneiros de guerra (Dufrenne e Ricœur, 1947). Ricœur encontra nesses dois filósofos a ideia de colocar em prova, reciprocamente, a fé filosófica e a fé religiosa, sob a forma de um "combate amoroso" segundo a expressão de Jaspers. De seu lado, Gabriel Marcel considera que "a filosofia é uma reflexão sobre o 'eu creio' nas suas relações com o 'eu existo'" (Ricœur, 1948:266). Para Marcel, o filósofo não se dirige a uma consciência a--histórica, ele pertence a uma situação marcada pelo cristianismo. Ele não pode fazer disso uma abstração ou considerar simplesmente essa dimensão como um corpo estranho. Ele tem, portanto, como constata Ricœur, "uma consciência da filosofia concreta como cristianismo" (Ricœur, 1948:274). Se, em Marcel, os dois domínios ressoam em termos homonímicos, em torno da noção de mistério, em Jaspers é antes sob a forma de conflito, de confrontação, que são pensadas as relações entre fé filosófica e fé religiosa.

A concepção de Jaspers traduz perfeitamente a vontade de Ricœur de fecundar os dois domínios, um pelo outro, sem nada abandonar do rigor próprio de cada um. Resulta daí uma filosofia tensiva, um ser despedaçado, um andar trágico, que salta de aporia em aporia. Sua filosofia é crivada de contradições, sem possibilidade de superação. A questão do homem capaz, colocada ulteriormente por Ricœur, é suportada pelas tensões irredutíveis da existência definidas por Jaspers. Essas relações fundamentais entre os limites e as capacidades do sujeito de conhecer, de querer e de agir "se deixam analisar por meio dos pares conceituais que dão existência às conquistas com a *liberdade*, a *comunicação*, a *historicidade*" (Ferry, 2006:27). Esse movimento é bem percebido por Ricœur, que o tomará como seu. A filosofia da transcendência de Jaspers "pode ser compreendida sob o signo do despedaçamento" (Dufrenne e Ricœur, 1947:381). É à medida que o Deus permanece escondido que o homem é lançado à sua responsabilidade e à sua liberdade. Se ocorre um combate, uma conciliação, um nó é operado, sem que o sistema resulte estático. É mais frequentemente pela negatividade que o pensador se encaminha para a abertura, para a liberdade, ao revelar seus limites. Pensar essa antinomia como unidade conduz em Jaspers à figura central de sua filosofia, o paradoxo: "O paradoxo é a envoltória intelectual do mistério... O paradoxo é a lógica humilhada" (Dufrenne e Ricœur, 1947:385-386). Segundo esse modo de pensar, o paradoxo não é tomado como indecidido, para desconstruir o sentido, mas, ao contrário, para manter juntas a ruptura e a conciliação vividas, a fim de poder unir os contrários. Esse pensamento do paradoxo remete-se ao imperativo de ser, de estar em caminho. A inocência perdida da infância deve assim ser de outro modo recuperada, retornando como fonte e produzindo uma segunda inocência, no cruzamento da fé filosófica com a fé teológica. Convocado a dar ao paradoxo uma interpretação em termos de absurdo para o ateu e de mistério para o religioso, Jaspers escolhe jamais romper o equívoco inscrevendo seu pensamento em uma posição que permaneça em tensão insuperável. É essa via mediana, criadora de conexões para pensar em conjunto dois polos antinômicos, que Ricœur escolherá em todos os seus trabalhos posteriores.

Jaspers entende pensar em conjunto a dupla atração do método dialético e da travessia da experiência. A filosofia existencial deve permanecer em tensão entre a acolhida que ela proporciona a todos os grandes temas da literatura, com o risco de aí se perder, e a resistência a essa tentação por intermédio de um desenvolvimento dialético, sem se fossilizar na construção de um sistema. Esse caráter irresolvido não revela nenhum desespero, mas, ao contrário, exprime a convicção de uma última luz após o crepúsculo de sua vida: "O fracasso de todas as coisas visíveis e da existência é o manto protetor da divindade escondida" (Ricœur, 1948:430). Esse encaminhamento que compele ao fracasso se processa do lado da ação, da história, da paixão do engajamento, e se abre para o indizível.

Ricœur reencontra Jaspers também quando desenvolve uma concepção não resolutória da verdade: "O triunfo da objetividade seria o fim da liberdade; a verdade existencial é escolhida na escolha de mim mesmo" (Dufrenne e Ricœur, 1947:348). A verdade é, portanto, indissociável de um trabalho de si sobre si. A travessia da experiência é a de certo número de situações limites, nas fronteiras do real, lugares privilegiados do paroxismo da tensão existencial. É assim a morte: Jaspers critica a tendência da tradição filosófica de ocultar o sentido radical da morte, em excesso centrado exclusivamente sobre as questões da imortalidade da alma.

Uma dupla polaridade preside também às atitudes existenciais. Ao desafio se opõe e se liga o abandono, pois, no fundo, o desafio é a possibilidade do abandono. De um lado, o consentimento de acolhida da felicidade e, de outro, o que é próprio do despertar do homem: o desafio. A atitude existencial caracteriza-se pelo fato de impulsionar até o fim a lógica de um e de outro, para fazer aparecer em plena luz o paradoxo da liberdade e da predestinação. Outra oposição: a queda e a ascensão igualmente são reveladoras do absoluto. A terceira antinomia proposta por Jaspers é a que contrapõe a lei do dia à paixão pela noite, pois uma não é possível sem a outra. Essas oposições dialéticas concretas não têm síntese possível. A posição existencial consiste em empurrar cada um dos polos da contradição até o final de sua singularidade, sem que se rompa o fio de ligação ao outro polo. Não se procura, portanto, nem um terceiro termo para resolver a contradição, nem uma aproximação confusa em direção ao centro para obter o mínimo denominador comum. A impossibilidade do saber absoluto obriga conceber a vontade como dotada de objetivos limitados, de fins relativos, enquanto ao mesmo tempo reconhece Ricœur a pulsação de um infinito de querer que se sente "atravessado sem cessar de um sentimento de infinito" (Ferry, 2006:33).

Essa mistura de exigência existencial e humildade que se remete a um ser despedaçado, a uma lógica humilhada, é uma atitude de que Ricœur se apropriou, a ponto de fazer dela a sua singularidade. O legado de Jaspers para Ricœur é, pois, considerável e advém da longa impregnação absorvida durante os anos de cativeiro, durante os quais ele já tentava responder à injunção do pensador alemão que convidava a filosofar diante da exceção. Para Ricœur, Jaspers encarnava a exceção alemã durante os anos de guerra e ele reconhecia uma dívida importante ao filósofo que lhe permitira, em seu cativeiro, não desesperar do pensamento alemão, colocado assim ao abrigo da barbárie nazista. Pensando conjuntamente com Jaspers e com Marcel, Ricœur pôde atenuar o trágico de Jaspers ao preservar a promessa marceliana e o caráter mais original da conciliação sobre o despedaçar do trágico: "Assim, à filosofia jaspersiana da existência, Ricœur aportou o método que lhe faltava; mas também, sem apagar seus acentos trágicos, recusou a fatalidade do fracasso e estabeleceu com maior solidez a conexão que unia a existência e a esperança" (Porée, 2010:82).

O dinamarquês Sören Kierkegaard terá sido um dos primeiros filósofos a desenvolver uma temática existencial no início do século XIX. Só se tornou verdadeiramente conhecido na França a partir dos anos 1930, com a obra de Jean Wahl, *Études kierkegaardiennes*, publicado em 1938. Mas é sobretudo no pós-guerra, favorecido pelo sucesso obtido por *L'être et le néant*, que as teses de Kierkegaard penetram no pensamento existencialista francês. De duas maneiras sua obra é importante para Ricœur. Em primeiro lugar, porque ela contrapõe a Hegel a recusa da construção de um sistema em benefício de um caminho que se deixa interrogar pelo não filosófico. A esse título, ele cultiva como Jaspers o uso do paradoxo. Tratando com sarcasmo questões filosoficamente sérias, ele encontra uma posição crítica no interior mesmo do desenvolvimento filosófico. Sob a forma de humor, ele permite situar o discurso filosófico nesses limites. Essa função crítica em Kierkegaard permite-lhe recusar toda forma de discurso de última instância, inclusive o filosófico. A esse respeito, Kierkegaard teria atribuído à filosofia uma posição mais modesta, e Ricœur considera: "Está claro que ele inaugura uma nova era do pensamento, em continuidade ao idealismo alemão: a era da pós-filosofia" (Ricœur, 1992c:30).

Situando-se na fronteira entre o filosófico e o teológico, e atribuindo à fé toda a sua importância, Kierkegaard antecipa as questões de maior vulto que se coloca Ricœur. Certamente, não é similar a maneira segundo a qual a fé se conjuga com a filosofia. Encontra-se em Ricœur a importância da dimensão da fé com a noção de promessa ou com a centralidade da ética, enquanto em Kierkegaard a posição da fé é, de certo modo, uma ultrapassagem. Para atingir o estágio religioso, é preciso realizar o salto decisivo da fé, seguindo Abraão. O homem deve visar alguma coisa como o absoluto, que se torna um dever-ser. O filósofo deve privilegiar a figura de exceção, como diz também Jaspers, a "genialidade" como fonte não filosófica da filosofia. Kierkegaard reabilita o domínio da fé, o do agir como a questão da finitude humana. É essa posição que Ricœur considera fecunda. Ele situa, aliás, a função do paradoxo em Kierkegaard como vizinha da noção de limite em Kant. É certo que Kierkegaard despoja toda a estrutura epistemológica kantiana das condições de possibilidade da filosofia crítica, mas Ricœur vê em Kierkegaard a realização de uma nova crítica, a da existência. Ricœur situa Kierkegaard como ponto de chegada de uma tradição herdada de Kant, Fichte e Schelling.

Ricœur partilha também com Kierkegaard sua crítica do sistema. Nos dois casos, não são críticas propostas do exterior, mas do interior do pensamento de Hegel, a partir de sua apropriação em profundidade. Em seu estudo, datado de 1963, momento em que o existencialismo é doravante considerado como um pensamento ingênuo, ultrapassado pelo estruturalismo, que se impõe não somente aos filósofos, mas também às ciências humanas, Ricœur salva Kierkegaard do esquecimento no qual afundam as questões dos existencialistas. Por um lado, recupera a singularidade de Kierkegaard, por sobre a tendência do pós-guerra de reduzir o fenômeno existencialista a uma escola homogênea; por outro lado, demonstra até que ponto a famosa alternativa empobrecedora de um existencialismo que se opõe ao racionalismo não é competente para tratar a filosofia de Kierkegaard, que tenta responder conjuntamente às duas questões: "que é existir?" e "que é pensar?": "A filosofia vive da unidade dessas duas questões e morre com a sua separação" (Ricœur, 1992d:45).

A outra dimensão que interessa a Ricœur em Kierkegaard é o questionamento sobre o mal e sobre a angústia. Trata-se de outro traço permanente do horizonte filosófico de Ricœur, que ele designará mais tarde como o duplo desafio à filosofia e à teologia, que não podem, uma e outra, preencher totalmente o sentido. Desafio à filosofia, o mal tornado inteligível perde seu significado — ele não é mais o mal, o absurdo, o escandaloso —, mas se a filosofia não o torna mais compreensível ela escapa a sua vocação. É no interior desse dilema que Ricœur encontra em Kierkegaard uma reflexão centrada nos limites. Ricœur percebe aí um eco da sobrecarga de culpa que pesa sobre ele desde a educação pietista de sua infância e a adesão ao protestantismo calvinista, para o qual o pecado assume importância maior. Ele começa por aí todo o movimento de suas reflexões que se desdobra na linha de passagem da culpabilidade para a capacidade. A esse respeito, considera que Kierkegaard pemite livrar-se da tendência a naturalizar o pecado. De fato, Kierkegaard situa a fé e o pecado em outra esfera que não a da ética, dos valores: "Doravante, o pecado não é o contrário da virtude, mas o da fé" (Ricœur, 1963b).

Ao atribuir à categoria do pecado uma dimensão crítica, ao generalizá-la como maneira de ser perante Deus, enquanto a existência ela própria é derrelição, Kierkegaard efetua uma libertação da culpabilidade pessoal. Figura de negação que se opõe à fé, o pecado não pode ser superado dialeticamente, um paradoxo no qual é preciso acreditar: "A fé não é um conhecimento, mas um ato de liberdade, uma manifestação da vontade" (Kierkegaard, 1973: v. 7, p. 78). Libertado da placa de chumbo de uma culpa histórica, o homem se encontra, pois, confrontado não a uma dedução lógica, mas a uma decisão diante dele, mergulhado em sua contemporaneidade e assim aliviado do pecado original. Esse primado da vontade que dá seu sentido à fé ressoa também de modo intenso em Ricœur, que trabalha nos anos de pós-guerra na elaboração de sua tese sobre o voluntário.

A angústia é a antecipação da liberdade e do saber. Uma vez realizado esse trabalho catártico, Ricœur se refere cada vez menos a Kierkegaard. Quando retoma em 1985 o mesmo problema colocado em 1963 sobre a filosofia concebida como um discurso total, Ricœur já não citará Kierkegaard como referência. Tal perspectiva coloca, com efeito, a religião como ultrapassada pela filosofia, sem porém que esta, por esse motivo, esteja em condição de abolir aquela: a filosofia se atribui como função dizer em que a experiência cristã é pensável e renuncia a se atribuir como horizonte um saber absoluto.

Ricœur também encontra fonte de inspiração na maneira como o existencialismo trata a questão da comunicação. Ele encontra em Gabriel Marcel e em Karl Jaspers uma construção do si pelo "tu", pelo outro. O eu não é concebido como em uma abordagem solipsista, mas por ligações que tece com o outro. A construção da identidade pessoal não se situa, portanto, em uma relação de exterioridade em relação ao outro. Estrutura essencial da existência, a comunicação é um modo essencial do ser. A dialética de Gabriel Marcel é a do diálogo, da relação a três entre o eu, o tu e a realidade assimilada a um terceiro. A aposta da reflexão tem por horizonte uma epistemologia do amor. Na abertura ao tu humano, a dinâmica do amor conduz ao Tu supremo. A comunicação torna-se, pois, aprendizado da fé no Tu divino.

A injunção de ser o que se é não se pode realizar senão com o concurso dos outros, que reside no ponto central da concepção paradoxal da comunicação que se encontra em Jaspers, inspirará ainda mais a Ricœur. Encontra-se no coração da conquista de si mesmo, no sentido mais forte do termo. Jaspers não assinala apenas a realidade objetiva, empírica, da necessária comunicação com o outro; ele extrai daí o sentido existencial que objetiva o surgimento original do ser-si-mesmo cuja transformação se exprime de maneira paradoxal. Ele lhe destaca o caráter imperativo. A verdade ela mesma se situa no horizonte da comunicação e Jaspers qualifica a verdade de comunicativa. A verdade não pode ser total, única, rigidamente circunscrita, porquanto segue os contornos flutuantes da comunicação e permite assim resistir à totalização, e do mesmo modo preserva sua singularidade diante dos riscos de absorção no anonimato do "se", sujeito indefinido: "Ela é uma criação mútua da liberdade e um fracasso da totalidade" (Ricœur, 1948:194). Contudo, o ato de comunicar não se dá por si. Ele necessita um querer, uma ascese, um movimento em direção ao outro que assume no mais das vezes a forma de uma confrontação, de um combate em uma liberdade outra. É esse "combate amoroso" que permite a afirmação do eu no empreendimento comum em associação com o outro. A troca se abre para a criação e reside nisso o gesto de acompanhamento de filósofos empreendido por Ricœur ao longo de seu caminho filosófico. O que será qualificado como excesso de ecletismo, de concessões à moda, é de fato profunda fidelidade à maneira segundo a qual Jaspers define o diálogo das existências: "Eu me torno eu mesmo por intermédio do outro, mas eu me torno porque eu o era" (Dufrenne e Ricœur, 1947:161). A comunicação implica assim uma solidão, e Ricœur manter-se-á sempre a certa distância de seus próprios engajamentos para se preservar e permanecer assim em um estado de disponibilidade ao outro, segundo a definição de Gabriel Marcel. A solidão é o prelúdio necessário à comunicação.

O horizonte ético do existencialismo inspira um pensamento do "ser-conjuntamente". Ora, não é esse o caso em Heidegger, e em uma confrontação final entre as teses de Jaspers e as de Heidegger, Dufrenne e Ricœur tomam partido inequívoco por Jaspers, que oferece a vantagem de uma filosofia "de dois lares". Certamente, Heidegger e Jaspers convergem na convicção de que o homem não existe da mesma forma que as coisas, que a essência do homem reside em sua existência; mas, à exceção desse ponto de concordância, tudo os diferencia. A oposição é total entre o que Heidegger designa como transcendência, que se refere ao que Jaspers chama imanência. Para Jaspers, uma descontinuidade opõe a realidade humana à transcendência, enquanto em Heidegger os dois níveis se confundem, pois ele postula uma dupla identidade entre liberdade e transcendência e entre transcendência e estar no mundo. Jaspers permite pensar uma ética baseada sobre um plano mediano entre a indeterminação do ser e os valores concretos acarretados pela ação. O frágil equilíbrio entre a indeterminação e a situação concreta permite conceber uma ética dividida, correspondente a um ser da mesma forma dividido. Essa ética pode repousar seus recursos tanto sobre as obras dos grandes moralistas quanto nas dos autores trágicos. A obra de Jaspers parece, portanto, determinante para Ricœur, constitutiva de sua identidade filosófica, quaisquer que sejam os desvios futuros. Certamente, depois dos anos 1960 ele já não citará Jaspers com frequência e, quando o fizer, será para opô-lo a Heidegger, mas dessa vez tomando a defesa das teses heideggerianas. Se Jaspers não bastou para resistir suficientemente ao entusiasmo suscitado por Heidegger, pode-se supor, todavia, que Ricœur não tinha tanta necessidade de se referir à sua obra já que a havia tomado como sua. Nos anos 1980, Jaspers permite a Ricœur distanciar-se de Heidegger em um ponto decisivo, a construção de uma ética tornada impossível pela densidade demasiado forte da ontologia segundo o autor de *Sein und Zeit*, enquanto Jaspers contribui para constituir uma antropologia filosófica consoante uma estrutura triádica que coloca sucessivamente a questão do que é constitutivo do ser humano no plano dos conhecimentos, da história das ciências e do mundo. Em segundo lugar, Jaspers coloca a questão da identidade pessoal, do "esclarecimento da existência" a partir da alteridade, do corpo, do sofrimento e de todas as situações limite. Enfim, essa antropologia deságua em uma metafísica:

> Eu não saberei dizer hoje a que ponto estava eu fascinado, nos anos cinquenta, pela trilogia — *Filosofia* — de Jaspers e mais precisamente pelo último capítulo do volume III, consagrado às "cifras" da transcendência: não constituiria o "deciframento" dessas cifras o modelo perfeito de uma filosofia da transcendência que seria ao mesmo tempo uma poética? [Ricœur, 1995e:25]

2
Uma fenomenologia do agir

O apresentador de Husserl

Em Estrasburgo, Ricœur é nomeado em 1948 para um posto de mestre de conferências especializado em história da filosofia. À época, reveste-se ainda de caráter familial o que representa essa disciplina em uma universidade de província. O Instituto de Filosofia não está instalado no Palácio Universitário, mas em uma casa situada na rua Goethe. Um andar é dedicado à psicologia, o outro à filosofia, cujo ensino é ministrado por quatro professores. O licenciamento se compõe de quatro certificados: moral e sociologia, psicologia geral, história da filosofia e filosofia geral. Ricœur tem por colegas: Juliette Boutonnier em psicologia geral, Georges Duveau em moral e sociologia, e Georges Gusdorf, nomeado no mesmo ano que ele, como sucessor de Georges Canguilhem. O número de estudantes de filosofia é bem limitado: uma vintena, no máximo. Os cursos têm por local uma pequena sala, não maior que um escritório modesto. Em tais condições, o relacionamento é fácil entre professores e alunos. Em contrapartida, o aspecto microcósmico dessa vida universitária pode gerar animosidades e conflitos latentes. É o caso entre Gusdorf e Ricœur, que teria permanecido de boa vontade em Estrasburgo se não tivesse havido incessantes manifestações de ciúme por parte de Gusdorf, que ficava à sombra do crescente brilho de Ricœur e da força do estímulo do trabalho deste junto aos estudantes. Ricœur terá, porém, feito de tudo para tranquilizar os temores de Gusdorf e melhorar a situação. Ademais, como Ricœur ocupa o posto de história da filosofia, a metafísica e a filosofia moral permanecem como domínio reservado de Gusdorf. Essa situação permite a Ricœur consolidar seu conhecimento pessoal de história da filosofia: "Minha bagagem de base em matéria de filosofia grega, moderna e contemporânea data desse período" (Ricœur, 1995e:27). Ao mesmo tempo, ele lamentava e teria preferido ter a cadeira de Gusdorf, a de metafísica e moral. Essas dificuldades são, em contrapartida, compensadas pela intensidade das relações com os estudantes.

Historiador da filosofia, Ricœur consagra cada um de seus anos de ensino a um autor, cuja integralidade da obra lê durante o período de férias universitárias: "Eu tomava, em particular, por regra ler a cada ano um autor filosófico, de modo tão exaustivo quanto possível" (Ricœur, 1995e:27). Mas ele não se torna, por isso, um historiador clássico da filosofia, desfilando em ordem cronológica autores e obras. A história da filosofia não o interessa como simples saber acadêmico. Ela não tem valor senão por sua capacidade de atualização dos problemas encontrados no presente. Ela é concebida por Ricœur como reapropriação de uma tradição. A pedagogia da obra, em Ricœur, parte de um problema, de um tema, e é em torno desse que se tecem os fios da filosofia de cada autor. Ele assume tão bem por objeto o problema da imaginação como o da redução transcendental... É em Estrasburgo, em 1953-54, que ele profere seu famoso curso sobre Platão e Aristóteles sobre as noções de essência e de substância, curso que se encontrará maciçamente distribuído em forma de prospecto mimeografado na praça da Sorbonne, onde adquire a reputação de obra essencial (Ricœur, 2011). Preparando a publicação de seu trabalho *Finitude et culpabilité*, ele dá cursos sobre o mal e sobre a tragédia grega. É também em Estrasburgo que empreende o estudo sistemático da obra de Kant, tão fundamental para ele que Ricœur se dirá mais tarde "kantiano pós-hegeliano". Mas a peça mestra do ensino filosófico de Ricœur é representada nesses anos 1950 por Husserl. A obra de Husserl permite notadamente exercer o papel de ponte de ligação entre o Instituto de Filosofia da universidade e a faculdade de teologia, onde se encontra um discípulo de Husserl, Haüter, professor de dogmatismo desde 1945 em Estrasburgo e que tinha publicado trabalhos sobre a fenomenologia de Husserl em 1925. Havia em Estrasburgo toda uma corrente que se reivindicava de Husserl.

Ricœur exerce um papel de destacada importância como introdutor de Husserl na França, que lhe vai permitir formar diversas gerações de filósofos habituais da fenomenologia. Em 1949, ele publica um longo artigo sobre "Husserl et le sens de l'histoire" na *Revue de Métaphysique et de Morale* (Ricœur, 1949:280-316). Ele aborda publicamente esse imenso oceano filosófico de 40 mil páginas de manuscritos pelo final da obra, que cobre os anos 1930 e forma a *Krisis* (*La crise des sciences européennes et la phénomenologie transcendentale*). Husserl tenta recuperar o sentido de uma Alemanha em plena tormenta, presa da moléstia nazista. Ele já havia tratado do tema da historicidade, mas a crise encontra-se então em seu paroxismo e Husserl, de origem judia, vai-se tornar pessoalmente vítima: "É o trágico mesmo da história que inclinou Husserl a pensar historicamente" (Ricœur, 1986a:22). Ricœur faz o diagnóstico de uma inflexão do pensamento de Husserl diante do drama de seu tempo, pois a fenomenologia transcendental não oferece terreno particularmente propício ao interesse por história. A dupla recusa preconizada por Husserl do logicismo e do psicologismo não o predispõe em um primeiro momento a levar em conta a contingência histórica. Bem ao contrário, a problemática husserliana parece eliminar essa preocupação pela operação preliminar da redução transcendental. Sem dúvida, a temporalidade é interna à consciência enquanto forma unificante das vivências. Porém, como realizar uma História com as consciências? Para fazê-lo, Husserl assimila a história à noção de teologia. Na tradição das luzes, ele retoma a ideia de uma Europa animada pela Razão, pela Liberdade, pelo Universal. O sentido de sua história está na realização de sua função filosófica, e a crise da Europa não pode ser senão uma desorientação metodológica. Na base da crise do projeto da Europa, Husserl aponta os efeitos funestos do objetivismo, da redução da tarefa indefinida do saber a sua esfera mais brilhante, o saber físico-matemático. É aí que Husserl se apercebe do nó que permite articular a fenomenologia e a historicidade, considerando que essa dimensão histórica não é exterior, mas interior à consciência.

Ricœur encontra aí, nessa conexão entre filosofia crítica e desígnio existencial, a projeção por Husserl, em plano coletivo, de uma filosofia reflexiva já completada no plano da interioridade. Em suas observações críticas, Ricœur alerta contra os excessos possíveis de uma história das ideias, como um idealismo por demais descontextualizado, e aconselha a comparar sistematicamente a história dos historiadores. Ele convida assim a um desvio pela própria disciplina histórica. Ele, aliás, se opõe a uma exagerada unidade de sentido que postulasse uma história única, em razão da imprevisibilidade própria a toda historicidade. Esse paradoxo da história se tornará um dos eixos principais de investigação de Ricœur, sempre preocupado em jamais abandonar essa tensão específica da historicidade. Tal já havia sido claramente explicitado em 1949 em sua leitura de Husserl: "O otimismo da Ideia e o trágico da ambiguidade remetem-se a uma estrutura da história na qual a pluralidade dos seres responsáveis e a incidência do pensamento são o inverso da unidade da tarefa, do advento do sentido" (Ricœur, 1986a:53).

Em 1950, Ricœur publica sua tradução de *Ideen I, Idées directrices pour une phénoménologie* (Husserl, 1950), que elaborou quando preso e terminou em Chambon-sur-Lignon. Ricœur trabalhou nessa tradução em condições particularmente difíceis no cativeiro, escondendo dos carcereiros o autor, posto no *index* por suas origens judaicas. Na falta de papel, ele teria realizado a tradução nas margens do texto alemão. Nada menos que heroica, ela constitui a relíquia mais preciosa de sua biblioteca pessoal, conservada hoje no IPT, Boulevard Arago, e Ricœur dedicou essa tradução a seu companheiro de prisão, Mikel Dufrenne. O primeiro volume de *Idées directrices* data de 1913 e constitui uma inflexão no percurso filosófico de Husserl. Segundo Eugène Fink, colaborador de Husserl, a questão proposta em *Ideen I* não é a questão kantiana das condições de validade para uma consciência objetiva, mas a questão da origem do mundo: "Ela é uma filosofia que mostra a inclusão do mundo no absoluto do sujeito" (Ricœur, 1950). Contrariamente às interpretações usuais, Ricœur não vê nem ruptura nem repúdio de Husserl entre, de um lado, o realismo e o logicismo de *Recherches logiques* de 1900-01 e, de outro, o idealismo e a exaltação da subjetividade transcendental de *Idées directrices*. Contudo, Husserl conheceu uma fase aguda de hesitação, de sondagem cautelosa, de revisão de questões, entre 1907 e 1911, e é nessa fase decisiva que se origina a problemática fenomenológica: "É sob a ameaça de um verdadeiro solipsismo, de um verdadeiro subjetivismo, que nasce a fenomenologia" (Ricœur, 1950:XXXIV). A fenomenologia assume, pois, seu ancoradouro em uma psicologia revisitada pelo filósofo, mediante certo número de procedimentos característicos de verdadeira ascese. A fenomenologia repõe em questão a evidência assumida pela consciência ingênua, que é a atitude natural: "Pela visão, pelo tato, pela audição etc., segundo os diferentes modos da percepção sensível, as coisas corpóreas estão *simplesmente ali para mim*" (Ricœur, 1950:XX). O filósofo, contrapondo-se a essa ilusão psicológica, procede a uma redução fenomenológica, a fim de ter acesso à origem das coisas. Em um primeiro momento, trata-se, portanto, de retornar às próprias coisas, de pensá-las em sua imanência. Mas, em um segundo momento, a fenomenologia reencontra a relação com a transcendência, recuperada graças à intencionalidade. Husserl procede à distinção entre o fenômeno puro e o fenômeno psicológico, por meio da noção de intencionalidade tomada por empréstimo a seu antigo mestre Brentano. A consciência é sempre a consciência de alguma coisa; portanto, consciência é intencionalidade: "É a intencionalidade que caracteriza a *consciência* no sentido forte e que autoriza ao mesmo tempo tratar todo o fluxo das vivências como um fluxo de consciência e como a unidade de uma consciência" (Husserl, 1950:283, §84). Husserl pode então desentrelaçar o sujeito do conhecimento do sujeito psicológico, dissociando-se assim do ceticismo psicologista ao substituir a busca de essências, do ser do objeto (ou *eidos*), que permanece idêntico, independente de suas variações. A essência é, segundo Husserl, a "coisa mesma" que se revela em uma doação original. Essa operação de redução, obtida graças a uma *épochè* (colocação em suspenso) do sentido, permite acesso a um eu transcendental, na medida em que esse eu seja objeto da visada de alguma coisa. Com as *Ideen I*, Husserl tenta, pois, fundar uma ciência do Espírito, que escape ao tradicional dilema entre exterioridade e interioridade. Ricœur enxerga nessa ascese fenomenológica um prolongamento da exigência existencial, do gesto de ultrapassagem de si próprio, evitando-se a armadilha da alienação que empurra o sujeito para fora de si mesmo: "A redução é o primeiro gesto livre, porque é libertador da ilusão do mundo. Por ele, eu *perco* em aparência o mundo que eu verdadeiramente *ganho*" (Ricœur, 1950:XX). Com efeito, a coisa apresentada pela percepção é recolocada em sua indeterminação e não mais é concebida como um absoluto, mas como pertencente ao fluxo variável da vivência. No linguajar técnico das *Ideen I*, Husserl substitui o velho dualismo da interioridade e da exterioridade pela distinção entre noema (o núcleo, o sentido) e noese (o ato de atribuição de sentido). Reside aí a constituição de uma verdadeira ciência dos fenômenos puros a que visa o projeto fenomenológico, e é nesse sentido que Husserl aspira a merecer o nome de um "real iniciador" na busca da fenomenologia considerada "início do início" (Husserl, apud Ricœur,1950: p. XXXVIII, n. 2). Ricœur adere à radicalidade do projeto, contribui para torná-lo conhecido na França, mas não se limita a ser dele um repassador passivo, pois consegue sobretudo conciliar esse começo promissor com a tradição reflexiva francesa e seu horizonte existencial.

Entre 1951 e 1954, Ricœur multiplica a publicação de seus estudos sobre o *corpus* husserliano em particular e sobre a fenomenologia em geral. Convidado ao Colóquio Internacional de Fenomenologia em Bruxelas, por Van Breda em 1951, ele apresenta aí uma comunicação sobre "Méthode et tâches d'une phénoménologie de la volonté", que faz a conexão entre o projeto de Husserl e a tese que ele próprio acaba de defender na Sorbonne (Ricœur, 1993e:59-86). Em 1952, ele torna conhecida aos leitores franceses a *Ideen II*, que havia permanecido inédita, intitulada *Recherches phénoménologiques sur la constitution de la réalité dans son ensemble*. Ricœur visualiza nessa obra uma submissão à prova do método intencional definido em *Ideen I* e um esclarecimento retrospectivo da coerência do pensamento de Husserl. *Ideen II* acentua o movimento iniciado por *Ideen I* em direção ao interesse da filosofia das ciências por uma fenomenologia da percepção. É nessa segunda parte das *Idées directrices* que Husserl realiza a passagem do percebido ao corpo percebedor, elaborando pela primeira vez "sua doutrina do corpo" (Ricœur, 1993a:99). Por outro lado, Husserl começa o movimento que o havia conduzido do solipsismo em *Ideen I* à intersubjetividade: "A validade de direito da objetividade e a condição de fato da intersubjetividade são mantidas juntas por Husserl: sua análise supõe que se fundamente a intersubjetividade na objetividade" (Ricœur, 1993a:105). A esfera psíquica tal como Husserl a analisa é uma ordem da realidade à qual se tem acesso ao combinar uma abordagem do psíquico, de um lado como limite de um movimento de objetivação, e de outro lado como limite de um movimento de interiorização. A *psyché* está no cruzamento desse duplo movimento convergente de realização do eu puro e da animação do corpo-objeto. Os riscos de uma redução solipsista levam Husserl a enfatizar o nível intersubjetivo como principal acesso ao psiquismo. O conhecimento do outro não é, nesse estágio, o instrumento da resolução do problema da objetividade, mas permite resolver o problema da constituição em nível psíquico.

Após ter definido o espírito (*Geist*) como outra coisa, não redutível à natureza, Husserl coloca a questão das condições mediante as quais essas duas ordens da realidade sejam pensáveis em conjunto. O espírito possui uma base que é a natureza, mas esta não exerce a função de causalidade mecânica, localizada. A esse respeito, Husserl entende afirmar a preeminência ontológica do espírito sobre a natureza. Toda forma de reducionismo é excluída por Husserl, que opera uma distinção entre a parte noética (intencional) da consciência e a parte não noética, que ele denomina *hylé* e que se refere a sensações, pulsões, afetos. Ricœur identifica nessa dimensão intermediária do espírito, tal como definida por Husserl, as bases de uma filosofia da pessoa, que lhe permite ligar não apenas a ascese fenomenológica ao existencialismo, mas também ao personalismo de Mounier. A apropriação do programa fenomenológico não significa, portanto, uma ruptura no itinerário filosófico de Ricœur. Aliás, a herança husserliana é pluralista e não se pode transformar em dogma. É nessa pluralidade que insiste Ricœur na *Esprit*, em 1953. A obra de Husserl sendo ela mesma profusa, arborescente, tateante, "a fenomenologia é, em boa parte, a história das heresias husserlianas" (Ricœur, 1993f:156). Ricœur distingue, a respeito, três diferentes famílias no interior mesmo do projeto fenomenológico. Em primeiro lugar, uma maneira crítica, kantiana, de abordar as condições de objetivação da natureza do sujeito. Em segundo lugar, uma fenomenologia de tipo hegeliano, representada por *La phénoménologie de l'esprit*. Essa orientação privilegia as mediações, a passagem pelo negativo e pela ultrapassagem das contradições do saber absoluto. Essa dupla filiação provoca uma tensão ontológica que Ricœur vê desaparecer graças ao caminho oferecido por Husserl, para o qual não haveria nada a mais no ser além do que aparece ao homem. A ascese husserliana seria, portanto, um considerável trabalho no sentido de evitar a ontologia.

Em 1954, Ricœur se coloca como comentarista meticuloso das conferências pronunciadas por Husserl na Sorbonne em 1929 e reagrupadas sob o título de *Meditações cartesianas*. Naquele santuário do cartesianismo, essas conferências reivindicam sua herança, porém rejeitando o dualismo entre corpo e espírito instituído por Descartes. Husserl retoma o movimento cartesiano radicalizando-o. Segundo ele, a dúvida cartesiana não foi longe o bastante. Ele deveria ter colocado em questão "toda exterioridade objetiva e descartado uma subjetividade sem exterioridade absoluta" (Ricœur, 1993d:162). O encaminhamento de Husserl o conduz à consagração de uma egologia transcendental, na etapa da *IV Meditação*. Ele corre assim o risco do fechamento do solipsismo. Essa egologia traz para a perspectiva husserliana a dimensão genética, na medida em que se trata de restituir as condições do autoengendramento das vivências. O solipsismo a que chega Husserl pode, portanto, ser concebido como não tendo senão um caráter puramente metodológico. Ele desemboca, contudo, em um ponto aporético na elucidação impossível de um mundo comum a todos a partir de uma pura egologia. É a *V Meditação* que oferece a rota de saída possível dessa aporia, abrindo o ego para o problema do outro. Ricœur dedica a essa derradeira *Meditação cartesiana* (que é, somente ela, quase tão longa quanto as quatro outras) um estudo ulterior específico (Ricœur, 1993c:197-225). Ricœur vê aí um momento decisivo, uma pedra angular da fenomenologia transcendental, na medida em que Husserl coloca a questão da articulação do Ego com o outro, com outro indivíduo. Trata-se de responder a duas exigências aparentemente contraditórias: "constituir o outro em *mim*, constituí-lo como *outro*" (Ricœur, 1993c:199). Esse duplo processo de apropriação e de colocação à distância é realizado por Husserl por meio da compreensão analógica do outro como outro eu. É graças a essa capacidade analógica que o solipsismo pode ser evitado. A essa primeira dificuldade, superada pelo reconhecimento do outro como outro, acrescenta-se um novo obstáculo que é a necessária constituição de uma natureza objetiva comum. Até aí o próprio corpo, a carne servia de mediação no reconhecimento do outro, mas era necessário encontrar outra mediação para significar que a natureza para mim é a mesma natureza que para o outro: "A noção intermediária que é preciso introduzir aqui é a de *perspectiva*" (Ricœur, 1993c:214).

Acerca desse ponto de conexão das visadas das ciências sociais, Ricœur opõe os encaminhamentos do sociólogo e do antropólogo, que partem da comunidade, do grupo, ao do fenomenólogo, cuja análise marcha ao inverso, do solipsismo à comunidade. Husserl fundamenta assim a necessidade de um ponto de vista que não é o (de sobrevoo) de Sírius, mas o de uma ancoragem a partir de um corpo próprio, único por si a compreender o estranho, o diferente. O projeto fenomenológico não se fecha, portanto, em um sistema, mas, ao contrário, abre o campo das possibilidades e constitui assim um sistema do sentido possível para nós. Além da tecnicidade da linguagem husserliana, sua filosofia adota, pois, uma atitude fundamentalmente modesta, que permite articular a visada universalizante com o poder que tem cada um de fazer na reflexão o retorno a si mesmo.

O complemento da fenomenologia da percepção de Merleau-Ponty: a fenomenologia da vontade

Em 1945, surge uma obra maior de cuja importância Ricœur se apercebe de imediato: a *Phénoménologie de la perception* de Maurice Merleau-Ponty. As teses aí desenvolvidas encontram-se no prolongamento direto de seu próprio encaminhamento filosófico, uma vez que está redigindo sua tese sobre o voluntário e terminando a tradução de *Ideen I* de Husserl. A fecundidade de um trabalho de ordem fenomenológica é para ele atestada pela força demonstrativa de Merleau-Ponty. Embora Ricœur tenha restrições em relação a Sartre, ele alimenta desde logo a maior admiração por Merleau-Ponty, que ele encontra por diversas vezes entre 1945 e 1948 em Lyon, onde esse leciona. Ele passa também por Leuven, para consulta aos arquivos de Husserl. No dia seguinte à sua defesa de tese, Ricœur se encontra em abril de 1951 no colóquio internacional de fenomenologia organizado em Bruxelas pelo padre franciscano Van Breda, diretor dos arquivos Husserl. A escolha do tema de sua tese sobre o voluntário precede a publicação da obra de Merleau-Ponty. A *Phénoménologie de la perception* permite a Ricœur conceber seu trabalho como o prolongamento, no domínio prático, do estudo fenomenológico. Merleau-Ponty centrou seu estudo na percepção, na intencionalidade, abrindo espaço para um estudo do agir humano.

Na *Phénoménologie de la perception*, Ricœur reencontra sua própria preocupação de evitar as dicotomias empobrecedoras e de recusar especialmente a oposição entre sujeito e objeto, por meio da travessia da experiência. Essa é, com efeito, a demonstração realizada por Merleau-Ponty: "Compreender a subjetividade como inerente ao mundo" (Merleau-Ponty, 1976:464). Convém, portanto, repensar a percepção ao tempo em que se forma, sua emergência desembaraçada das teorias fossilizadas que tendem a parasitar nosso modo de conhecimento. Merleau-Ponty mostra que o sujeito do conhecimento e o objeto conhecido nascem juntos em uma dinâmica endógena ao ser-no-mundo. Esse trabalho inscreve-se no prolongamento da redução eidética de Husserl, dessa busca de um sujeito concreto, vivido na travessia de um mundo circundante, que não é apenas existente, mas fenômeno de existência. Merleau-Ponty procura então compreender as relações da consciência e da natureza, do interior e do exterior. Para levar a bom termo seu empreendimento, ele recusa as duas posições simétricas do realismo e do idealismo. A contestação desse antigo debate filosófico permite-lhe a abertura a uma dimensão há muito oculta, que é a do corpo, lugar mediano em que se imprimem ao mesmo tempo a consciência e o mundo, que se torna o lugar privilegiado da indagação filosófica e que aparece como um "objeto subjetivo".

A segunda inovação de Merleau-Ponty, e que será assumida por Ricœur, é o diálogo estabelecido com as ciências humanas, com suas pesquisas e suas descobertas. A renúncia à ruptura entre a filosofia e o conhecimento empírico, positivo, o fato de se situar sobre o terreno mesmo deste, a fim de medir em que se separa daquele, é um movimento que se tornará constante em Ricœur. Em sua travessia pela *gestalt-theorie* (Koffka, Koehler, Goldstein...), Merleau-Ponty abre o caminho que será trilhado por Ricœur com a obra freudiana.

A *Phénoménologie de la perception* atribui-se por objeto fazer convergir os resultados da psicologia contemporânea e a fenomenologia de Husserl. A opacidade da experiência vivida em seu imediatismo obriga o filósofo a realizar um desvio pela psicologia, anuncia o futuro desvio de Ricœur pela psicanálise, e mais amplamente anuncia a convicção de que a verdade não se dá por uma relação de simultaneidade, de osmose, mas por uma série graduada de mediações que requer os desvios do filósofo.

Na base da interrogação de Merleau-Ponty encontra-se o *cogito* cartesiano, mesmo se o "eu penso" se transforma com o próprio corpo em "eu posso"; porém, de forma distinta do movimento heideggeriano de expropriação radical da presença de si mesmo. O enigma a elucidar situa-se do lado da constituição de si pelo corpóreo, nessa maneira singular pela qual o corpo propriamente dito manifesta seu ser-no-mundo. Ricœur descobre outra dimensão, central para si mesmo: a comunicação, cuja importância ele já havia mostrado em Gabriel Marcel e Karl Jaspers. A análise da percepção segundo Merleau-Ponty permite melhor compreender a experiência do outro; portanto, melhor colocar a questão da comunicação. Ela se situa como articulação entre a consciência íntima de si e o anonimato da vida corporal, que é sua condição de existência. Essa visada filosófica leva-o a tomar como sua uma concepção mais restritiva do *cogito*, como possessão ou pensamento de si, ao invés de presença em si.

Na terceira e derradeira parte da *Phénoménologie de la perception*, Merleau-Ponty afasta-se da egologia transcendental que havia descoberto em Husserl, para descentrar o *ego* e assim abrir o eu para o outro: "A subjetividade não é a identidade imóvel consigo mesmo: é-lhe essencial, como ao tempo, para ser subjetividade, abrir-se a um Outro e sair de si" (Merleau-Ponty, 1976:413). É graças à percepção que se realiza a relação com o outro. Essa mediação, que valoriza a relação afirmativa com a existência no ato da comunicação, difere radicalmente do ponto de vista de Sartre, que privilegia o abismo, o nada, e opõe o eu ao outro. Segundo Merleau-Ponty, a subjetividade que permite ter acesso ao outro graças ao corpo se apresenta como abertura ao mesmo tempo dependente e indecidível, tornando caduco tanto o objetivismo que se choca contra o indecidível quanto o idealismo que ocultaria a parte dependente do sujeito. Descobrindo a saída possível pela orientação fenomenológica de questões que se colocava no plano existencial, Ricœur é mais que interessado, fascinado, pela demonstração de Merleau-Ponty. Sua reação não é, aliás, destituída de certa ambivalência, pois ele se ressente sempre da necessidade de não se deixar absorver e dissolver por seus sucessivos engajamentos e adesões. Mergulhado no interior da obra de Jaspers, ele considera a orientação de Merleau-Ponty exclusivamente voltada, em demasia, para a imanência. Ele pôde considerar que essa liberdade era demasiado contingente em Merleau-Ponty e pesquisar, por detrás de um querer, a restituição de valores e a credibilidade de outro nível, de outra antropologia mais relacionada com a transcendência. De fato, Merleau-Ponty já havia esquematizado a possível articulação desses dois níveis, na determinação da subjetividade como temporalidade. Por outro lado, a abertura em direção ao campo prático explorada por Ricœur em sua tese sobre o voluntário não se situa em discordância com o estudo de Merleau-Ponty, que abre sua reflexão sobre a dimensão do agir. Merleau-Ponty teria assim orientado o projeto de Ricœur no sentido da dialética que se joga entre o sentido proferido e o que se revela nas coisas. Isso vai encaminhá-lo a um diálogo cada vez mais próximo às ciências humanas, em plena ascensão nos anos 1950. Dessa perspectiva, é possível uma reapropriação da ciência no campo do pensamento filosófico. Cada ciência é o celeiro de uma ontologia regional, que o filósofo deve repensar para permitir o retraçado das visões e restituir o sentido ao assunto. Iniciador em sua exploração de certa orientação psicológica e na crítica de seu caráter reificante e mecanicista, Merleau-Ponty é também precursor, desde 1951, no destaque em curso à linguística, mostrando todo interesse da obra de Saussure como inauguração da linguística moderna: "O que aprendemos em Saussure é que os signos considerados um a um nada significam, que cada um deles menos exprime um sentido do que marca um distanciamento de sentido entre ele próprio e os outros" (Merleau-

-Ponty, 1960b:49). Essa integração da linguística ao campo da reflexão filosófica é proclamada por ocasião do colóquio de Van Breda em Bruxelas. Ricœur aí se faz presente e explorará mais tarde, sistematicamente, os diversos níveis da linguagem.

Na mesma linha de preocupação, Merleau-Ponty encoraja o diálogo entre sociologia e filosofia, cuja fronteira disciplinar, que opõe uma à outra, ele deplora. A ala da sociologia, em marcha no início dos anos 1950, é representada pelo projeto de antropologia social de Claude Lévi-Strauss (Dosse, 1991). Merleau-Ponty dele se aproxima e é mesmo ele que, eleito para o Collège de France em 1952, sugere a Lévi-Strauss de se apresentar e contribui para a sua eleição em 1960. Ele defende com vigor o programa definido em 1950 por Lévi-Strauss em sua *Introduction à l'œuvre de Marcel Mauss*: "Os fatos sociais não são nem coisas nem ideias, são estruturas... A estrutura não alivia a sociedade em nada de sua espessura ou de seu peso. Ela é, ela mesma, uma estrutura de estruturas" (Merleau-Ponty, 1960a:146-147). O projeto de Merleau-Ponty é, então, o de retomar uma a uma as conquistas das ciências humanas segundo uma perspectiva fenomenológica, generalizante, redefinindo seus respectivos conhecimentos do ponto de vista filosófico, testando a compatibilidade das descobertas científicas com seu valor em termos de experiência subjetiva e de significação global. Essa vitalidade do programa fenomenológico, graças à proximidade cultivada com o campo das ciências humanas, serve incontestavelmente de modelo para Ricœur, que se instalará ainda na interface entre a filosofia da linguagem e a fenomenologia, da história e da epistemologia, da psicanálise e de sua retomada hermenêutica...

Esse diálogo fecundo entre ciências do homem e filosofia concede ao cenário intelectual francês uma singularidade que contrasta com outras tradições nacionais. Outro aspecto que seduziu Ricœur foi encontrar em Merleau-Ponty um filósofo portador do programa fenomenológico de Husserl, mas sem por isso reduzi-lo a uma simples aplicação na França dos princípios de uma tradição importada da Alemanha. Merleau-Ponty tenta, com efeito, a conciliação desta com a tradição reflexiva francesa, a que vai de Descartes, Maine de Biran e Bergson a Lachelier, Lavelle e Nabert. Merleau-Ponty e Ricœur têm em comum essa tradição francesa. Eles compartilham essa posição de tensão entre os pontos de vista que eles não desejam julgar como contraditórios. Ao contrário, eles aspiram a pensá-los como um conjunto, contribuindo para a realização daquele programa. Embora passe a ser de bom tom, após o desaparecimento prematuro de Merleau-Ponty na idade de 53 anos, em 1961, considerá--lo ultrapassado por um programa de radicalização que vai no sentido de uma nova ruptura, dessa vez em favor das ciências do homem, com o sucesso do programa estruturalista, Ricœur continuará a se referir à obra de Merleau-Ponty. A fascinação exercida sobre a filosofia francesa pelos pensadores alemães — Husserl, Heidegger — é tão forte na época que ocultou um espaço próprio ao desenvolvimento de uma fenomenologia francesa específica. A dupla fonte de inspiração existencialista e fenomenológica é reivindicada pelo próprio Ricœur ao considerar a gênese de sua tese sobre o voluntário: "Se é a Husserl que eu devia a metodologia designada pelo termo análise eidética, é a Gabriel Marcel que eu devia a problemática de um sujeito ao mesmo tempo encarnado e capaz de afastar seus desejos e seus poderes" (Ricœur, 1995e:24).

Apaixonado pela leitura da *Phénoménologie de la perception*, Ricœur procura estabelecer contato com Merleau-Ponty. Certamente ele tem algumas oportunidades de encontrá-lo, mas eles pertencem a duas correntes intelectuais opostas no pós-guerra. Contudo, Merleau-Ponty havia sido, antes da guerra, correspondente da *Esprit*, incentivando um grupo da revista em Chartres; mas, em 1945, ele passa a ser o alter ego de Sartre na estruturação da nova revista *Les Temps Modernes*. Ele participa ativamente do comitê de redação e frequentemente redige editoriais. Até 1952, a conexão Sartre-Merleau funciona bem. O cristianismo militante de Ricœur, sua participação ativa na revista *Esprit* tornam delicada uma relação de grande proximidade. Merleau-Ponty conservou-se, pois, à distância. Muito certamente, Sartre contribuiu para manter Ricœur longe de Merleau-Ponty. O caráter ateu militante da revista *Les Temps Modernes* no clima intelectual do pós-guerra favoreceu o afastamento de Ricœur, já que era considerado por Sartre uma espécie de religioso que se ocupava da fenomenologia. Essa atitude sectária tornou impossível a transformação no plano humano de uma proximidade intelectual muito forte, e não ocorreu sem deixar algumas feridas. A questão religiosa contribuiu para mantê-los em dois mundos à parte. Não que Merleau-Ponty compartilhasse o ponto de vista de Sartre, mas, sendo de educação católica, ele se encontrava no pós-guerra antes em um momento de revisão, de descolamento do neotomismo que havia sido o seu posicionamento, sem nada manifestar de anticlerical, permanecendo a religião como seu jardim secreto.

Para além desse desencontro, que em muito se deve aos desacordos de seus respectivos meios de pertinência, resulta que Merleau-Ponty e Ricœur vão encarnar duas orientações um pouco diferentes da fenomenologia francesa: de um lado, em Merleau-Ponty, uma atenção mais centrada no corpo propriamente dito, a carne, e de outro, com Ricœur, uma abordagem da carne mais abstrata, pelo viés da textualidade, ainda que, no momento de sua tese sobre o voluntário, o problema do corpo seja frontalmente abordado.

Em 29 de abril de 1950, Ricœur defende sua tese de doutorado. Essa se compõe, segundo os usos da época, de sua tese principal sobre a filosofia da vontade, finalizada na primavera de 1948 em Chambon-sur-Lignon, e de uma tese complementar constituída pela sua tradução e apresentação de *Ideen I* de Husserl. O júri é composto por Jean Wahl, Jean Hyppolite, René Le Senne, M. Colleville e M. Souriou. Em seu relatório sobre a sustentação de tese de Ricœur, Jean Wahl, em nome do conjunto da banca, considera a tradução de Husserl "um trabalho preciosíssimo" e "uma tradução de valor excepcional", segundo os termos do relator Jean Hyppolite.[1] Quanto a *La philosophie de la volonté*, essa é

---

[1] Archives nationales (Arquivos Nacionais), cota AJ^{16} 7103.

qualificada de "excelente tese", "Há muito tempo que uma tese de filosofia tão satisfatória não tinha sido defendida".[2] Decerto, René Le Senne reclama de ter Ricœur ignorado o estudo do erro e da transcendência em seu objeto, tendo reservado esses estudos para um trabalho posterior, porquanto essas dimensões são nesse ponto tão entremeadas que não podem ser, senão artificialmente, separadas, objeção essa assumida, por sua vez, por Jean Wahl que, de outra maneira, manifesta seu desacordo a propósito das críticas formuladas por Ricœur a Kierkegaard, Bergson e Descartes. Porém,

> todos os membros do júri foram de acordo na apreciação da maestria com a qual se defendeu Ricœur, sempre modestamente e com muita firmeza, em uma linguagem flexível e precisa, que seguia as nuances de seu pensamento; M. Ricœur fez-se unanimidade e, após uma deliberação excepcionalmente breve, declarado digno do grau de doutor com menção muito honrosa.[3]

Foi essa, portanto, a consagração para Ricœur, que se torna subitamente par dos que foram um dia seus avaliadores.

A escolha do voluntário como tema havia sido esboçada por Ricœur desde 1939. Ele de fato apresenta nessa ocasião um documento, em 2 de março de 1939, ao Círculo de Filosofia do Oeste, sob o título "Étude phénoménologique de l'attention et de ses connexions philosophiques" (Ricœur, 1941). Nesse estudo preliminar sobre a atenção, considerada orientação voluntária do olhar, encontra-se já a dialética que ele sistematizará em seguida entre o voluntário e o involuntário, assim como a dupla filiação que ele postula: Gabriel Marcel e Husserl. A atenção é, ao mesmo tempo, receptividade pela sua aderência ao objeto e atividade por sua inerência ao sujeito. A atenção se oferece

---

[2] Ibid.
[3] Ibid.

assim como meio de articular o determinismo e a liberdade. Ao final de sua comunicação, Ricœur invoca o ensinamento de Gabriel Marcel, que permite ir além de seu esboço sobre a atenção, na medida em que Marcel insiste sobre o fato de que a comunicação é uma relação a três, não a dois. É, aliás, a Gabriel Marcel que é dedicada sua *Philosophie de la volonté* em 1950. A escolha que leva Ricœur a se engajar em uma filosofia do agir deve-se muito às raízes protestantes de suas convicções: "Desde muito tempo, eu admirava o tratado de Lutero sobre o livre arbítrio, *Da liberdade cristã*, assim como a grande discussão que o opunha a Erasmo" (Ricœur, 1995b:47). O contexto político e seu engajamento no cerne das questões sobre a liberdade e a responsabilidade, assim como o peso da herança calvinista sobre a predestinação, também contribuíram para essa escolha de confrontação entre a vontade e o involuntário, que é, pois, "fortemente sobredeterminado" (Ricœur, 1995b:47).

No plano propriamente filosófico, Ricœur entrevê um alargamento possível da análise fenomenológica das operações do consciente, aplicada à percepção em Husserl em direção à vontade. O próprio Husserl havia destacado essa possibilidade:

> Desenvolvimentos análogos valem em seguida, como é fácil convencer-se, para as esferas afetiva e volitiva, para vivências tais como ter prazer ou desprazer, apreciar em todos os sentidos da palavra, desejar, decidir-se agir; todas essas vivências contêm várias e frequentemente numerosas estratificações intencionais, de ordem noética e paralelamente de ordem noemática. [Husserl, 1985: p. 329, §95]

Ricœur toma emprestado o método de Husserl (dito análise eidética: pesquisa das essências) para estudar a temática da vontade e procede a uma descrição das diversas formas de reciprocidade do involuntário e do voluntário, enquanto os estudos habituais nesse domínio tinham a tendência a construir uma escala explicativa piramidal que progride do substrato involuntário até os fenômenos de superfície colocados sob o registro da vontade. Postulando que já existe o voluntário no involuntário, Ricœur considera que não se podem separar esses dois registros em estreita correlação: "É por essa relação que a descrição é compreensão" (Ricœur, 1988c:8). O princípio de intencionalidade da consciência aplicado às formas da vontade permite a Ricœur distinguir três momentos que articulam sua tese: a decisão, a moção voluntária e o consentimento. É, portanto, uma tríade que constitui a trama de sua tese. Essa descrição das escolhas e dos sentimentos em sua aparição inscreve-se em uma filiação cartesiana reivindicada. Certamente, ela se propõe acolhedora às descobertas das ciências experimentais, mas ultrapassa as lições da biologia e da psicologia científica. Ela pretende atingir uma experiência integral do *cogito*.

A figura central, que não cessará de ser a fonte de interrogação de Ricœur, é a do *cogito* interiormente partido. O acesso a essa quebra interna ao *cogito* se dá ao se respeitar a ascese metodológica e a travessia precisa da experiência tais como Husserl as define. É em posição de tensão entre existencialismo e fenomenologia, assim como em uma tentativa de conciliação de seus desdobramentos, que se situa Ricœur. Ele reencontra assim a figura do paradoxo de Karl Jaspers para caracterizar as relações entre o voluntário e o involuntário como fonte de conflito. O caráter tópico desse longo estudo participa de um projeto ainda mais vasto que permitiria passar de uma ontologia paradoxal a uma ontologia reconciliada. Essa tentativa de constituição de uma ontologia do sujeito é para Ricœur um horizonte que pressupõe outra ordem de realidade, posta em suspenso nessa tese e remetida a uma futura "Poétique de la volonté", que viria a constituir, após a aparição em 1960 do segundo volume da *Philosophie de la volonté*, sua terceira parte que não viria jamais a ser lançada como tal, mas em tudo estando onipresente ao longo da obra de Ricœur. As derradeiras palavras da tese ilustram essa quebra de registro entre as forças da liberdade humana, sua humildade original e uma dimensão poética proveniente da transcendência.

Três ideias diretrizes são sistematicamente exploradas por Ricœur em seu estudo sobre as ligações entre o voluntário e o involuntário. Após ter verificado a reciprocidade e o conflito de suas relações, ele põe em evidência, em um segundo tempo, o fato de que a subjetividade é a medida comum a ambos. Em terceiro lugar, a tensão própria à subjetividade resolve-se na conciliação, da qual a figura do consentimento é a expressão final, questão que cobre toda a terceira parte de sua tese. A travessia descritiva de Ricœur o conduz a diferenciar-se de determinados caminhos que têm seus méritos, mas geralmente passam ao largo do essencial. Ao longo dessa busca eidética, é bastante seguro ocorrer o reducionismo naturalista, que é visado como o adversário maior. Certamente, o desvio pelas ciências experimentais é de todo fundamental para o acesso a um conhecimento objetivado do homem, notadamente de sua parte não consciente, involuntária. Porém, essa situação engendra um problema para o filósofo, sobretudo quando esse se situa em uma linha reflexiva, pois o sujeito do qual ele fala fica ameaçado de uma fissura interna. A filosofia arrisca-se assim a problematizar um tema que não mais pertence à ciência; e, contudo, bem sabemos que deve ser o mesmo. Não se pode remeter simplesmente à incomensurabilidade essas duas dimensões que têm o mesmo objeto, e, por outro lado, não se pode praticar uma simples mistura de gêneros. O propósito de Ricœur em sua tese consiste em se opor "a toda tentativa de misturar discurso científico e discurso filosófico" (Madison, 1973:227-241). Encontra-se aí o imperativo constante, kantiano e crítico de Ricœur, que procura encontrar os fundamentos nos limites, nas fronteiras, a fim de fazer circular as diversas ordens do saber de maneira significativa, dialetizando-as. Esse posicionamento em relação deve respeitar a descontinuidade e as rupturas de registro que delimitam cada um dos campos de investigação. A filosofia reflexiva, ao realizar o desvio pelas ciências experimentais, põe à prova seus próprios limites, e da mesma maneira estas últimas ganham acesso, graças à compreensão de um *cogito* integral, a uma abertura da necessidade empírica em direção a uma dimensão mais completa: "É a experiência total do *cogito* que declara a experiência da necessidade como parcial" (Ricœur, 1988c:397). A articulação entre os dois níveis realiza-se por meio da retomada dos conhecimentos empíricos no plano da compreensão do sentido desses conhecimentos. Um nível de subordinação vai bem ao encontro do reducionismo que pretendem promover certas ciências experimentais: "Tal é a posição de Ricœur no momento de *Le volontaire et l'involontaire*, sua resposta ao conflito das interpretações. Ele rejeita as pretensões totalitárias da linguagem objetivista, ao mesmo tempo que lhe acorda uma validade restrita" (Madison, 1973). À maneira de Husserl, Ricœur defende o valor e os limites do discurso filosófico ante a ascensão do objetivismo. Contrariamente ao que muitos exegetas reticentes dirão do método de Ricœur, não se trata para ele de defender uma visão englobante que tivesse apenas a capacidade de retomar de maneira imperativa o saber objetivo, mas de preconizar, ao contrário, que "cada domínio vá até o limite das exigências que o definem" (Ricœur, 1966b).

Ricœur discerne ainda certos limites da abordagem sociológica das motivações. Os sociólogos têm o mérito de romper com o vitalismo e sua tendência a fazer derivar o voluntário de interesses exclusivamente vitais: "Em nome de representações coletivas eles têm relembrado, ante o velho empirismo, que exigências estranhas à preocupação vital conferem ao homem sua própria qualificação de humanidade" (Ricœur, 1988c:117). A contribuição dos sociólogos é, a esse respeito, decisiva, mas eles têm a tendência a ignorar dos indivíduos a dimensão dos afetos. Ora, é por aí que a sociedade penetra no individual. Esse desvio explica que passem ao largo da relação que se institui entre as representações e a vontade, "na ausência de uma eidética da motivação" (Ricœur, 1988c:118). Somente esta última permite distinguir motivo e causa, ao contrário da física mental que preconizam os sociólogos durkheimianos.

Da mesma maneira, ele persegue os falsos dilemas como o que opõe as posições intelectualistas e irracionalistas, acerca das noções de atenção e de deliberação. Sempre reconhecendo sua dívida em relação a Bergson, ele se distancia quanto ao que qualifica como seu anti-intelectualismo.

A separação que ele opera entre uma razão que estaria ao lado dos pensamentos estranhos à vida e um eu profundo, fonte de decisões, carece da dimensão mediadora que representa a atenção — em favor de uma abordagem vitalista e opaca. Ricœur opõe a essa visão o fato de que a liberdade não se situa no lado dos fluxos do eu profundo, mas na construção de uma doutrina da atenção, capaz de acolher a pluralidade das motivações. Toda posição que se afasta em demasia do saber objetivo é objeto da crítica de Ricœur. Assim, o pensamento existencialista de Kierkegaard tem o mérito de ser portador de um senso agudo de história individual; e, no entanto, "é em parte responsável por essa ilusão de que a subjetividade se possa colocar à margem da objetividade" (Ricœur, 1988c:170). A acolhida reservada aos conhecimentos empíricos não é nada menos que uma assimilação crítica de seus saberes, e Ricœur retoma em parte o ponto de vista da *Gestaltpsychologie* em sua crítica da teoria do reflexo. Quanto a esse ponto Merleau-Ponty se antecipou, tornando conhecidos na França os trabalhos de Weizsaker e de Goldstein.

Ricœur esquematiza sua confrontação com a psicanálise freudiana desde a sua tese, antes de tomar o longo desvio sobre Freud nos anos 1960. Sua maneira de situar o inconsciente com relação ao consciente é então a de sair do que ele estima ser um falso dilema entre um dogmatismo do inconsciente que comete o erro e a falha de fazer pensar o inconsciente, e o fracasso de um dogmatismo da consciência que comete o erro inverso de emprestar à consciência uma transparência que ela não possui. Esse idealismo da consciência é o equivalente do realismo do inconsciente, em uma oposição artificial. Nesse ponto também, a preocupação de Ricœur é a de enriquecer a filosofia, graças às descobertas da psicanálise freudiana, servindo ao mesmo tempo de polo de vigilância para que esta última não recaia em desvios reducionistas. Em 1950, Ricœur adota uma posição distanciada em relação à psicanálise: "Não fui convencido pela doutrina do freudismo, em particular pelo realismo do inconsciente que o psicólogo de Viena elabora, por ocasião de sua metodologia e de sua terapêutica" (Ricœur, 1988c:352-353). Ele assume assim, em sua avaliação, a distinção que lhe ensinara seu mestre Dalbiez, professor de último ano, entre doutrina e método freudiano, que ele não mais consideraria como pertinente quando de seu *Essai sur Freud* em 1965. Entretanto, ele reconhece que a ordem causal estabelecida por Freud, assim como a perspectiva aberta por esse para a interpretação dos sonhos, dos atos falhos... embora se considerassem esses fenômenos até então como simples manifestações de desordem mental, constituía uma conquista científica, como a física ou a biologia. A esse respeito, a terapia analítica, frequentemente apresentada como negação da consciência, é, ao contrário, "um *meio de estender o campo da consciência de uma possível vontade*, por dissolução das contraturas afetivas. Essa terapêutica alcança a cura por um triunfo da memória sobre o inconsciente" (Ricœur, 1988c:361). Ela oferece ainda a mediação do outro, do intérprete, daquele que permite a essa memória pronunciar-se, o terapeuta, o analista, sem o qual é impossível a reapropriação da lembrança traumática. Sendo a consciência incapaz de se tornar transparente a si mesma por um simples trabalho de introspecção, o aporte da psicanálise é absolutamente decisivo. Porém, Ricœur se bate contra a "física" freudiana, segundo a qual as representações mentais aberrantes são tratadas como coisas a serem explicadas de modo causal. Ora, ao longo de sua obra, Ricœur luta contra toda forma de naturalização em nível dos pensamentos formados, ou seja, da consciência. Mas que se passa para Ricœur no plano do inconsciente? Nesse ponto, ele marca seus distanciamentos em relação a seu mestre Dalbiez, pois adota os princípios do método psicanalítico, baseados em um realismo do inconsciente, portanto em uma causalidade mental. Isso implicaria a crença em uma ontologia comum das ciências da natureza e do conhecimento do humano. Ricœur pensa, ao contrário, que uma descontinuidade radical separa os dois domínios, que pertencem a duas diferentes ontologias. Porém, ele se reencontra com Dalbiez na limitação da psicanálise como função terapêutica, curativa. Essa filosofia dos limites tem o mérito de abrir a filosofia ao campo dos conhecimentos científicos e de pôr em guarda o pesquisador contra todo triunfalismo redutor.

3
A enxertia hermenêutica

O símbolo faz pensar

A virada de 1960 no percurso do pensamento de Ricœur tem sido frequentemente considerada ruptura radical separando dois momentos descontínuos de sua obra. É verdade que quando aparece naquele ano o segundo volume de sua *Philosophie de la volonté: finitude e culpabilité*, Ricœur se encontra em um momento de transição na elaboração de suas posições filosóficas. Na realidade, prevalece a continuidade da interrogação sobre os diversos modos de ser da vontade humana, mas Ricœur procede a um deslocamento metodológico essencial, que vai determinar todo o prosseguimento de sua obra. De fato, ele passa de uma fenomenologia eidética para uma fenomenologia hermenêutica, que ele desenvolverá ao longo dos anos 1960. Essa passagem, que ele qualificará mais tarde como "enxertia hermenêutica" sobre o programa fenomenológico, é percebida como necessária para sair do impasse no qual se encontra o filósofo, que desejava construir um sistema global a partir da análise da simbólica do mal. A travessia dos mitos remete a um inacabado, a uma impossível sistemática, na medida em que a busca das origens resulta indefinida e sempre se cruza com o já visto.

O final de sua *Phylosophie de la volonté* faz-lhe aparecer o símbolo como uma mediação essencial ao acesso a um sujeito emancipado de sua primeira inocência. Antes de concluir sua fenomenologia da vontade pela afirmação de que "o símbolo faz pensar", Ricœur havia feito desse o tema de um artigo surgido em 1959 em *Esprit* (Ricœur, 1959:60-76). Valorizando o símbolo como modo de acesso, Ricœur participa, ao final dos anos 1950, do *linguistic turn* (virada linguística) à francesa que se generaliza sob a impulsão do programa estruturalista, já bem definido e portador de grandes promessas. Claude Lévi-Strauss já se havia consagrado perante o grande público desde a publicação de seu *best-seller*, *Tristes tropiques*, em 1955. Seu artigo sobre "a eficácia simbólica" data de 1949 e é retomado em um acervo-manifesto do estruturalismo, *Anthropologie structurale*, em 1958 (Lévi-Strauss, 1958). Em 1960 é o Collège de France que abre suas portas a Claude Lévi-Strauss (Dosse, 1991:217-234). A prevalência conferida à linguagem pelas ciências humanas, que tomam a linguística como ciência-piloto e Saussure como emblema, é seriamente levada em conta por Ricœur: trata-se de um novo desafio colocado diante do filósofo de tradição reflexiva e fenomenológica. A segunda inspiração que anuncia Ricœur ao final de sua *Philosophie de la volonté* é o programa de desmitificação de Bultmann, que corresponde a sua saída progressiva do barthismo, em prol de uma reinterrogação filosófica e hermenêutica da tradição bíblica. Em terceiro lugar, a tensão entre o voluntário e o involuntário fez aparecer um resto, que convém explorar mais sistematicamente, segundo um ângulo de abordagem que não é mais apenas fenomenológico, mas também psicanalítico: o inconsciente. A interrogação sobre o símbolo, a via de uma hermenêutica como arte de encontrar a questão enovelada, no duplo sentido da palavra, conduz Ricœur a um longo desvio por Freud. Ele explora como o inconsciente é lido pela psicanálise, e busca melhor compreender o que é uma leitura sintomática. Essa tripla fonte de inspiração valoriza o símbolo como "guia do tornar-se si mesmo" (Ricœur, 1988b:176), em conexão com a sua função cósmica, tal que se pode recolhê-la graças a uma fenomenologia da religião. O círculo hermenêutico é definido como meio heurístico: "Eu exploro minha própria sacralidade decifrando a do mundo" (Ricœur, 1988b:176). A implicação pessoal faz aqui a diferença para o programa fenomenológico.

A sentença segundo a qual o símbolo faz pensar acarreta duas coisas: de um lado, o sentido é dado àquilo que dá acesso à dimensão simbólica; e, de outro lado, o que se é dado é pensar. Ricœur define em *La symbolique du mal* uma hermenêutica cujo projeto é decifrar a ambivalência dos símbolos concebidos como expressões de duplo sentido. Diferentemente do signo, o símbolo manifesta uma intencionalidade dupla. Ele visa a um sentido primeiro, literal, por meio do qual se enxerta uma segunda intencionalidade que não é acessível senão pelo primeiro sentido. Resulta uma sedimentação dos significados ao longo do tempo, o último conservando sempre os significados precedentes. Tal é o caso, a propósito da simbóloca do mal, da passagem da mácula ao pecado e do pecado à culpa. É essa profundidade, essa colocação do símbolo como inserção recursiva, que dá o que pensar. Ricœur utiliza essa centralidade do símbolo como alavanca para resistir a uma modernidade caracterizada pelo esquecimento do sagrado. O paradoxo imanente a esse período de dessacralização, de triunfo de uma linguagem cada vez mais técnica, precisa, unívoca, é o de recarregar a criatividade da linguagem partindo-se da linguagem plena que nos oferecem os símbolos.

Com sua exploração do domínio simbólico, Mircea Eliade reconforta Ricœur em sua inflexão: "De Eliade eu não retinha principalmente sua distinção entre o sagrado e o profano, mas sua concepção do símbolo como estrutura fundamental da linguagem religiosa" (Ricœur, 1995e:31). O segundo terreno de investigação é oferecido por Freud, que mergulha na arqueologia privada do sujeito a partir de suas diversas manifestações de dissimulação e de disfarce dos desejos. Existe ainda uma terceira fonte de impulso dessa travessia, filosófica, com o trabalho de Gaston Bachelard sobre a imaginação poética como momento de emergência da linguagem. No entanto, para Ricœur, o desvio pelo símbolo não significa um retorno em direção a um sentido transparente que permitiria sua tradução imediata. O problema contra o qual se bate é o de justamente evitar a velha interpretação alegorizante: "Eu gostaria de tentar outra via, que seria a de uma interpretação criativa" (Ricœur, 1959:68). A dupla necessidade de respeitar o enigma original do símbolo e de promover um sentido novo implica uma ascese do "compreender" que passa por quatro etapas. A primeira é um caminho já familiar, a do estudo propriamente fenomenológico, cujo modelo é dado por Mircea Eliade, que compreende o símbolo em uma totalidade que lhe é homogênea. O nível fenomenológico esbarra em uma aporia: não se sabe o que fazer dessas significações simbólicas, dessas hierofanias, se o sujeito do conhecimento não está situado. É, pois, necessário passar a um segundo nível, o do círculo hermenêutico, segundo o qual "é preciso entender crer, mas é preciso crer para entender". Nesse ponto, é Bultmann, com seu esforço de desmitificação, que serve de guia para o caminho do que Ricœur qualifica como segunda inocência a conquistar. Enfim, após esse percurso do *logos* ao *mythos*, chega-se transformado ao *logos* a partir do símbolo. O filósofo pode então servir-se do símbolo como um detector da realidade e elaborar um verdadeiro empirismo das paixões. O símbolo serve então para romper os encantos perniciosos do estágio narcisista da consciência de si, a quebrar o *cogito* em sua posição autocentrada. O símbolo restaura o homem em uma totalidade: "O símbolo faz pensar que o *cogito* é no interior do ser e não o inverso" (Ricœur, 1959:76). Essa reabilitação do símbolo passa também por um interesse todo particular no estudo dos mitos, os quais são uma variante daquele. O mito não partilha da radicalidade nem da espontaneidade do símbolo em sua significação analógica. Ele pressupõe a mediação da expressão verbal e a da temporalidade. O Exílio é um símbolo primário da alienação humana, ao passo que a história de expulsão de Adão e Eva do Paraíso é um relato mítico. A função simbólica é, portanto, mais fundamental, enquanto a estrutura mítica é uma derivação dela. Há mais no símbolo que no mito. Onde Ricœur partilha o ponto de vista da antropologia estrutural, é quando ele considera que o mito não pertence a uma racionalização de segundo grau e muito menos a uma mentalidade primitiva.

O mito, tendo-se tornado objeto privilegiado de investigação científica, Ricœur considera que não apenas ele é fonte de racionalidade, mas um manancial de sentido, inclusive e principalmente para uma sociedade moderna que crê ter definitivamente destronado o mito em favor de uma explicação puramente científica do mundo. Certamente, a explicação do mundo a partir do mito não é mais possível. Porém, desembaraçado dessa abordagem ingênua, Ricœur mostra que, tanto melhor, se pode debruçar sobre o material simbólico para aí pesquisar seu aporte propriamente filosófico. O símbolo faz assim pensar o enigma da condição humana, o enigma do mal, o enigma do início do mundo. Essa antecedência do símbolo, que precede a consciência com a sua sedimentação de sentidos, convida a um desvio hermenêutico, por um método de decifração dessa zona de opacidade que escapa à consciência imediata, a ela conduz esse descentramento da consciência em suas pretensões. Esse descentramento do *cogito* não pode, contudo, ser assimilado a iniciativas ulteriores de dissolução do sujeito. Essa entrada em cena da hermenêutica se reforça pela reafirmação de sua pertinência à tradição da filosofia reflexiva, perceptível notadamente no reconhecimento da dívida em relação a Jean Nabert. Os desvios que é preciso seguir para que se tenha acesso às mediações pelas quais se dá a consciência abrem o diálogo necessário com o não filosófico que são as ciências humanas. Estas adquiriram sua autonomia em relação à especulação filosófica, são portadoras de um saber positivo e frequentemente dotadas de eficácia prática. A marca kantiana é também comum a Nabert e a Ricœur, que permanecem ambos no interior da tensão entre o infinito e a finitude da condição humana. Ela se traduz notadamente pelo uso de formas triádicas. Assim, a reflexão caminha da percepção sensível à racionalidade e se abre para uma terceira dimensão, aquela da imaginação transcendental. Da mesma maneira, Ricœur visualiza três camadas de elaboração de sua simbólica do mal. Aos símbolos primários: a mácula, a mancha, se junta uma segunda camada constituída pelas grandes narrativas, pelos grandes mitos que oferecem um estágio superior de inteligibilidade dos símbolos primários. Esses dois níveis são retomados em uma terceira etapa, a da racionalização da narrativa mítica em um discurso teológico racional. O projeto de Ricœur não visa, contudo, a simplesmente alargar o domínio da consciência de si, ele conduz a uma verdadeira conversão, a uma "segunda revolução copernicana", que reinsere o ser-si-mesmo em uma ontologia existencial da finitude, e permite o acesso a uma segunda inocência. O tema da diferença em sua irredutibilidade encontra-se lá, pois, como um desafio, não assimilável sem desvios, sem mediações. Ricœur deve, portanto, deixar-se interpelar pelo programa estruturalista em suas dimensões linguística, psicanalítica e antropológica. É essa nova aventura que começa ao termo de sua obra *Symbolique du mal*: a travessia do outro pela consciência.

A verdade com método

O ano de 1960 é, portanto, um momento decisivo no itinerário de Ricœur. Enquanto retoma o aforismo de Kant segundo o qual "o símbolo dá o que pensar", ele se engaja em vastos desvios para melhor apreender os traços existenciais a partir de suas inscrições textuais e empreende a realização do programa de desmitificação, ele descobre a obra publicada em 1960 do filósofo alemão Hans-Georg Gadamer, *Histoire et vérité*, que traz como subtítulo: "As grandes linhas de uma hermenêutica filosófica". Verdadeira pedra angular da hermenêutica contemporânea, não se pode por esse motivo dizer que vai influenciar Ricœur, pois seu engajamento na hermenêutica dos símbolos e na hermenêutica freudiana já se encontra largamente avançado. Contudo, pode-se adiantar que as teses da hermenêutica pós-heideggeriana de Gadamer trouxeram conforto a Ricœur, no que ele próprio qualificaria mais tarde de enxertia hermenêutica no programa fenomenológico: "A hermenêutica ilustrada e brilhantemente renovada por Gadamer, cuja grande obra *Vérité et méthode*... se tornou uma das minhas referências privilegiadas" (Ricœur, 1995e:38). O triplo acesso ao sentido, graças à travessia da experiência estética, histórica e linguística, reconforta o movimento que opera Ricœur em relação aos riscos de um recuo egológico do programa fenomenológico. Por outra parte, diante do desafio estruturalista, próprio ao espaço intelectual francês, Ricœur recebe com a obra de Gadamer o sólido apoio de um encaminhamento que recusa todo fechamento em um metodologismo epistemológico.

O surgimento de *Vérité et méthode* constitui para Ricœur um acontecimento maior cujo compartilhamento ele entende como benéfico. Tanto mais que ele se encontra um tanto isolado no cenário filosófico francês perante as ambições estruturalistas. Corresponsável com François Wahl na editora Seuil pela coleção "L'ordre philosophique" a partir de 1964, uma de suas primeiras preocupações é assegurar a publicação dos trabalhos de Gadamer, ao mesmo tempo que termina seu ensaio sobre Freud. Não será senão em 1976 que a Seuil finalmente faz aparecer, após bastantes vicissitudes, uma versão abreviada de *Vérité et méthode*. O epílogo feliz dessa longa aventura editorial teve de esperar 20 anos: em 1996 uma nova edição, dessa vez integral, é publicada pela Seuil. É ainda a Ricœur que se deve a iniciativa dessa publicação. Em 1992, ele trava contato com o filósofo germanista Pierre Fruchon, que leciona em Bordéus, e lhe propõe rever e completar a tradução de Étienne Sacre.

A evolução de Ricœur e de Gadamer não se caracteriza em termos de influência, porém antes como duas evoluções paralelas que se encontram em posições de grande proximidade. Isso permite a Ricœur mobilizar toda uma tradição alemã, a que vai da hermenêutica romântica até Gadamer, e de enraizar assim a sua posição crítica ante as pretensões do estruturalismo ao subsumir o sentido nas lógicas do signo. Ricœur parte, contudo, de uma posição bem diferente do hermeneuta alemão. Ele não renuncia à visada reflexiva, a um alargamento do *cogito*, cuja quebra interna se vê confirmada sem que por isso esse desapareça do horizonte filosófico. Ricœur empreende seus estudos hermenêuticos em meio a tantos desvios, aprofundamentos, meios de sondagem para bem se assegurar do que seja o sujeito filosófico. Não se trata, pois, de um corte em relação a suas posições anteriores, existenciais e fenomenológicas. Se Ricœur evoca uma enxertia, é que o terreno inicial se prestava a isso, a saber, a fenomenologia: "A fenomenologia permanece o intransponível pressuposto da hermenêutica. Por outro lado, a fenomenologia não se pode constituir ela própria sem uma pressuposição hermenêutica" (Ricœur, 1986f:40). Ricœur parte da aparente oposição termo a termo de cada um dos programas, entre uma fenomenologia que tende a buscar o sentido na consciência e a hipostasiar a subjetividade, e uma hermenêutica que fundamenta as condições ontológicas da compreensão como as de uma dialética de pertinência e do distanciamento, sempre mediadas por traços e interpretações sucessivas. A fenomenologia não chegou ao limite de sua descoberta: a do caráter universal da intencionalidade, segundo o qual a consciência tem sentido fora dela mesma. Ao sujeito não deve atribuir importância menor no horizonte desse trabalho sobre o sentido. Se ele deve ser perdido como origem quando da travessia hermenêutica, é melhor reencontrá-lo em uma posição mais modesta que a do lugar original do sentido. A compreensão de si mesmo permanece tarefa da filosofia, mas ao preço de um trabalho de desapropriação, de descentralização. É esse processo que se desenvolve para o leitor diante da estranheza de um texto que não se apropria verdadeiramente senão pela condição de uma desapropriação de seu próprio mundo: "Eu troco o *eu*, *mestre* de si mesmo, pelo *ele*, *discípulo* do texto" (Ricœur, 1986f:54). Enquanto nos anos 1960 os estruturalistas consideram que a fenomenologia é um programa ultrapassado que não soube levar em conta o primado da linguagem, Ricœur defende uma fenomenologia hermenêutica que assuma o caráter primeiro da linguagem e ao mesmo tempo preserve a intuição fenomenológica.

Ao passo que Gadamer pode apoiar-se em uma tradição hermenêutica fecunda na Alemanha, Ricœur se encontra bem isolado e parece não invocar senão fantasmas pouco discutidos no cenário filosófico francês. Ele vai então contribuir a tornar conhecida e reconhecida a vitalidade de toda uma tradição hermenêutica que permaneceu obliterada por muito tempo na França, em razão da maciça adesão das ciências sociais ao positivismo de Auguste Comte, posteriormente de Émile Durkheim, a qual encontrou no estruturalismo um segundo sopro. Essa tradição hermenêutica é quase ancestral, porquanto o termo já está presente em Platão, que estabelece a relação entre o ato de compreender e a interpretação dos textos. Ricœur destaca o significado oculto por detrás do que parece manifesto e conhece uma retomada de interesse graças aos trabalhos exegéticos, mas em um domínio particular, o das ciências religiosas. Será preciso aguardar o início do século XIX com Schleiermacher para que a hermenêutica regional, cristã, se torne uma teoria geral da compreensão. Tentando conciliar a perspectiva crítica kantiana com o apelo romântico a uma relação viva com a Criação, Schleiermacher preconiza uma hermenêutica capaz de fazer frente às diversas formas de incompreensão, restituindo a proximidade ao que se encontra distante por questões espaciais ou temporais. Em tensão entre dois polos, o do autor e o do texto, a hermenêutica segundo Schleiermacher tem a tendência de privilegiar a interpretação psicologizante da tradição romântica. Com Dilthey, o projeto hermenêutico passa do nível da explicitação da textualidade ao da compreensão histórica. Ele deseja dar um estatuto epistemológico às ciências do espírito, cuja ponta mais avançada é a história, que opõe a explicação, que é do domínio das ciências da natureza, e a compreensão, que pertence às ciências do espírito. Em relação ao mundo físico e às suas leis, Dilthey distingue uma epistemologia própria ao mundo psíquico, ao qual pertence a história e cuja inteligibilidade deve ser encontrada partindo-se da compreensão das psicologias individuais. A epistemologia própria às ciências do espírito implica um momento, um ato hermenêutico, que visa a reconstruir por meio da interpretação os sinais objetivos da psicologia. Ricœur encontra em Dilthey uma atenção privilegiada para a estrutura interna do texto como realidade independente do leitor, o que ressoa em sintonia com as pesquisas contemporâneas da linguística. Dilthey chega a uma generalização do conceito de interpretação em torno da noção de sentido da vida, inscrita em uma temporalidade de três dimensões: a da significação conforme depoimentos, marca do passado; a do valor presente; e a do objetivo, do futuro. Tal compreensão articulada da história universal não pode fazer sentido senão por um desvio do outro: "Compreender-me é fazer o desvio mais extenso, o da grande memória que retém o que se tornou significativo para o conjunto dos homens" (Ricœur, 1986e:86).

Ricœur recusará cada vez mais radicalmente a oposição de princípios expressa por Dilthey entre ciências da natureza e ciências do espírito, que ele considerará desastrosa. Pode-se mesmo afirmar que todo seu projeto filosófico visa a ultrapassar essa via empobrecedora. E Gadamer, será que oferece com *Vérité et méthode* esse espaço procurado? Pode-se aí achar a solução esperada por Ricœur e considerá-lo então um discípulo francês de Gadamer? Não, nada disso aí se encontra, e Ricœur coloca uma questão radical que bem evoca o distanciamento da posição hermenêutica que ele promove: "A questão é saber até que ponto a obra merece chamar-se: *Vérité et Méthode*, ou se não devia intitular-se: *Vérité ou Méthode*" (Ricœur, 1986e:97). Certamente, o projeto de Gadamer tem o mérito de ultrapassar as aporias da hermenêutica romântica; porém, sua oposição à subjetividade o conduz a uma reabilitação do pré-julgado, da tradição, da autoridade e, portanto, a uma posição radicalmente contrária à filosofia crítica e reflexiva. O problema que se coloca então Ricœur quanto ao encaminhamento de Gadamer é o de saber como reintroduzir uma instância crítica em uma consciência de pertinência definida pela recusa ao distanciamento. Não recair nas valas da hermenêutica romântica pressupõe, portanto, segundo Ricœur, reafirmar com força o instante do distanciamento, o momento crítico interno ao movimento de apropriação, da mesma maneira que o estruturalismo é concebido por ele como a fase de operação lógica de um processo mais amplo de pertinência. Ricœur situa-se resolutamente do lado da conjunção entre verdade e método, da mesma maneira que recusa a disjunção entre o explicar e o compreender:

A alternativa subjacente ao título mesmo da obra de Gadamer *Vérité et Méthode*: ou bem praticamos a atitude metodológica, mas perdemos a densidade ontológica da realidade estudada, ou bem praticamos a atitude de verdade, mas então devemos renunciar à objetividade das ciências humanas. Minha própria reflexão procede de uma recusa dessa alternativa e de uma tentativa de ultrapassá-la. [Ricœur, 1986e:101]

Significativo da recusa desse dilema, Ricœur intervém na controvérsia entre Habermas e Gadamer, procurando definir uma via que possa conciliar os dois imperativos que encarnam um e outro: o do exercício de uma consciência crítica de herança kantiana e o de uma hermenêutica apoiada na tradição (Ricœur, 1986d:333-377). À hermenêutica das tradições preconizada por Gadamer, Habermas contrapõe vários argumentos para fazer valer o projeto alternativo de uma crítica das ideologias. Defensor de um projeto moderno na linha do kantismo, Habermas desenvolve a ideia reguladora de uma aposta comunicacional. Ele situa resolutamente a noção de entendimento ao encontro de nós, como um projeto coletivo, e por conseguinte recusa a ontologização praticada por Gadamer, enquanto este último considera um consenso inicial no ponto de partida da comunicação. Habermas define a via de uma teoria das ideologias que permita prestar conta de violência e de censura iniciais no gesto de comunicação, que estão ligadas a fenômenos de dominação, de manipulação. Habermas concede, portanto, às ciências sociais críticas, notadamente à psicanálise, um lugar central na filosofia moderna, ao passo que Gadamer lhes volta as costas, tomando em seu lugar a distinção entre ciências do espírito e ciências da natureza, abandonando a parte crítica e explicativa em seu projeto de hermenêutica generalizada. Ricœur preconiza definir uma hermenêutica crítica. O dissenso hermenêutico permanece um horizonte intransponível. Na mais pura tradição ricœuriana, não se trata para ele de construir um supersistema englobando os dois adversários e instalando-se de forma durável em uma posição superior, mas, humildemente, de requerer de cada um que escute o outro. A fim de facilitar o diálogo entre essas duas correntes, que representam duas exigências igualmente imperiosas, Ricœur propõe o deslocamento do ponto inicial da questão hermenêutica "de maneira tal que uma dialética entre a experiência de pertencer e o distanciamento alienante se torne a mola mestra, a peça-chave da vida interna da hermenêutica" (Ricœur, 1969d:365). Ele preconiza, pois, enriquecer de várias maneiras o encaminhamento hermenêutico por uma vertente crítica. Em primeiro lugar, convém não mais considerar o distanciamento como uma simples degradação ontológica, mas como um meio indispensável, uma condição mesma do ato interpretativo. Em segundo lugar, a hermenêutica deve renunciar à dicotomia desastrosa, herdada de Dilthey, entre explicar e compreender, o que Ricœur qualificará mais tarde em *La mémoire, l'histoire, l'oubli*: "o explicar/compreender". Será preciso, portanto, ir sempre mais longe no processo de objetivação, até o ponto de afloramento de uma semântica profunda, e instaurar assim uma dialética que reúna verdade e método. Enfim, a compreensão deve deixar de ser um simples transporte de subjetividade em um texto, mas a exposição de uma subjetividade ao texto. Ela implica crítica da falsa consciência, tal como preconizado por Habermas quando este confere à crítica das ideologias uma dimensão meta-hermenêutica.

De um lado, o polo crítico deve receber do polo hermenêutico de que enriquecê-lo e permitir uma articulação dos dois encaminhamentos. Quanto à hermenêutica, ela permite lembrar que a crítica não é nem a primeira nem a última e que ela se apoia sempre na reinterpretação das heranças culturais, nas tradições revisitadas, metamorfoseadas em tradições ativas. Os objetos da compreensão histórico-hermenêutica não são preliminarmente fornecidos, o sentido não é transcendente ao objeto. Revelação progressiva do sentido e construção do objeto seguem em conjunto. O projeto de emancipação que deseja encarnar o encaminhamento crítico de Habermas deve, portanto, começar por uma reinterpretação do passado, uma "retomada criativa das heranças culturais" (Ricœur, 1986d:375). Ricœur termina sua demonstração destacando o não dito do encaminhamento crítico que tende a se erigir em uma posição de superioridade, embora ela participe também de uma tradição, a da emancipação: "Nada é mais enganador que a pretensa antinomia entre uma ontologia do entendimento preliminar e uma escatologia da libertação" (Ricœur, 1986d:376).

A hermenêutica segundo Ricœur renuncia, portanto, ao antigo sonho romântico de unificação das interpretações em uma só e única hermenêutica englobante. Ricœur mostra, ao contrário, a pluralidade irredutível dos conflitos interpretativos. O conflito das interpretações revela a pluralidade dos modos de questionamento que induzem argumentações que possuem sua legitimidade regional específica. Assim, o mito de Édipo pode ser objeto de duas leituras de todo convincentes: a de Freud, regressiva, que vê ali a expressão do que precede nossa experiência, o complexo de Édipo; e a de Sófocles, para quem o mito exemplifica a tragédia da verdade, a qual supõe a passagem por uma série de estágios iniciáticos. Aberta para o futuro, esta segunda leitura não confere importância maior ao parricida nem à violação do interdito do incesto. Essas duas leituras não se excluem. É preciso conseguir pensá-las conjuntamente.

Ricœur recusa a deportação do sujeito em direção a seu polo de pertinência, ao modo da tradição operada por Gadamer, e entende simetrizar os dois movimentos da hermenêutica que podem aparentemente soar como contraditórios: o da pertinência, enraizamento valorizado por Gadamer, e o crítico, do distanciamento, o momento metodológico, kantiano, das condições de possibilidade do dizer. Resulta toda uma diferente relação entre filosofia e ciências humanas. Pode-se assim discernir nessa divergência uma diferença de sensibilidade entre uma ontologia de aspecto católico, valorizando a noção de pertinência, e o protestantismo de Ricœur, que o leva a simetrizar a equação entre identificação e alteridade, entre pertinência e distância reivindicadas ante a tradição. Onde Gadamer e Ricœur se encontram em plena comunhão é na mediação textual que permite participar do mundo. Isso confere à publicação de *Vérité et méthode* toda sua importância, oferecendo a Ricœur uma alternativa a Heidegger. O impasse ao qual levou a tentativa de apoio ontológico na questão da compreensão foi retirado por Gadamer, graças a sua atenção à dimensão textual. Deslocando-se a questão do entendimento da esfera psicológica, onde em Dilthey se encontrava ainda fechada, para o terreno da historicidade, ele evita assim o perigo egológico. Gadamer muito certamente confortou Ricœur no movimento de sua própria trajetória hermenêutica, que o levou de uma busca pela parte oculta, anterior ao texto, privilegiando as hermenêuticas da dúvida, no curso em direção ao final do texto, para a questão do recebimento deste na contemporaneidade do ato de leitura, diante do texto. Com efeito, uma obra acaba seu curso no ato da leitura, o qual intervém à maneira de um conflito entre o que propõe a obra e o que o leitor aporta, com suas expectativas, suas recusas.

Os ensaios de Ricœur sobre hermenêutica não colocam em causa suas posições filosóficas anteriores. Eles constituem pontos de sondagem suplementares para lhes experimentar a validade. Longe de romper as amarras com o sujeito e com a impulsão reflexiva primeira, Ricœur multiplica suas intervenções sobre Jean Nabert, como se este tivesse a necessidade de renovar suas fontes para não se perder nas múltiplas curvas que se anunciam. Esse momento da virada hermenêutica é também o de um retorno a Jean Nabert (Ricœur, 1962c, 1962b, 1962a). Sem nenhum ecletismo, Ricœur entende articular essas duas posições e pensa, de fato, na compatibilidade entre elas. Elas podem ser concertadas em um mesmo projeto filosófico, sob a condição de bem diferenciar a filosofia reflexiva da simples intuição, da projeção imediata do *cogito*: "Uma filosofia reflexiva é o contrário de uma filosofia do imediato" (Ricœur, 1969d:322), pois a posição do *ego* não pode ser detectada senão por meio de seus atos, não se podendo reduzir a uma simples transparência psicológica. A partir do momento em que a reflexão vise a reencontrar o *ego-cogito* em seus objetos, obras e atos, ela permanece como horizonte das mediações hermenêuticas no conhecimento de si mesmo. Ricœur sente-se reconfortado pelas posições de Jean Nabert quando este afirma: "O mundo sensível na sua completude e todos os seres com os quais travamos contato nos aparecem às vezes como um texto a decifrar" (Nabert, 1962:48). Ricœur tira daí como conclusão de seu artigo sobre Nabert que, "para empregar uma outra linguagem que não a de Nabert, mas que sua obra encoraja: como a reflexão não é uma intuição de si para si, ela pode ser, ela deve ser, uma hermenêutica" (Ricœur, 1962b:221). Não há, portanto, cesura entre dois paradigmas filosóficos. Se bem existe deslocamento por uma longa duração na direção do que nos ensinam sobre o ser do homem o pensamento simbólico, as lógicas do inconsciente, as regras da semiótica, o horizonte da filosofia reflexiva permanece fundamental para Ricœur.

Gadamer e Ricœur, apesar da divergência de suas orientações, encontraram uma preocupação comum em sua relação com a historicidade, na transformação da tradição em tradicionalidade viva, conforme atesta a publicação de *Temps et récit* entre 1983 e 1985, com sua noção central de identidade narrativa. A cumplicidade dos dois representantes da hermenêutica, de um lado e de outro do Reno, jamais verdadeiramente cessou. Em 11 de fevereiro de 1995, Ricœur comparece a Heidelberg para a celebração do 95º aniversário de Gadamer, o que muito o alegrou. Por ocasião desse encontro amigável, Ricœur retoma em seu discurso o tema já desenvolvido por Gadamer sobre a autoridade e o reconhecimento, para aplicar a este último: "A autoridade das pessoas não tem seu fundamento último em um ato de submissão e de abdicação da razão, mas em um ato de reconhecimento e de conhecimento... A autoridade não se recebe, mas se adquire" (Gadamer, 1976:300). Sempre em posição de favorecer o diálogo, Ricœur evoca a força de três pensadores judeus: Franz Rosenzweig, Hans Jonas e Emmanuel Levinas, evocação que não é sem eco nessa Alemanha que combateu toda uma florescente cultura judaico-alemã. Ricœur postula um campo de acordo possível entre essas heranças tão diversas, da mesma maneira que no plano metodológico convém evitar escolher entre acontecimento e estrutura, entre língua e palavra, entre código e mensagem, entre *logos* e *chronos*. Transformar até os rasgos mais trágicos do passado em fontes de dialética viva, plena de um sentido do advir: tal é a ambição hermenêutica de Ricœur, que permanece na tradição do combate contra as incompreensões e contra os obstáculos à comunicação entre as culturas.

A par de sua preocupação de conciliar verdade e método e de realizar uma enxertia hermenêutica em seu programa fenomenológico, Ricœur abre a possibilidade de pensamento do social e de um verdadeiro diálogo com as ciências humanas, diferenciando-se da perspectiva de Merleau--Ponty, que terá radicalizado "o gesto husserliano em direção a uma compreensão ontológica do mundo da vida", enquanto Ricœur "não visualiza a *Lebenswelt* à parte das interpretações que, antecipadamente, delimitam o sentido" (Foessel, 2007:39). Ao mesmo tempo, como ressalta Michaël Foessel, Ricœur é destarte fiel à maneira pela qual Merleau-Ponty recusa toda posição de destaque. Todavia, embora para Merleau-Ponty, em uma perspectiva fenomenológica clássica, o estudo do social como fenômeno remeta diretamente à vivência do intérprete, em Ricœur esse estudo apenas indiretamente remete nessa direção, pela mediação do mundo textual: "Vão aqui duas concepções da instituição. Se Merleau-Ponty se situa resolutamente do lado do *instituinte*, isto é, aquém do sentido fixado pela ação advinda e acabada, a analogia com o texto tende, inversamente, a privilegiar o *instituído* como sistema fechado de regularidades" (Foessel, 2007:46). Longe de se deter em tais constantes, Ricœur as dinamiza, privilegiando as metamorfoses do sentido na espessura do tempo e necessita, portanto, de longos desvios na interpretação dos signos ao longo do tempo narrado. A especificidade da hermenêutica de Ricœur consiste em tentar uma articulação entre a dimensão ontológica da herança de Heidegger e Gadamer e a dimensão epistemológica que lhe vem de Max Weber, Habermas ou Apel, o que dá lugar a uma hermenêutica que se pode qualificar como crítica.

A relação com Heidegger

A relação de Ricœur com a obra de Heidegger é, no fundamental, ambivalente. No mês de agosto de 1955, houve um encontro entre eles em Cerisy, por ocasião de um evento dedicado a Heidegger, organizado por Jean Beaufret e Kostas Axelos. A reunião congregou 54 participantes, entre os quais Gilles Deleuze, Lucien Goldmann, Maurice Gandillac, Jean Starobinski, Gabriel Marcel... Em contrapartida, Sartre e Merleau--Ponty fizeram-se ausentes, a fim de expressar sua reprovação. Ricœur está presente, mas para fazer uma objeção de fundo a Heidegger, que intervém sobre o tema "Que é a filosofia?" (Heidegger, 1957). Ele, de fato, coloca o dedo sobre o ângulo morto do horizonte heideggeriano: toda a herança hebraica está ausente de sua obra. Ricœur não vê por que excluir da filosofia o que constitui um insondável acontecimento e um alicerce essencial de nossa cultura ocidental. Heidegger replica que isso corresponde ao que ele havia recentemente chamado o caráter onto--teológico da metafísica, e se diz convencido que o questionamento de Aristóteles tem raiz no pensamento grego e não possui qualquer relação com dogmática bíblica. Ricœur não se satisfaz com essa resposta dilatória: ao escrever *La symbolique du mal*, ele procura justamente pensar em conjunto as duas heranças, a grega e a judaico-cristã.

    A distância precoce de Ricœur em relação a Heidegger resulta de este sistematicamente ignorar o maciço bíblico. Segundo ele, nada pode justificar o caráter exclusivo do interesse de Heidegger pelos pré-socráticos e seu afastamento em relação aos profetas de Israel, de São Paulo ou de

Santo Agostinho, assim como de toda a memória judaico-cristã, que oferece não apenas uma jazida de pensamento, mas também as bases de uma possível ética, ausente em Heidegger, o que pode ter aberto caminho para sua adesão ao nazismo.

A referência a Heidegger é tão presente em Ricœur que este confessa em 1968 a seu amigo Gabriel Marcel ter a tendência de se distanciar de Jaspers em prol de Heidegger:

> Quando escrevi sobre você, fui bem mais sensível a sua proximidade a Jaspers que a Heidegger. Ora, com o recuo, eu teria a tendência hoje de acentuar a distância e mesmo a oposição, que pude perceber, entre Jaspers e você, e, ao contrário, destacar tudo que, apesar das aparências contrárias e que são certamente muito fortes, aproxima você de Heidegger. [Ricœur, 1968a:83-84]

A enxertia hermenêutica e o desvio na direção da filiação, mencionada anteriormente, que vai de Schleiermacher a Dilthey, conduzem Ricœur para uma atenção renovada às temáticas heideggerianas. Ele percebe a passagem de uma concepção da hermenêutica ainda reduzida, simples epistemologia das ciências do espírito segundo Dilthey, a um pensamento que visa a uma ontologia do compreender, em Heidegger, em *Sein und Zeit* (Heidegger, 1964). Ricœur percebe no caráter dissimulado do fenômeno segundo Heidegger, nesse ser-aí, esse *Dasein* que não designa nem um sujeito nem um objeto, mas "o *lugar* onde surge a questão do ser, o lugar da manifestação" (Ricœur, 1986e:89), a abertura para uma fenomenologia hermenêutica. A opacificação que reina no encontro do fenômeno e o esquecimento da questão do ser justificam o desvio hermenêutico. Essa explicitação necessária consegue escavar em maior profundidade o solo ontológico sobre o qual repousam as ciências do espírito. A segunda mutação de Heidegger em relação a Dilthey consiste em se livrar da ascendência ainda por demais psicologizante, demasiado romântica, da noção de compreensão. Segundo Ricœur, em *Sein und Zeit*, a questão da compreensão é inteiramente desconectada do problema da comunicação com o outro. Heidegger substitui a questão da relação com o outro, que corre o risco de replicar a noção de subjetividade, pela noção de ser-no-mundo. Tornando assim mundana a compreensão do mundo, Heidegger lhe retira o caráter psicológico. Esse deslocamento fundamental orienta para a linguagem a filosofia de Heidegger, sem que isso parta dele. Com efeito, a tríade heideggeriana — situação-compreensão-interpretação — parte da ancoragem de todo o sistema linguístico para tornar possível o compreender concebido como uma capacidade de orientação. Não é senão em terceiro lugar que intervém a noção de interpretação, pois antes da exegese dos textos vem a exegese das coisas. É apenas ao termo desse triplo movimento do pensamento que intervém a questão da linguagem como segunda articulação. Essa secundariedade serve de maneira implícita ao argumento de Ricœur na controvérsia que o opõe ao estruturalismo, em sua tendência a hipostasiar esse nível de linguagem. Além desse aspecto conjuntural, a tese de Heidegger segundo a qual convém conceder o primado no dizer ao par *escutar-calar* harmoniza-se fortemente com as convicções de Ricœur, para quem compreender é escutar.

Por tudo isso, pode-se afirmar que Ricœur adere à ontologia heideggeriana? Não, porque após ter mostrado toda a fecundidade desse encaminhamento, ele denuncia uma aporia que, não resolvida, é simplesmente descolocada e "pelo mesmo motivo agravada; ela não mais se situa *na* epistemologia entre duas modalidades do conhecer, mas ela se situa *entre* a ontologia e a epistemologia tomada em bloco" (Ricœur, 1986e:94). O que ele recusa é que essa ascensão aos fundamentos ontológicos torna impossível o movimento de retorno à epistemologia. A jornada simples de ida, que se desfaz assim das questões de método, vira as costas às ciências e fecha a filosofia sobre si mesma, em um puro solilóquio. Tornando impossível a questão crítica, a hermenêutica ontológica oferece certamente uma via sedutora, um caminho direto, porém muito curto e que termina por curto-circuitar os longos desvios tornados necessários pela inter-relação entre a filosofia e as ciências.

Heidegger constitui um elemento decisivo na reflexão que empreende Ricœur sobre o tempo. Ele se coloca o problema de saber se Heidegger consegue resolver a dupla aporia do tempo, conforme situado sobre a vertente do tempo íntimo como em Agostinho e Husserl, ou sobre a vertente cosmológica como em Aristóteles e Kant. A noção de ser-aí,[4] do *Dasein*, abre a possibilidade de ultrapassar a oposição tradicional entre o mundo físico e o mundo psíquico. Heidegger oferece três prolongamentos fecundos para a reflexão sobre a temporalidade. Em primeiro lugar, ele visualiza a questão do tempo como totalidade envolvida na estrutura fundamental da *Preocupação*. Em segundo lugar, ele relaciona as três dimensões do tempo — passado, presente e futuro — em uma unidade *ekstática*, processo comum de exteriorização. Em terceiro lugar,

> o desenvolvimento dessa unidade *ekstática* revela, por sua vez, uma constituição que se diria de um folheado do tempo, uma hierarquização de níveis de temporalização, que requer denominações distintas: *temporalidade, historialidade, intratemporalidade*". [Ricœur, 1991f:116]

Heidegger situa na própria Preocupação o princípio da pluralização do tempo, sua decomposição em passado, presente, futuro. A Preocupação, no sentido filosófico moderno, refere-se em primeiro lugar à intencionalidade em Husserl. Em Heidegger, a intencionalidade torna-se a Preocupação como estrutura *a priori* (existencial) e total do *Dasein*, o ser-aí. A Preocupação (*Sorge*): é a perplexidade que tenta capturar seus próprios traços existenciais. Heidegger terá acordado à dimensão do futuro uma prevalência sobre as duas outras relações do tempo. A intenção de Heidegger é escapar de dois outros perigos clássicos do pensamento histórico: de um lado, o de visualizar os fenômenos históricos fora de contexto como fenômenos pertencentes à esfera pública, e, de outro lado,

---

[4] Também traduzido como "presença" ou "existência". [N. do T.]

separando o passado de seu futuro, reduzindo a história a uma simples retrospecção. Ao contrário, Heidegger insiste sobre a noção de herança transmitida, que deixa entrever como todo retorno, todo passo atrás, procede de uma resolução essencialmente voltada para o que está à frente. A hermenêutica heideggeriana, com o conceito de repetição, permite essa reabertura das potencialidades, dos possíveis desencontros ou eventos reprimidos do passado, em direção ao futuro. Porém ela se choca com o que Ricœur qualifica como aporexia da temporalidade, que permanece incapaz de encontrar as adequadas mediações para pensar em conjunto o tempo cosmológico e o tempo íntimo, em termos heideggerianos, o tempo vulgar do quotidiano das ciências e o tempo íntimo do *Dasein*.

Ricœur não segue Heidegger quando este pratica uma hipostasia do ser, notadamente em seu período mediano, o dos anos 1950. Em Heidegger, o ser se autonomiza e vem fazer-se história, retirando-se e revelando-se ao mesmo tempo. Esse primado radical acordado ao ser no pensamento heideggeriano é tanto mais estranho a Ricœur quanto vem empanar a distinção que este defende entre o registro filosófico e o teológico, impondo um novo absoluto que corre o risco de tudo absorver, compondo um sistema. Ademais, a absolutização do ser interpõe-se a todo diálogo com o mundo da ciência.

De outro lado, Ricœur dá a perceber sua irritação diante da pretensão de Heidegger de encarnar a saída do impasse metafísico no qual ele estima que seus antecessores se encontrem presos. Ricœur não pode seguir Heidegger por esse caminho e denuncia em 1975 no ensaio *La métaphore vive* "sua inadmissível pretensão" (Ricœur, 1975b:397) de querer pôr um termo à história do ser, como se o ser desaparecesse no *Ereignis* (no evento). Quando Victor Farias publica seu livro sobre Heidegger em 1987 (Farias, 1987), difundindo junto a um amplo público o dossiê já conhecido, mas pouco acessível sobre o engajamento nazista de Heidegger, Ricœur permanece bastante discreto. Se ele não toma parte no debate em torno da obra, é que ele presume uma iniciativa de descrédito contra os filósofos franceses. Guardando-se na expectativa, Ricœur é confortado quanto à pertinência de seu questionamento sobre as lacunas silenciosas de Heidegger, sobretudo a ausência total de referências à tradição judaico-cristã.

4
A travessia do estruturalismo:
por uma hermenêutica crítica baseada na narrativa

O mergulho no *corpus* freudiano

A obra de Freud está sempre presente no trabalho filosófico de Ricœur sobre o voluntário e, ao termo de sua *Symbolique du mal*, ela se impõe como um desvio inelutável, tanto mais que em 1960 o sucesso crescente do paradigma estruturalista erige o inconsciente como grade de leitura para o conjunto das ciências humanas. Com a psicanálise, o programa fenomenológico se encontra confrontado em seus limites. Levar em conta o inconsciente assinalaria o fracasso da ambição fenomenológica? É a esse desafio que Ricœur conta em se lançar ao discutir a obra freudiana.

Ele tem a ocasião de expor a importância que confere à psicanálise em 1960, em Bonneval. Com efeito, o psiquiatra Henri Ey, organizador de um colóquio sobre o inconsciente, reúne nessa oportunidade psiquiatras, psicanalistas e filósofos para permitir ao seu amigo Lacan fazer valer suas teses heterodoxas. Para Lacan, a aposta é demonstrar o caráter científico da psicanálise tal como ele a concebe. Ele procura um endosso por parte dos filósofos e deposita suas esperanças em Merleau-Ponty, que testemunhou na revista *Signes* sobre o interesse especial que atribuía à psicanálise. Mas Lacan decepciona-se ao constatar que Merleau-Ponty não segue o essencial, o inconsciente estruturado como linguagem. Lacan decide apoiar-se na onda estruturalista e dirige então todas as suas expectativas de legitimação filosófica a Ricœur, que é convidado a fazer uma palestra em Bonneval. Ricœur começa sua intervenção pela força de estremecimento que causa a psicanálise a um filósofo formado na tradição fenomenológica e existencial. O que é atingido e posto em causa não é nada menos que "o conjunto do projeto filosófico" (Ricœur, 1969e:101). Ele atribui a Freud uma posição análoga à de Nietzsche e de Marx, a de pensar uma suspeita, uma dúvida capaz de revelar, de desmascarar, de levantar as verdades ocultas pela consciência. Ricœur articula sua exposição em torno de três pontos: o questionamento da noção de consciência que deve abrir lugar a seu *outro*; a necessidade imperiosa de uma epistemologia da psicanálise, que implica empreender um trabalho crítico de suas condições de possibilidade — no sentido kantiano —; e, enfim, a possibilidade de uma antropologia filosófica capaz de assegurar a dialética do consciente e do inconsciente. Esta última é construída a partir do entrecruzamento entre o investimento libidinal em Freud e as figuras da *Phénoménologie de l'esprit* de Hegel. Ricœur opõe duas hermenêuticas possíveis, ao mesmo tempo em conflito e em situação de complementaridade: a que é voltada para novos símbolos com a fenomenologia, e a que se enraíza na ressurgência de símbolos arcaicos explorados pela prática psicanalítica. Certamente, Ricœur recusa toda interpretação que reduzisse essa dialética a um inconsciente que constituísse a parte inferior, noturna, do homem, oposta a uma consciência que encarnasse a parte superior, lúcida, diurna: "Não se pode adicionar Hegel e Freud e dar a cada um a metade do homem [...] as duas leituras recobrem exatamente o mesmo campo" (Ricœur, 1969e:119). Cada hermenêutica é uma totalidade que visa a esclarecer a intenção de Freud sobre a qual Ricœur fecha sua intervenção: "Onde 'Isso' estava 'Eu' devo ficar" (Freud apud Ricœur, 1969e:121).

Desde 1960, o quadro teórico dos trabalhos em preparação sobre Freud já se encontra firmemente estabelecido. Ricœur é vivamente saudado por Lacan que, acreditando ter descoberto uma possível aliança entre suas próprias teses e as do filósofo, convida Ricœur a assistir a seu Seminário em Sainte-Anne. Ricœur aceita, ainda mais interessado porquanto se acha então dedicado à leitura sistemática da obra de Freud.

O eco da palestra de Ricœur entre os psicanalistas é tanto mais favorável quanto, na verdade, era pouco frequente que um filósofo admitisse de forma clara a heteronomia radical do inconsciente em relação ao consciente, levando assim a sério a tarefa de uma consciência que não saberia reduzir o inconsciente ao que se sabe da consciência.

Porém, a aliança que Lacan acredita poder tecer com Ricœur baseia-se em um mal-entendido radical. Em sua intervenção em Bonneval em 1960, Ricœur não faz alusão às teorizações próprias de Lacan e não pode estar senão em completo desacordo com ele. Ricœur partilha, em contrapartida, as críticas expressas em Bonneval por um psicanalista que participa do círculo de influência de Lacan: Jean Laplanche. Este retoma a definição freudiana do inconsciente, seu sentido tópico, oposto ao mesmo tempo ao consciente e ao pré-consciente. Ele defende a ideia de uma segunda estrutura entre a representação em coisa e a representação em palavra, para prestar conta do discurso freudiano. Resulta um primeiro nível de linguagem não verbal, o das representações de coisas, e um segundo, verbalizado, o das representações de palavras. Jean Laplanche deduz daí que "o inconsciente é a condição da linguagem" (Laplanche e Leclaire, 1960:115). Ele inverte, portanto, a proposição lacaniana segundo a qual "o inconsciente é estruturado como uma linguagem" e rebaixa assim a posição atribuída à linguagem e a seu modo de funcionamento metafórico e metonímico que não esgota a realidade do inconsciente: "O que desliza, o que se desloca, é a energia pulsional no estado puro, não especificada" (Laplanche e Leclaire, 1960:121). Incontestavelmente, essa posição de Laplanche é mais próxima da energética de Freud evocada por Ricœur, e corresponde melhor a uma problemática do próprio corpo, que é a da abordagem fenomenológica tal como a entendem Merleau-Ponty e Ricœur. Este último frequenta então o seminário de seu amigo da revista *Esprit*, Philippe Paumelle, pioneiro na prática psiquiátrica extra-hospitalar, fundador em 1954 de um dispensário de higiene mental no 13º *arrondissement* de Paris. A partir de 1958, na Sorbonne, Ricœur dedica uma parte de seus cursos a Freud. A elaboração de sua obra lançada em 1965 resulta de três conferências pronunciadas na universidade de Yale em 1961, sob o título de Terry Lectures, e de oito conferências realizadas na Universidade de Lovaina em 1962, no Instituto Superior de Filosofia. Além da dialética consciente-inconsciente, Ricœur procura e encontra, graças a essa passagem pelo freudismo, uma atenuação do tema da culpa tratado em *La symbolique du mal*. Ele descobre também que a psicanálise é portadora de uma hermenêutica oposta à interpretação amplificante apresentada em sua leitura dos símbolos: "É à preparação de meu livro sobre Freud que devo o reconhecimento das restrições especulativas referentes ao que eu denominava conflito das interpretações" (Ricœur, 1995b:37).

Ele assiste com assiduidade no início dos anos 1960 ao seminário de Lacan em companhia de sua nora Françoise, esposa de seu filho mais velho Jean-Paul. Lacan, encantado de ver Ricœur fiel a suas sessões, sabendo que ele preparava um livro sobre Freud, esperava ser recompensado em retorno. Lacan cuidava particularmente bem de seu distinto convidado, vindo saudá-lo, citando-o várias vezes, repetindo ao auditório o quanto lhe era devedor. De seu lado, Ricœur assume como um dever assistir a essas sessões de seminário, que são para ele obrigação e frustração terríveis:

> Eu me recordo de retornar a casa um dia à tarde e de haver dito a minha esposa: "Venho do seminário; não entendi nada!". Nesse momento, o telefone toca; era Lacan, que me perguntava: "Que pensou

você de meu discurso?". Eu respondi: "Não entendi nada". Ele desligou bruscamente. [Ricœur, 1995b:109]

A atmosfera de adulação do Mestre pensador transformado em guru, em xamã dos tempos modernos, não é verdadeiramente de seu gosto, não mais que seu estilo barroco e intencionalmente opaco. A corrente não passa por Ricœur, contrariamente ao que possa fazer crer sua presença assídua ao seminário.

Ricœur publica seu ensaio sobre Freud, *De l'interprétation*, em sua coleção "L'ordre philosophique", na editora Seuil em 1965. O objeto central de sua demonstração consiste em descrever o desvio hermenêutico tornado necessário depois que ele empreendeu o estudo dos símbolos. Ele se dá então conta da medida da importância da dimensão da linguagem, articulando-a com a dimensão corporal, energética. Sua leitura do *corpus* freudiano visa a mostrar a tensão própria da epistemologia da psicanálise, posta entre um polo pulsional e um polo interpretativo, sinal de uma fragilidade epistemológica e, ao mesmo tempo, fiadora contra todo reducionismo. A especificidade do campo freudiano situa-se entre esses dois polos, devendo simultaneamente evitar o perigo do rebatimento sobre o corporal e o da redução do inconsciente a um simples jogo de linguagem. *De l'interprétation* é bem uma peça mestra que defende a legitimidade teórica das ambições da psicanálise, ao mesmo tempo que uma resposta, senão uma réplica, à tese estruturalista dominante, segundo a qual o inconsciente é estruturado como linguagem.

Essa passagem pela psicanálise, no percurso realizado por Ricœur, é também o meio de se medir com o que se apresenta como o desafio mais radical para o programa fenomenológico, não para incluir a psicanálise como subcompartimento de uma hermenêutica englobante, mas para mostrar, ao contrário, os limites, os obstáculos contra os quais se bate o filósofo fenomenologista, e fazer valer a irredutibilidade do método freudiano. A psicanálise, tal como a entende Freud, aparece a Ricœur como recusa a uma falsa alternativa na qual se quisesse fechá-la entre uma explicação de tipo energético e uma compreensão de estilo fenomenológico: "A vicissitude das pulsões, para retomar uma expressão de Freud, não pode ser alcançada senão nas vicissitudes do sentido" (Ricœur, 1965:16). Nesse estágio, a hermenêutica é definida por Ricœur como uma elucidação do duplo sentido, enquanto a psicanálise é visualizada, ao mesmo título que a simbologia, como local privilegiado do conflito endógeno entre sentido literal e sentido oculto.

O que é particularmente insuportável aos olhos de Lacan é justamente que Ricœur reivindica um retorno a Freud, o que é o seu projeto. Esse desvio-retorno, muito escrupuloso, não visa a extrair alguns conceitos anacrônicos, mas a recompor um percurso que se encontra em formação, com seus avanços, seus recuos, suas sondagens. Esse trabalho conduzido no interior do *corpus* freudiano faz aparecer, segundo Ricœur, uma evolução em Freud. Seu *Esquisse*, de 1895, representa ainda um estado não hermenêutico do sistema. É um momento durante o qual Freud permanece como tributário dos modelos de explicação físico-fisiológicos e adianta uma teoria mecânica dos afetos. A dimensão interpretativa não é, todavia, de todo ausente desse estado inicial. Ela é subterraneamente conectada à decifração dos sintomas e à etiologia das neuroses. Vinte anos mais tarde, em 1915, com os escritos de *Métapsychologie*, Ricœur discerne uma nova problemática, outra dialetização da força e do sentido, graças à tematização do primeiro tópico de Inconsciente-Pré-consciente-Consciente. Freud mostra em que o inconsciente pode ser reintegrado na dimensão do sentido. Nesse estágio, a teoria do afeto distende ao máximo a ligação entre hermenêutica e economia, sem contudo rompê-la, sob pena de a própria economia cessar de pertencer à *psico*-análise. Essa distensão vai levar Freud a elaborar seu segundo tópico, Ça, Moi, Surmoi em 1923. Em *Le moi et le ça*, ele introduz profundas modificações na interpretação, tornadas necessárias pela aplicação da psicanálise à cultura. Certamente, o objeto da repressão não tem história, pois o inconsciente está fora do tempo, mas o repressor tem uma história, e isso aproxima Freud e Nietzsche em uma perspectiva comum genealógica, genética. A gênese tem lugar de fundamento. Essa visada histórica, quase evolucionista, do freudismo vai contra o modelo puramente síncrono, estrutural de Lacan. Nos anos 1920, Freud pratica com *Au-delà du principe de plaisir* uma refusão de sua abordagem pela introdução da pulsão da morte na teoria das pulsões. Freud eleva então a leitura psicanalítica à altura de uma visão de mundo. Ricœur distingue assim três momentos, certamente imbricados, na elaboração freudiana: a uma energética das pulsões sucedeu uma exegese do sentido aparente, para finalmente desaguar em uma visão do mundo em torno do par *Eros/Tânatos*.

Em seguida, ele engaja a confrontação no terreno filosófico, a fim de apreender em que a psicanálise oferece uma contribuição a uma hermenêutica geral constituída pelo conflito entre uma hermenêutica que desmistifica a religião e uma hermenêutica que tenta recuperar, nos símbolos da fé, uma possível interpelação, um *kerigma*. Porém, antes dessa contribuição à hermenêutica, Ricœur se faz advogado da psicanálise em um momento em que esta é fortemente recusada no plano epistemológico, sobretudo no mundo anglo-saxão. Os lógicos a desqualificam como teoria "infalsificável", segundo os termos de Popper. Ela seria inadequada a se erigir como ciência. Contra esse argumento, Ricœur contrapõe que a psicanálise pertence a outra epistemologia que não a das ciências experimentais. Sua dimensão interpretativa a aproxima de uma epistemologia comum à história e à psicologia. A relação causal, especialmente, não pode ser da mesma ordem; falar-se-á antes de motivos; Ricœur percebe o caráter irredutível da psicanálise e a considera sobretudo uma prática, contrariamente às acusações que lhe serão feitas de se recolher a um *corpus* meramente textual e de passar ao largo do que especifica a cura analítica. Após ter mostrado a irredutibilidade da psicanálise a uma epistemologia própria das ciências experimentais, Ricœur se volta para a fenomenologia, em busca de um eventual suporte epistemológico.

O *cogito* cartesiano não sai indene dessa travessia psicanalítica. É um *cogito* ferido que procede dessa aventura. A dialética do sujeito constrói-se em torno de uma tripla relação entre a reflexividade da consciência, entre sua arqueologia e uma teleologia que o empurra para um futuro, para um horizonte de expectativa. Ricœur utiliza *La phénoménologie de l'esprit* de Hegel para mostrar em que a consciência entra em um processo de reconhecimento de si mesmo em outro. Cada uma das figuras recebe seu sentido da que se segue e a verdade de um momento se revela assim no momento seguinte. Existe aí uma aproximação possível entre a dialética hegeliana, com sua teleologia explícita, e a teleologia implícita do freudismo, que se concretiza de várias maneiras: pelo uso de modelos dicotômicos, pelo conceito de identificação e pela questão de sublimação. Ao final de sua análise, Ricœur reencontra o que foi seu ponto de partida com o símbolo, como misto concreto de arqueologia e teleologia.

Ricœur terá operado um trabalho de destituição dos ídolos em nome de uma hermenêutica da dúvida e Freud lhe terá sido fundamental para a realização dessa tarefa. Ele terá assim contribuído a purificar a fé, desembaraçando-a de seus objetos idólatras. Freud terá ajudado Ricœur a empurrar a crítica do narcisismo até suas mais extremas consequências quanto ao desejo religioso de consolação. Freud terá assim permitido a enxertia hermenêutica sobre o programa fenomenológico e contribuído para descentrar o *ego*, o *cogito*, para quebrar toda tentativa de divinização narcisista. Ao mesmo tempo, Ricœur vigia as fronteiras da psicanálise, para evitar novas aporias que consistissem em constatar um coma superado do sujeito, de sua dissolução, conforme declara o programa estruturalista no ano de 1965, ano da edição de *De l'interprétation*.

Lacan ministra seu Seminário na sala Dussane da ENS (École Normale Supérieure), rua de Ulm, santuário da elite filosófica, quando aparece *De l'interprétation*. Ele brande sobre o púlpito o livro de Ricœur, fulminante de raiva, tomado de cólera irresistível. Em sua dedicatória, Ricœur dizia ter feito todo esse trabalho esperando poder ler e compreender Lacan. Este último engaja-se então em um número carnavalesco destinado a ridicularizar o trabalho de Ricœur. Lacan dá assim o tom a seus discípulos, que vão denunciar alto e forte a leitura de Freud por Ricœur como simples plágio das teses de seu Mestre. Tudo vale, inclusive o uso de argumentos contraditórios, pois ao mesmo tempo desqualificam o filósofo como nada tendo entendido nem quanto à prática analítica nem quanto às teses lacanianas! Todavia, Lacan e seus discípulos vão ter êxito no seu empenho de desqualificação naquele ambiente dos anos 1960, bastante propícios a certo terrorismo intelectual. Não apenas Ricœur vai ser fortemente afetado por essa rejeição, essa recusa de diálogo, mas vai permanecer durante longo tempo marginalizado no cenário intelectual francês, apontado como representante de uma corrente espiritualista retrógrada que nada captou da revolução estruturalista em curso.

Qual é o objeto do litígio? De fato, Lacan está decepcionado. Ele não pode suportar ser apenas muito pouco citado em uma obra que ele aguarda há cinco anos. Ele esperava nela encontrar matéria que o glorificasse. O argumento do plágio é particularmente baixo e totalmente infundado, mas não é por isso menos eficaz. Os argumentos lacanianos são derrubados, contudo, por si mesmos, desde a primeira página do livro de Ricœur, que toma o cuidado de precisar que "este livro trata de Freud e não da psicanálise; isso significa que lhe faltam duas coisas: a experiência analítica propriamente dita e a tomada em consideração das escolas pós-freudianas" (Ricœur, 1965:7). Trata-se, portanto, de um trabalho propriamente filosófico, exterior às práticas de cura, que empreende o que ele qualifica de "aventura": ler Freud sem ser nem analista nem analisando. O fato de transgredir essa fronteira disciplinar não lhe será perdoado pelos lacanianos, que formam uma espécie de igreja na qual apenas Lacan está habilitado a apresentar *sua* leitura de Freud.

Ricœur será particularmente afetado por essa reação violenta de rejeição, uma vez que procurava o diálogo. A dor resultante o levará aos limites da depressão. A virulência das críticas alcança tanto mais impacto porquanto provém de duas revistas surgidas no pós-guerra cujo prestígio intelectual é incontestável: *Critique* e *Les Temps Modernes*. A primeira salva é desferida por *Critique* com Jean-Paul Valabrega (1966:68-78) que se entrega a um ataque vitriólico. Ele nega a possibilidade de uma leitura de Freud que não leve em conta o pós-freudismo e menciona que Ricœur não é fiel a sua aposta, pois baseia sua análise nos trabalhos de Hartmann, Kris, Loewenstein, Kubie, Rapaport, Madison... Mas sobretudo censura ao livro de Ricœur ser "como um reflexo" (Valabrega, 1966:75), o simples decalque de um Mestre pouco citado e contudo onipresente, literalmente plagiado, Lacan, o grande ordenador da psicanálise na França:

> Em resumo, a principal crítica que dirigimos a esse autor é a de não entregar a César o que lhe pertence, se mesmo *a outra inspiração* de M. Ricœur, que é de fonte cristã, o impele, em sua tese terminal e além de Freud, a entregar a Deus o que é de Deus. [Valabrega, 1966:77]

Imediatamente após essa acusação, Valabrega entende assestar outro golpe fatal ao apresentar Ricœur como um confusionista que teria por ambição misturar psicanálise com religião, embora toda a ascese intelectual de Ricœur o conduza, ao contrário, a cultivar ao extremo um agudo senso de limites.

O ataque é tão violento que Ricœur não pode deixar difundir-se o rumor de plágio sem reagir ao que tange a sua integridade moral. Escreve ao diretor da revista *Critique*, a qual publica sua carta no número seguinte: "J.-P. Valabrega me acusa então de ter roubado minhas ideias de Lacan" (Ricœur, 1966c:183). Ele relembra que não esperou Lacan para se interessar por Freud e que discute a concepção linguística do inconsciente defendida por Lacan, adotando nesse ponto uma posição que segue fundamentalmente a de Laplanche: "Eu lhe oponho a ideia, bem diferente, de que o inconsciente suscita uma quase-linguagem" (Ricœur, 1966c:184). Tem havido bastantes roubos de ideias, reconhece de boa vontade Ricœur, mas de todos os filósofos desde Heráclito! E Ricœur, que terá passado sua vida a reconhecer suas dívidas, está pronto a novamente admiti-las, mas essas pertencem a uma prática própria a "qualquer um que se proponha a pensar" (Ricœur, 1966c:183).

O segundo ataque dos lacanianos toma por suporte a revista *Les Temps Modernes* e encontra seu lança-chamas em Michel Tort, que escreve um artigo caudaloso que cobre dois números da publicação, no qual ele se investe contra "a máquina hermenêutica" (Tort, 1966a, 1966b). Esse artigo-panfleto sintetiza todos os argumentos que visam a desqualificar Ricœur, e constitui a vulgata que levará um público mais amplo a não mais abrir as páginas do filósofo. Michel Tort, com o respaldo de muitos althusserianos e lacanianos persuadidos a deter a Verdade, já que encarnam a voz e a via da Ciência, da Teoria e da Epistemologia, denuncia na obra de Ricœur uma simples "leitura fotocopiada" de Freud, que dela faz um "manual escolar do pequeno freudiano". O argumento nº 1 é, portanto, o desprezo: por que tanto ruído por um pequeno manual para uso dos não iniciados! Segundo tempo da ofensiva: Ricœur plagiou e pilhou Lacan e mascarou seus empréstimos reclamando-se de Dalbiez. Desde logo, "nenhuma necessidade de precisar o sentido dos conceitos lacanianos tais como história, demanda, significante, relação dual, desconhecimento, objetos substituídos etc. que pontuam constantemente seus desenvolvimentos" (Tort, 1966a:1472). Após o descrédito moral, vem o descrédito epistemológico. Tort se torna então defensor do corte epistemológico, recusando todo caminho que invoque a intencionalidade, os motivos, o agir do sujeito. No althusserismo, tudo que é próprio do sujeito pertence à ideologia, quer dizer, ao mundo do negativo, da não ciência, da mistificação. A esse título, a obra de Ricœur não passa de "uma simples duplicata da ideologia, enquanto esta, por definição, é incapaz de se manifestar como tal". O adversário teórico é apontado como sendo a hermenêutica, qualificada por Michel Tort de "anticiência" e de "*renegação* ardilosa do freudismo". Ele então dispara a flecha de parto que deve excluir em definitivo Ricœur do debate intelectual e sobretudo científico: é um crente, um cristão, e a esse título, em nome da separação da Igreja e do Estado, sua palavra não deve ser recebida:

A hermenêutica ricœuriana encontrará naturalmente, sem dele jamais ter saído, o seu lugar natural, a *escatologia*, a qual, longe de ser apenas a desembocadura, é, desde o início, o motor. Na sua Teleologia, é o caráter oracular e divino da palavra, o Sentido final, que explica toda a busca de sentido. [Tort, 1966b:1645]

Michel Tort bem sabe que faz sucesso em um clima de laicidade fechada de 1966, reforçado por um cientismo exacerbado. A ciência encarnada pelo estruturalismo de um lado, a crença hermenêutica e retrógrada de outro: eis o tipo de pensamento simplório que melhor funciona.

É em seguida à publicação do ensaio de Ricœur que Lacan toma a decisão de publicar os *Écrits*, embora tivesse estado até então reticente a essa ideia. Desde 1963, François Wahl propõe sem sucesso a Lacan publicar na Seuil. Ele aceita, contudo, assumir a responsabilidade por uma nova coleção: "O campo freudiano", a partir de 1964. O surgimento de *De l'interprétation* e a raiva que suscita nele fazem-no decidir a dar esse passo. Na realidade, se Lacan veio a publicar os *Écrits* é por causa desse livro, senão ele não os teria publicado. Ele passou a ver nisso uma necessidade, tanto mais imperiosa quanto estava convencido de ter sido pilhado por Ricœur. Ele tinha a impressão de que tudo contra o que se tinha batido lhe retornava por meio de seu próprio discurso. Lacan foi tomado pela ideia de que o melhor meio de reagir contra o que estima ser um desvio de seu discurso é liberar em praça pública o que havia efetivamente escrito. Nessa partida de queda de braço, Lacan terá temporariamente vencido, impondo os *Écrits* como único retorno legítimo a Freud. Lacan encarna então a via da superação da filosofia em prol de uma psicanálise em fase de se soltar da ligação que a conectava tanto à medicina clínica quanto à especulação psicologizante. A psicanálise entende ganhar seus galões de ciência autônoma e legítima, em favor de um programa estruturalista do qual se torna a ponta de lança, ao lado da linguística e da antropologia estrutural.

Explicar/compreender

O estruturalismo vai servir de estandarte para a emancipação das ciências humanas, que têm na França dificuldades para sair de uma situação de tutela. É-lhes necessário cortar radicalmente o cordão umbilical que as vincula às Humanidades clássicas. Ao longo dos anos 1960, as ciências humanas fazem valer sua vocação científica por meio do programa estruturalista e contornam assim a instituição acadêmica, engajando polêmicas e suscitando inovações em pontos periféricos, e favorecendo a atualidade editorial. As ciências humanas apresentam-se como portadoras de uma ultrapassagem da especulação filosófica; são numerosos os que deixam o estudo da filosofia para adotar um saber mais operacional, ligado a uma efetividade de transformação, quer seja no domínio linguístico, no antropológico ou no psicanalítico.

A atitude dos filósofos diante desse desafio imperioso das ciências humanas divide o meio entre uma pequena minoria vanguardista e uma ampla maioria que ignora soberbamente, do alto da magistratura reconhecida de sua disciplina, os aportes dessas novas brotações impertinentes. É o caso de grandes filósofos como Emmanuel Levinas que, em 1992, se pergunta ainda como

> se pode comparar o intelecto científico de Einstein com o Pensamento selvagem?... Não é certamente o estruturalismo que me pôde tentar. Sei que tem exercido prodigiosa influência... há espíritos fortemente distintos, o melhor de nossa época – o de Ricœur – que levam tudo isso bem a sério. [Levinas apud Poirié, 1992:121]

Um caminho alternativo consistiu, para certo número de filósofos, apropriar-se do programa estruturalista para fazer dele a substância de uma filosofia refundada, retomando o projeto nietzschiano de reintegração do homem na natureza e renunciando à tradicional singularidade e supremacia reconhecidas ao ser humano. Essa é a postura adotada por certo número de mestres pensadores dos anos 1960. Esses filósofos erigem o que se considerava método em verdadeiro olhar renovador de uma filosofia que se apoia sobre uma semiologia ou uma epistemologia das ciências empíricas, anunciando um pensamento em atos, um pensamento do conceito puro, desembaraçado das escórias que são a historicidade e o sujeito, e apoiando-se sobre a psicanálise e a etnologia como disciplinas capazes de desconstruir os fundamentos da metafísica: "Em relação às ciências humanas, a psicanálise e a etnologia são antes contraciências [...] elas não param de desfazer esse que nas ciências humanas faz e refaz sua positividade" (Foucault, 1966:391).

Confrontado com esse desafio das ciências humanas, Ricœur não adota nem uma atitude de rejeição nem a de uma adesão acrítica a esse programa. Ele se envolve em um longo desvio com vistas a dialogar com elas, mas a partir de sua posição de filósofo. Ele foi recentemente medido contra a psicanálise: ele não se improvisa como analista fantasiando seu poder; ele assume a postura de filósofo nas questões da psicanálise. Em retorno, ele assinala em que a filosofia deve promover questões compatíveis com os avanços ensejados pela psicanálise.

Se ele não se deixa enganar pelas aporias próprias do cientismo do momento, ele está especialmente atento ao que se passa nas ciências humanas, com a linguística como modelo, tanto que no final dos anos 1950, quando escreve *La symbolique du mal*, ele mede a importância da mediação textual e opera um *linguistic turn* próprio em seu itinerário pessoal. O que analisou Kant a propósito das ciências da natureza, a saber, o exame de suas condições de validade, lhe serve de modelo para adotar uma atitude de abertura perante os fenômenos culturais. Dilthey retomou esse projeto de construção epistemológica das ciências do espírito, especificamente com relação às ciências da natureza (Dilthey, 1988). Ernst Cassirer (1929, 1972) inscrevia-se também nessa perspectiva neokantiana quando estudava as formas simbólicas como modalidades de exteriorização do homem.

Ricœur acaba de considerar o horizonte aporético do estudo da consciência isolada. Em seguida, aproveita a oportunidade que representa o programa estruturalista, não como substituto de sua problematização primeira do sujeito, do homem capaz, do voluntário, mas como possível enxertia para enriquecer esta última. Ricœur não adota, portanto, uma posição timorata de recolhimento. Ao contrário, ele acolhe com toda boa vontade o que vai poder pôr em questão, problematizar, complexificar o *cogito* cartesiano. Sua enxertia hermenêutica se nutre da travessia estrutural. Por esse desvio, ele enriquece o projeto fenomenológico que fosse melhor para o entendimento do mundo vivido, evitando porém o psicologismo, em favor da transformação dessa visada em questão ontológica, como é o caso em Heidegger. A hermenêutica, tal como a concebe Ricœur, provoca o retorno às coisas mesmas, ao mundo vivido, ao *Lebenswelt*, que a fenomenologia husserliana permitia abrir e que as ciências humanas exploram: "Sou bem consciente da impossibilidade, onde estamos hoje, de repetir a filosofia de 1945. Reconheço primeiramente que a filosofia não sobreviverá senão ao preço de um diálogo *estreito* com as *ciências humanas*; o período do isolamento esplêndido terminou" (Ricœur, 1971:57). No ano de 1970, Ricœur relembra que o eixo de sua reflexão filosófica permanece bem constituído como uma interrogação sobre o *cogito*, mas sob a condição de que este seja reconquistado a cada nova situação filosófica. Por esse diálogo enovelado entre filosofia e ciências humanas, Ricœur entende recusar a dicotomia ruinosa entre o pensamento do existencial apartado de toda preocupação de objetivação e um objetivismo autossuficiente separado de toda problematização filosófica. Ele inscreve-se assim em uma longa tradição do pensamento filosófico que se alimentou das descobertas científicas de seu tempo: Platão dialogando com a geometria, Descartes com a álgebra, Kant com Newton, Bergson com a psicologia... Essa recusa de deixar o filósofo em situação de exílio leva Ricœur a retomar em nova perspectiva a distinção de Dilthey entre o compreender e o explicar.

O modelo linguístico apresenta-se como um modelo explicativo estranho à biologia ou à física mecânica. Ele se situa no cerne das ciências humanas em seu momento estruturalista e recoloca em questão a clivagem estabelecida por Dilthey entre ciências naturais baseadas na explicação e ciências humanas cujo motor seria da ordem da compreensão. O mérito de Dilthey, assim como o de Weber e o de toda a corrente da sociologia compreensiva, terá sido evitar o reducionismo objetivista, a reificação do social, sua coisificação. Toda a preocupação de Ricœur vai consistir em reintroduzir a explicação no campo da compreensão. Ele não visualiza essas duas abordagens como contraditórias e reveladoras de duas epistemologias de diferente natureza. Ao contrário, existe segundo ele uma complementaridade entre essas duas exigências:

> Sobre o plano epistemológico, primeiramente, direi que não há dois métodos, o explicativo e o compreensivo. Falando-se estritamente, apenas a explicação é metódica. A compreensão é, antes, o momento não metódico que, nas ciências da interpretação, se compõe com o momento metódico da explicação. Esse momento precede, acompanha, fecha e assim *envelopa* a explicação. Em contrapartida, a explicação *desenvolve* analiticamente a compreensão. [Ricœur, 1986c:181]

Essa dialetização do explicar e do compreender leva Ricœur a não recusar a pertinência do sujeito, que no estruturalismo é reduzido seja a um sujeito obstaculizado, inacessível a si mesmo, seja simplesmente ao não lugar de um processo sem sujeito. Ele não defende, contra isso, porém, a prerrogativa de um *cogito* como ponto de partida intangível, em uma relação de imediatismo consigo mesmo. O sujeito segundo Ricœur é o ponto de chegada, um sujeito reencontrado após o longo percurso sinuoso de apropriação dos ensinamentos da linguística, da análise literária, da sociologia, da antropologia e da história.

Ricœur inscreve-se assim na filiação do diálogo com as ciências humanas travado por Merleau-Ponty e brutalmente interrompido por seu desaparecimento precoce. Ele representa assim, naqueles anos 1960, a vanguarda do pensamento. E, contudo, a ascensão ao poder do paradigma estruturalista vai descentrá-lo em relação ao pequeno círculo daqueles que radicalizam a ruptura com a tradição filosófica, Althusser, Lacan, Barthes, Lévi-Strauss, Foucault, Bourdieu... O descrédito de que é vítima é tanto mais incongruente quanto ele se encontra avançado em suas pesquisas, levadas a efeito sobre as frentes mais expostas do estruturalismo. Ele se situa assim a propósito da apropriação das teses de Benveniste que, tendo ingressado no Collège de France em 1937, permanece por muito tempo em um esplêndido isolamento. Será necessário, com efeito, aguardar o início dos anos 1970 para que suas análises sobre a enunciação (Benveniste, 1966) sejam verdadeiramente difundidas entre os defensores do estruturalismo: "A enunciação como conjunto teórico referido a Benveniste é pouco ou nada conhecido pelos linguistas franceses antes de 1970" (Normand, 1985a:9). Ricœur, ao contrário, rapidamente absorveu seu ensinamento. Claudine Normand pôde fazer um estudo comparativo de notas tomadas durante o ano universitário de 1966-67 no curso do linguista então bem em destaque Jean Dubois, e em Ricœur (Normand, 1985b:33-42). Essa comparação faz surgir um paradoxo surpreendente: os estudantes da Universidade de Nanterre são informados da problemática de Benveniste pelo filósofo Ricœur e não pelo linguista Dubois. As anotações tomadas no curso de Ricœur fazem aparecer uma interrogação sobre o *status* do discurso e correlativamente sobre o do sujeito falante. Seu curso apresenta não apenas os aportes sucessivos de Saussure, Hjelmslev, Benveniste e Guillaume, mas também a teoria dos atos da palavra com Austin e Strawson. Ele faz avançar sua intenção de passar de uma linguística da língua a uma linguística do discurso que possa permitir superar a oposição evento-estrutura. É no interior desse roteiro que ele mobiliza os estudos de Chomsky sobre a sintaxe. A superação da antinomia fundamental em Saussure entre língua e palavra abre a Ricœur a possibilidade de tratar o que considera o ângulo morto do paradigma estruturalista: o referente, a frase, o sujeito, e assim encontrar matéria para sua demonstração na teoria da enunciação de Benveniste. Sempre no plano das inovações linguísticas, além do trabalho iniciador de introdução de Chomsky conduzido por Nicolas Ruwet, é graças a Ricœur que os trabalhos de Chomsky conhecem um brilho real na França. Com efeito, ele o publica na coleção que dirige com François Wahl na editora Seuil, "L'ordre philosophique", a partir de 1969.

Além da linguística, Ricœur investe também no campo da reflexão da disciplina constituída pela psicologia experimental e discute em 1966 com Jean Piaget, Yves Galifret, Paul Fraisse e René Zazzo. Diante desses psicólogos profissionais, ele defende uma verdadeira articulação entre as descobertas científicas e sua dimensão filosófica. Ricœur corrige a leitura que faz Piaget de Husserl. O psicólogo apresenta, com efeito, o pai da fenomenologia como um filósofo que teria por ambição livrar-se do empírico por meio de sua redução eidética. Bem ao contrário, o ato filosófico da redução segundo Husserl não se desvia do mundo, mas visa a incluí-lo como instituinte das relações de sentido. Ora, essa dimensão reflexiva permite, segundo Ricœur, melhor pensar a prática dos psicólogos, cuja tarefa é descrever e explicar o comportamento humano como significante. Ele não renuncia, portanto, de forma alguma, à sua posição de filósofo diante dos práticos das ciências humanas. No clima cientista e estreitamente epistemológico do momento, essa abertura não é recompensada em retorno. Se Piaget agradece a Ricœur por sua atitude perante os trabalhos dos psicólogos, mantendo-se pronto a rever seu modo de pensar em função das descobertas desses, ele acrescenta: "O que eu não chego a compreender é o que isso nos aporta" (Piaget, 1966:73).

O diálogo com Claude Lévi-Strauss

É em 1963 que se dá a grande confrontação de Ricœur com o estruturalismo, por ocasião de um debate com Claude Lévy-Strauss, um ano após o surgimento de *La pensée sauvage*. Essa confrontação é minuciosamente preparada no interior do grupo de filosofia da revista *Esprit*, animado por Ricœur. Embora a noção de pessoa segundo Mounier careça seriamente de bases antropológicas, Ricœur não reage ao encantamento pela antropologia estrutural como um filósofo agredido, como fez Sartre. Ao contrário, trata-se segundo ele da ocasião de aprimorar as bases de sustentação daquela noção de pessoa. Ele convida, portanto, o grupo de filosofia da *Esprit* a uma jornada pelo interior do pensamento estrutural, a uma ascese intelectual necessária a enriquecer seu horizonte filosófico. Esse trabalho coletivo deságua na organização de um encontro com Claude Lévi-Strauss em junho de 1963 e na decisão de publicar o debate na *Esprit* (La pensée..., 1963). O defensor do estruturalismo é submetido ao questionamento de Mikel Dufrenne, Jean-Pierre Faye, Kostas Axelos, Jean Lautman, Jean Cuisenier, Pierre Hadot e Jean Conilh.

Ricœur emite reservas sobre a capacidade de generalização do método preconizado por Lévi-Strauss para outros terrenos culturais: "Eu me pergunto até que ponto o sucesso de seu método não teria sido facilitado pela área geográfica e cultural na qual ele se apoia, a saber, a do antigo totemismo" (Ricœur, 1963a:628). Embora o estruturalismo se apresente como uma grade de leitura de vocação universal da pluralidade cultural, Ricœur se interroga sobre as condições de validade para outros ares culturais que não o mundo ameríndio: será o modelo desenvolvido por Lévi-Strauss no cenário das culturas congeladas válido para culturas que foram submetidas a uma constante renovação de seu patrimônio cultural? Da mesma forma, Ricœur se pergunta se existe unidade no pensamento mítico e se o método estruturalista aplicado ao mundo da Bíblia não deixaria um resíduo irredutível. A essa objeção Lévi-Strauss responde pelo argumento clássico de Durkheim do corte objetivante necessário, fundamento mesmo da abordagem científica. Ele prega uma relação fria entre o sábio e seu objeto e, ao contrário de Edmund Leach, limita seu método de decifração dos mitos às sociedades "frias", excluindo as sociedades "quentes".

Ricœur não recusa a pertinência do método estrutural, pois chega a afirmar: "Jamais se poderá fazer a hermenêutica sem estruturalismo" (Ricœur, 1963a:635), mas considera que esse ponto de vista metodológico deve articular-se com outras formas de compreensão, menos inspiradas pelo modelo linguístico e mais na linha do pensamento reflexivo, de uma retomada de sentido, portanto, de uma hermenêutica. Essa perspectiva aparece como uma verdadeira linha de clivagem que opõe duas concepções; ela suscita um verdadeiro diálogo de surdos. A Ricœur, que apela ao enriquecimento da reflexão sobre a sintaxe por uma reflexão de ordem semântica, a fim de levar o estudo não apenas ao nível das maneiras de dizer o mito, mas ao sentido deste, de sua filosofia latente, Lévi-Strauss contenta-se em responder: "Tentamos. Isso não trouxe tão bons resultados" (Lévi-Strauss, 1963:636). Ricœur insiste, considerando que é impossível o corte entre um pensamento de fora e um pensamento de dentro, entre o explicar e o compreender. O ato de interpretar quebra por seu movimento mesmo o corte artificial entre sujeito e objeto. Diante de Lévi-Strauss, Ricœur mobiliza implicitamente os ensinamentos da fenomenologia: "Mas se não me compreendo melhor ao compreendê--los, posso ainda falar de sentido? Se o sentido não é um segmento da compreensão de si, não sei o que é" (Ricœur, 1963a:636). Ricœur se bate contra uma terminação por não recebimento quando Lévi-Strauss invoca de novo o argumento do olhar frio, exterior, próprio ao cientista. Lévi-Strauss suspeita então que Ricœur esteja procurando *"um sentido do sentido*, um sentido que esteja por detrás do sentido; enquanto, na minha perspectiva, o sentido não é nunca um fenômeno primeiro: o sentido é sempre redutível" (Lévi-Strauss,1963:637). À redução eidética preconizada por Ricœur, Lévi-Strauss responde pela redução cientificista de um pensamento inteiramente objetivado. Lévi-Strauss tenta fechar Ricœur em uma dicotomia na qual esse encarnasse a defesa do subjetivismo impressionista, ao passo que a antropologia estrutural exemplificaria as potencialidades próprias da ciência. Mas Ricœur recusa os termos dessa alternativa:

> Não se há que escolher entre o subjetivismo de uma consciência imediata do sentido e a objetividade de um sentido formalizado; entre os dois, há o que propõe o sentido [...] Eis porque não seria a sub-

jetividade que eu oporia à estrutura, mas justamente o que chamo o objeto da hermenêutica, isto é, as dimensões de sentido abertas por essas retomadas sucessivas. [Ricœur, 1963a:644]

No entanto, para além da querela de método, a oposição entre Ricœur e Lévi-Strauss se desenrola no plano de seu posicionamento ontológico, entre um Lévi-Strauss que acredita no caos inicial do mundo que para ele retornará, e um Ricœur que lhe opõe um caráter mais originário da plenitude do sentido: "O mundo pleno de Ricœur é um transbordamento análogo à graça divina; é um caos cego em Lévi-Strauss" (Becquemont, 2007:190).

O outro ponto de articulação da controvérsia situa-se na filosofia implícita do método estrutural. O primado concedido à sincronia e a marginalização da diacronia, que faz papel de perturbador do modelo, visa a destituir toda pertinência à historicidade do encaminhamento global do estruturalismo. Ricœur enxerga nesse tópico as bases de uma forma extrema de agnosticismo moderno: "Para vocês não há 'mensagem': não no sentido cibernético, mas no sentido kerygmático; vocês se encontram no desespero do sentido [...] Vocês salvam o sentido, mas é o sentido do não sentido, o admirável anonimato sintático de um discurso que nada diz" (Ricœur, 1963a:653). A esse título, Lévi-Strauss aparece aos olhos de Ricœur como uma figura ao mesmo tempo fascinante e inquietante. Essa crítica do anistoricismo de Lévi-Strauss, percebido como expressão de uma filosofia crepuscular do não sentido, encerra esse debate de 1963. Ela é de uma clarividência quase profética, pois o que não era dito em *La pensée sauvage* é claramente afirmado ao final da tetralogia sobre os mitos no "Finale" de *L'homme nu*. Lévi-Strauss deixa então livre curso para o pessimismo histórico que o anima desde o início de seus trabalhos. As *Mythologiques* terminam-se, com efeito, por um crepúsculo dos homens. Esses mitos deixam transparecer um edifício complexo que "se desvanece lentamente e se fecha para se arruinar ao longe como se não tivesse nunca existido" (Lévi-Strauss, 1971:620). O tempo se desenrola na lógica mesma de sua desaparição e a palavra última do "Finale" é *RIEN* (NADA), o que dá à obra um perfume de *Requiem* ou de *De profundis*, segundo os termos de Jean-Marie Domenach.

A esse debate Ricœur acrescenta a publicação de um texto no qual coloca em perspectiva o trabalho antropológico estrutural de Lévi-Strauss. Ele reconhece "ao mesmo tempo o *bom direito* do estruturalismo e seus *limites de validade*" (Ricœur, 1992f:351). Ricœur, portanto, não contesta o modelo estruturalista. Ele se situa mesmo no interior desse, para melhor medir seus limites. Longe de contrapor estrutura e hermenêutica, ele procura, ao contrário, os meios de pensá-los em conjunto. O trabalho de apropriação de sentido do hermeneuta não pode senão estar de acordo com as descobertas do antropólogo. Porém, deve colocar este em guarda contra toda ultrapassagem de limite que consiste em deslizar injustificadamente para o estágio de generalização e de sistematização. Para Ricœur importa bem distinguir dois níveis de abordagem: o primeiro apoia-se sobre as leis linguísticas e forma o estrato inconsciente, não reflexivo, um imperativo associado à categoria, sem que seja necessário referi-lo a um sujeito consciente; o segundo nível é o da retomada reflexiva. O primeiro nível é ilustrado tanto pelas oposições binárias da fonologia quanto pelas dos sistemas elementares de parentesco, sobre os quais Ricœur reconhece aliás a validade das análises de Lévi-Strauss: "O empreendimento estruturalista me parece perfeitamente legítimo e ao abrigo de toda crítica, desde que mantenha a consciência de suas condições de validade e portanto de seus limites" (Ricœur, 1963a:605). Essa possível aproximação das duas posições esconde um desacordo de fundo porque, segundo Lévi-Strauss, o único sentido dos símbolos só pode emanar de sua posição e não de qualquer natureza endógena.

As teses adiantadas em *La pensée sauvage* atestam a disposição de Lévi-Strauss de generalizar seu encaminhamento, na medida em que considera que, se funciona sob os Trópicos, deve ser da mesma forma para as latitudes temperadas, pois que se encontra em relação de homologia com o pensamento lógico. Ora, Ricœur contrapõe o pensamento totêmico ao pensamento bíblico, pois aquele implica uma relação inversa a este entre diacronia e sincronia. O deslizamento da ciência estrutural para a filosofia estruturalista é qualificado por Paul Ricœur de "kantismo sem sujeito transcendental, verdadeiramente [de] formalismo absoluto" (Ricœur, 1963a:618). Ricœur lhe opõe a alternativa de uma hermenêutica que, levando em conta esse estágio de decifração formal, se atribua o objetivo de fazer coincidir a compreensão do outro com a compreensão de si, passando pela fase interpretativa do sentido. O qualificativo de "kantismo sem sujeito transcendental" será retomado e assumido por Lévi-Strauss em sua resposta a Paul Ricœur, ratificando os termos:

> Sinto-me completamente de acordo com M. Ricœur quando ele define — sem dúvida para criticá-la — a minha posição como "um kantismo sem sujeito transcendental". Essa deficiência lhe inspira reservas, enquanto a mim em nada me incomoda para aceitar sua fórmula". [Lévi-Strauss, 1963:633]

Embora Ricœur propusesse que a hermenêutica fosse uma estrutura de acolhida ao método estruturalista, é por um diálogo abortado que termina essa confrontação. A passagem ao limite praticada por Lévi-Strauss passa então a erigir um método em filosofia, enquanto o pensamento estrutural é um pensamento que não se pensa. Ao recusar a dimensão interpretativa, Ricœur vê a filosofia estruturalista condenada a ser apenas uma absolutização do modelo linguístico. Como conciliar as duas perspectivas e pensar em conjunto hermenêutica e antropologia estrutural, evitando-se de toda forma o ecletismo? Tal é a ambição que se atribui Ricœur no ano de 1963. Ele mostra o caráter aporético da abordagem puramente lógica de um universo simbolista que não encontra sentido senão em conjuntos singulares. A ambiguidade própria aos símbolos causa resistência a tentativas de dedução baseadas em exigência de unicidade. O acordo aparente entre os dois protagonistas resulta no que Daniel Becquemont (2007:201) considera ser um "desentendimento radical", pois, fundamentalmente, Lévi-Strauss considera que Ricœur não apenas não se interessa verdadeiramente pela antropologia, mas não coloca em causa seus postulados filosóficos em vista dos avanços da antropologia estrutural. Na verdade, avaliando-se as análises de *La symbolique du mal*, Ricœur assimilou bem e belamente o desafio antropológico e conseguiu apontar os ângulos cegos do método de Lévi-Strauss:

> dificuldade em sair da sincronia para explicar a diacronia; recusa de perceber uma assimetria em seus pares de oposições, que Lévi-Strauss considera recíprocas sem qualquer problema; rejeição do rito em uma semiobscuridade atribuindo-se o mais alto grau de importância ao mito. [Becquemont, 2007:202]

Ricœur intervém ainda uma vez no número consagrado por *Esprit* ao estruturalismo em 1967 (Esprit, 1967), estudando a função da palavra como elemento intercambiador entre sistema e ato, entre a estrutura e o evento (Ricœur, 1969c:80-97). Ele determina assim o que deixa de lado o estruturalismo ao pressupor uma autonomia entre língua e discurso, a qual, uma vez absolutizada, não tem mais acesso à compreensão dos atos constituintes do discurso. Ele reconhece mais uma vez que a conquista do ponto de vista estrutural é uma conquista da ciência, particularmente custosa, cujo ganho se dá ao alto preço de duas exclusões maiores que são o ato da palavra — a palavra retirada por Saussure do estudo da língua — e a história. Ora, a língua não se atualiza senão no ato, pelo evento da palavra, que traz a estrutura como evento. Somente o nível do discurso introduz a dimensão do agir com suas componentes que pressupõem uma escolha, novas combinações e uma conexão com a referência. Falar é dizer alguma coisa de alguma coisa. Ricœur reencontra-se nesse plano ao mesmo tempo com Frege e Husserl. A instância do discurso ressitua o sujeito, pois qualquer um fala a qualquer um. Ricœur espera o passamento do que ele qualifica como primeiro estruturalismo, puramente taxinômico, que estaria sendo substituído por uma abordagem mais dinâmica com Chomsky e Gustave Guillaume. Ele propõe, portanto, que se passe essa amputação primeira do estruturalismo, sem contudo recair nos erros comuns do mentalismo ou do psicologismo.

Em 1989, quando havia passado a onda estruturalista, Ricœur colocará em perspectiva histórica o que considera um par a ser pensado em conjunto: o signo e o sentido (Ricœur, 1989b:1075-1079). A tradição filosófica descreve a sucessão de fases exclusivamente consagradas às teorias do sentido e às teorias do signo, exclusivas umas em relação às outras. Duas correntes parecem opor-se: a que atribui primado ao sentido e a tradição empirista que faz prevalecer as lógicas do signo. A linguística estruturalista e a especulação que ela engendra apenas representam uma das alternativas: colocar o sentido sob o império do signo. O estruturalismo reata assim com uma antiga tradição aristotélica que havia feito valer a noção de forma e a havia transportado de maneira decisiva à Idade Média com o desenvolvimento da retórica, da lógica, do nominalismo, e mais tarde com a gramática de Port--Royal, filiação explicitamente reivindicada por Chomsky. O pensamento contemporâneo vai romper tanto com esse império do signo quanto com o transcendentalismo kantiano, que oferece um modelo do sentido que não mais deriva do signo. De seu lado, a fenomenologia de Husserl, assim como os trabalhos de Frege e do primeiro Russell, dissocia o sentido de sua interpretação. O sentido se torna uma dimensão distinta de seus conteúdos mentais e governa o uso dos signos. A sucessão desse predomínio de orientações tem aportado a cada vez novos esclarecimentos. Mas, segundo Ricœur, é possível sair dessa falsa alternativa, desse dilema entre sentido e signo. Essas duas noções, que pareciam antinômicas na época estruturalista, poderiam encontrar caminhos de conciliação sem se confundirem.

A confrontação com os linguistas

A ciência-piloto do estruturalismo é incontestavelmente a linguística e a escola semiótica de Paris é animada nos anos 1960 por Algirdas-Julien

Greimas, que encarna o ramo mais formalizado do estruturalismo e que se tornou mentor de Roland Barthes. Seu projeto é organizar uma disciplina, a semiótica, que englobe todos os sistemas de significação. O sucesso de sua *Sémantique structurale* (Greimas, 1966) faz dele o líder de uma corrente que se agrupa em torno dele sob o nome de seção semio-linguística do Laboratório de Antropologia Social da École Pratique des Hautes Études (EPHE) e do Collège de France. Embora Ricœur guarde reservas diante de tal ambição, vai nascer entre eles um diálogo conflituoso, mas fonte de cumplicidade e de amizade crescentes. Sua relação vai-se colocar sob o signo do que Jaspers denominava "combate amoroso".

Essa confrontação é interessante em mais de uma perspectiva. De um lado, Greimas encarna a parte mais sólida do estruturalismo linguístico e, de outro lado, sua abertura para a dimensão semântica da linguagem o aproxima dos estudos hermenêuticos. Por esse desafio, Greimas se torna um parceiro privilegiado. Para Ricœur, essa aproximação é um meio de insistir sobre o caráter imperativo da fase explicativa. O diálogo com os especialistas em semiótica está no cerne desse longo desvio pelos procedimentos de objetivação do sentido que preconiza o estruturalismo. Ricœur não se opõe frontalmente a essa corrente. Como por ocasião de seu diálogo com Lévi-Strauss, ele deseja influir sobre essa tendência então dominante, no sentido de estabelecer limites às visadas da semiótica. De acordo com a grande tradição platônica do diálogo, Ricœur vê nessa confrontação uma nova oportunidade de ser o filósofo de seu tempo, plenamente engajado em uma série cronológica de eventos que guiam seus passos: "A semiótica textual de A. J. Greimas me parecia ilustrar maravilhosamente essa abordagem objetivante, analítica, explicativa do texto, segundo uma concepção não causal mas estrutural da explicação" (Ricœur, 1995e:51). A relação entre Ricœur e Greimas começa desde os anos 1960, exemplificando a confrontação entre semiótica e hermenêutica. Pouco antes dos acontecimentos de 1968, Ricœur é convidado pela primeira vez a proferir uma intervenção em um seminário de Greimas. Ele apresenta uma comunicação sobre a narrativa bíblica e sobre a importância do evento histórico na interpretação da Bíblia, com base no episódio do sacrifício de Abraão, no qual uma vítima animal substitui o sacrifício humano.

Apesar de sua diferença de orientação, Ricœur dedica seu quinto estudo de *La métephore vive* a Greimas (Ricœur, 1975a:173-220). Nessa ocasião, ele convida o leitor desejoso de medir os resultados que a semântica obteve da aplicação do método estrutural à análise semiótica, ao se referir à análise de Greimas: "Nós remetemos pura e simplesmente, para uma exposição desses trabalhos, à *Sémantique structurale* de Greimas" (Ricœur, 1975a:175).

A aproximação entre Ricœur e Greimas torna-se manifesta no início dos anos 1980. Em seu diálogo datando de 1980, Ricœur situa sua intervenção em uma perspectiva complementar: "Hermenêutica e semiótica textual não são duas disciplinas rivais" (Ricœur, 1980a:I). Essas duas abordagens se entrecruzam e Ricœur, dentre elas, reconhece como ciência apenas a semiótica, que segue uma axiomática precisa, ao passo que a hermenêutica é uma leitura filosófica. No entanto, ele atribui à hermenêutica uma ambição mais vasta que a puramente crítica e epistemológica da semiótica. A oposição entre o explicar e o compreender está doravante superada, segundo Ricœur, e a hermenêutica não deve mais virar as costas ao ponto de vista metodológico. Ao contrário, ela deve retirar lições para compreender a inserção da atividade linguística nas maneiras de ser-no-mundo.

Trata-se inicialmente de se opor a todas as vias curtas do imediatismo da filiação romântica da hermenêutica, a fim de insistir sobre a importância da mediação da linguagem, mas existe uma segunda frente de resistência a trabalhar, para evitar toda hipostasia de um sistema qualquer de signos. Ele não esconde que seja esse o que o preocupa e motiva sua confrontação com Greimas: ele está próximo de segui-lo no plano da abstração do texto, mas não na valorização de uma ideologia do texto em si. Em plena preparação de sua trilogia *Temps et récit*, Ricœur reintroduz o referente em colisão com o paradigma estruturalista, e preconiza uma articulação entre a realidade dada e o texto, a partir dos três momentos da *mimesis*, segundo o arco hermenêutico.

Ainda em 1980, Ricœur publica um estudo sobre "A gramática narrativa de Greimas" (Ricœur, 1980b). O modelo lógico e acrônico de Greimas, que tem por objetivo reduzir a complexidade, leva Ricœur a medir sua pertinência. À dicotomia de Greimas entre uma gramática fundamental e uma gramática narrativa de superfície, ele opõe as lições da filosofia analítica de uma semântica da ação "que é de fato *pressuposta* na teoria do enunciado narrativo" (Ricœur, 1992c:402). O nível do poder fazer ou do desejo de realização remete à intencionalidade. Ele precede o quadrado semiótico de Greimas e define uma dimensão da práxis cuja inteligibilidade é mista: fenomenologia e linguística. O modelo de Greimas, bem próximo de fazer da linguística uma álgebra da linguagem, é submetido a uma dupla restrição: lógica e prática. Ele não pode sair desse caráter fundamentalmente híbrido. Ante essas reservas expressas por Ricœur, Marie-Louise Fabre o aconselha a leitura do *Maupassant* de Greimas (1976), a fim de se tranquilizar quanto a seus temores de redução cientificista.

As seis páginas do conto do escritor transformadas em 300 páginas de comentários testemunham, segundo Ricœur, uma evolução positiva de Greimas, o que ele teve ocasião de reportar quando da celebração de decênio dedicada a este em Cerisy, em 1983. Ricœur participa da homenagem coletiva prestada à obra do fundador da escola francesa de semiótica. Em torno da noção de semiótica da narrativa, essa é uma nova oportunidade de diálogo (Arrivé e Coquet, 1987:291-298): Ricœur visualiza uma articulação possível entre semântica da ação e fenomenologia do tempo. Ele vê nas estruturas aspectuais utilizadas por Greimas em sua análise de Maupassant conectores possíveis para pensar as relações entre tempo e narrativa. Em contrapartida, ele não se satisfaz com a noção de genética de seu amigo, que não se harmoniza com a tradicionalidade viva da historicidade. A constatação dessa dinâmica interna na obra de Greimas leva Ricœur a lhe consagrar uma parte consequente do segundo volume de seu *Temps et récit*, no contexto do estudo das restrições semióticas da narrativa. Ele descreve uma sensível evolução do modelo greimassiano desde seus primeiros trabalhos, a *Sémantique structurale* e seu *Maupassant*. O modelo acrônico das operações de transformação aplicadas ao quadrado semiótico se enriquece ao longo da evolução de estruturas aspectuais como *durativité* (duratividade), *inchoativité* (ingressividade), *terminativité* (terminatividade), *tensivité* (tensividade), ou seja, meios de reintroduzir em um modelo síncrono elementos de análise da temporalidade, a fim de dinamizá-lo. Por outro lado, Greimas abre espaço a uma gramática do fazer, da prática, ao desdobrar um fazer pragmático e um fazer cognitivo. Ele introduz, de fato, um novo quadrado, o da veridicção, constituído pela oposição entre ser e parecer. Esses enriquecimentos sucessivos, que abrem mais espaço para o referente e para a historicidade, distendem o modelo sem o fazer romper-se. O modelo inicial de Greimas, que continua a prevalecer, é objeto de uma crítica de Ricœur no plano epistemológico, na medida em que torna a reduzir duplamente a diacronia a uma visão acrônica e a superfície do discurso a fenômenos de profundidade. Se Ricœur observa a evolução do propósito de Greimas, ele não julga que seu modelo seja por isso adequado a seu objeto. Ricœur, manejando sabiamente a provocação a seu amigo, coloca-lhe quase sistematicamente, a cada um dos debates públicos, a questão de saber o que ele faz de Auschwitz para relembrá-lo a força do real, do referente, e para pô-lo em guarda contra o fechamento textual.

Apesar das divergências persistentes entre as orientações da semiótica e da hermenêutica, um último encontro é organizado em 23 de maio de 1989 no Collège International de Philosophie. Ricœur e Greimas, diante de uma sala lotada, haviam decidido discutir sobre o lugar das paixões na teoria semiótica geral (Fontanille e Greimas, 1991). A audiência é surpreendida pelo diálogo a queixos empinados, durante o qual Greimas expõe sua forte relação com o sentido: "Eu vos tomo emprestada esta fórmula, digamos, paradoxal: que é a relação com o sentido? É o ser do sentido que se procura ou o sentido do ser?" (Greimas apud Hénault, 1994:202). Por sua parte, Ricœur parece, ao contrário, chamar à ordem seu amigo semiótico, convidando-o a um maior rigor: "Você corre o risco agora de entrar na indistinção; porquanto as paixões são o lugar de certa ordem de distinções" (Ricœur, 1992c:209).

Ricœur escreve em 1990 para uma revista de semiótica greimassiana, *Nouveaux Actes Sémiotiques*, um texto em homenagem a seu amigo Greimas, seguido de um debate com especialistas em semiótica responsáveis pela revista: Jacques Fontanille e Claude Zilberberg (Ricœur, 1992a:431-448). Ele relembra nesse texto sua vontade de superar a oposição diltheyniana entre o explicar e o compreender e defende a concepção de uma hermenêutica geral. Ele se coloca então a questão de saber se a distinção entre esses dois níveis tão próximos tem ainda alguma validade. Ele responde afirmativamente, apontando três pontos de limite que distinguem de maneira irredutível o que deve ser articulado sem ser confundido. Em primeiro lugar: a ação que pressupõe combinar intencionalidade e causalidade. Em segundo lugar: a narrativa quotidiana, portadora de modelos mistos. Enfim, a narrativa literária, portadora de uma inteligência narrativa, que somente encontra sua plena realização na passagem da configuração interna para sua reconfiguração externa, ao ser apropriada pelo leitor. Entre semiótica e hermenêutica não existe, portanto, incompatibilidade, mas uma simples inversão de prioridades. Para a hermenêutica, o explicar é uma passagem obrigatória para a compreensão, enquanto para a semiologia é a explicação que conduz o jogo, sendo o compreender um efeito de superfície. Sem nenhuma pretensão imperial, Ricœur situa, pois, o interesse desse diálogo com a semiótica no cenário de uma defesa da ligação, que ele considera indispensável, entre um primeiro nível epistemológico e um segundo, ontológico, concebido como horizonte para sempre inacessível.

O retorno do referente: a metáfora

Após ter realizado a enxertia hermenêutica sobre o programa fenomenológico inicial e anteriormente ao desvio pelo histórico, Ricœur apresenta a demonstração de que não se pode estabelecer um fechamento do texto sobre ele mesmo. Ele pratica, nessa ocasião, um verdadeiro retorno ao texto, como que rio abaixo, reabrindo-o a um campo de múltiplas possibilidades em sua dimensão poética, com a publicação em 1975 de *La métaphore vivante*.

Com essa intervenção, Yves Hersant, autor mais tarde de outro trabalho sobre a metáfora (Hersant, 2001), considera que Ricœur tivera muitos méritos em relação aos estudos literários. De um lado, ele terá tido êxito em reatualizar a concepção aristotélica, ao restabelecer uma concepção estendida de um domínio que tendia a se restringir, o da retórica binária, opondo metáfora e metonímia, o que tornou mais tranquilo o paradigma estruturalista. Seu segundo mérito teria sido o de se precaver contra as consequências desastrosas do formalismo da retórica, ao demonstrar que o sentido da metáfora não se prende a um posicionamento de retração, mas de transgressão. A metáfora desfaz, segundo Ricœur, uma ordem estabelecida para, a partir dela, reconstruir outra e, longe de ser confinada a uma figura de estilo, ela abre caminho de maneira inovadora a um novo mundo. O terceiro mérito de Ricœur terá sido o de deslocar a questão do plano da palavra para o da frase, posicionando-se sobre o plano do sintagma e não mais sobre o do paradigma. Segundo Yves Hersant (2010), graças a esses deslocamentos Ricœur permite a renovação em profundidade da crítica literária, permitindo-lhe evitar as aporias do estruturalismo. Insistindo sobre a tensão própria da metáfora, inserida entre o referente e o dizer, Ricœur arranca a crítica literária de sua autorreferencialidade e reencontra as vias de reflexão sobre a emergência dos acontecimentos significativos.

A dimensão poética própria à metáfora tem sempre sido reivindicada como essencial por Ricœur e se situa no horizonte de todos os seus trabalhos. Ao mesmo tempo que insiste sobre o círculo hermenêutico, a ligação circular que une o acreditar e o compreender, ele estabelece uma complementaridade entre a vertente criativa da metáfora e a especulativa, do conceito: "A metáfora é viva naquilo que ela inscreve o impulso da imaginação em um 'pensar mais' em nível do conceito. É essa luta pelo 'pensar mais', sob a direção do 'princípio vivificante' que é a 'alma' da interpretação" (Ricœur, 1975b:384). A criação está ligada ao trabalho especulativo e Ricœur atribui a essa emergência poética, a essa autopoesia, um lugar de fato central. Nesses tempos estruturalistas, em que tudo se resolve a partir das figuras de estilo, e notadamente de duas entre elas — a metáfora e a metonímia —, que se tornam pretexto para desenhar os limites de um cercado textual, Ricœur dedica-se ao estudo da metáfora. Esse lhe permite mostrar em que seu lugar mais íntimo remete ao conectivo do verbo "ser" e se abre para um referente, para a exterioridade da linguagem que lhe propicia desempenhar o mesmo papel tensional que a noção de verdade. Ricœur distingue um papel maior para a metáfora e ao mesmo tempo lhe impõe limites: "*Fundamentar* o que se chama verdade metafórica é também *limitar* o discurso poético" (Ricœur, 1975b:12).

Em *La métaphore vive*, Ricœur agrupa uma série de estudos que constituem um percurso coerente, segundo oito etapas que levam reflexões de ordem retórica até explicitações ontológicas. No essencial, esses estudos emanam de um seminário prestado por Ricœur no outono de 1971 no Canadá, à Universidade de Toronto, a que foi convidado pelo professor Cyrus Hamlin. Mas as investigações nesse domínio prosseguiram até a publicação em 1975 na Universidade de Lovaina, na de Nanterre, em Chicago na cadeira de John Nuveen e, enfim, em seu seminário de pesquisas fenomenológicas. Ele relembra como o gênero a que pertence a metáfora, a retórica, recaiu em desuso, apesar de Aristóteles conferir-lhe uma grande ambição, a de reger os usos da palavra pública. Ao contrário da ideia corrente de que a forma é acessória em relação à mensagem, e que relega a metáfora ao estado de ornamento gratuito do pensamento, Ricœur mostra até que ponto, em Aristóteles, a metáfora recolocada sobre o fundo da *mimesis* "participa da dupla tensão que caracteriza esta última: submissão à realidade *e* invenção fabulosa; restituição e sobrelevação" (Ricœur, 1975b:57). Desde o final de seu primeiro estudo, tratando da relação entre retórica e poética em Aristóteles, Ricœur abre a questão sobre o agir, sobre o despertar possível das capacidades enfurnadas e das capacidades dormentes da ação como lugar mesmo da função ontológica do discurso metafórico.

Ricœur se apoia na tradição retórica e essa é notadamente exemplificada pelo clássico nesse domínio que é a obra de Pierre Fontanier, datada de 1830 (Fontanier, 1968). Um dos aspectos essenciais de sua confrontação com as teses estruturalistas situa-se no deslocamento operado por Ricœur entre a semiótica da palavra e a semântica do discurso, baseado nas teses de Benveniste. A tomada em conta da teoria da enunciação de Benveniste e a concepção da unidade discursiva como central, enquanto modo de atualização da língua em palavra que faça sentido para um locutor, refletem-se em Ricœur como assimilação, realmente excepcional no contexto francês dos anos 1970, dos trabalhos da filosofia analítica anglo-saxônica. Ricœur baseia-se iterativamente nos trabalhos de Peter Frederick Strawson, John Searle, John Langshaw Austin, Ludwig Wittgenstein, Max Black, Monroe C. Beardsley, Nelson Goodman...

Metáforas devem ser contextualizadas. Elas são submetidas à usura do tempo e frequentemente recaem no senso comum. São nesse momento metáforas mortas, assimiladas, absorvidas plenamente pela linguagem, que lhes esqueceu o aspecto metafórico. Assim é, por exemplo, a expressão comum "o pé da cadeira". Da mesma maneira, "não mais percebemos 'apreender' em 'compreender'" (Ricœur, 1975b:372). Porém, quando o poeta proclama que "o tempo é um mendigo" ou que a velhice é "um fio de palha", surgem novos significados e um mundo novo parece revelar-se ao leitor diante de tais metáforas, que se podem qualificar como vivas, por sua capacidade de sacudir as convenções da linguagem e renovar a percepção. A metáfora viva não se encontra do lado da simples semelhança, ela encontra seu lugar de predileção ao distanciar-se da identificação trivial: "Somente as metáforas autênticas, isto é, as metáforas vivas, são ao mesmo tempo acontecimento e sentido" (Ricœur, 1975b:127). A metáfora é simultaneamente distanciamento e redução desse distanciamento, na medida em que traz em si o conflito entre um sentido antigo que resiste e um sentido novo que abre seu caminho por meio de sua pertinência potencial. Ainda que a metáfora possa aparecer como fusão de sentidos, ela é de fato o lugar mesmo do conflito de sentidos entre o antigo e o novo. Ricœur posiciona assim, no seio desse tropo que é a metáfora (ou seja, a figura de estilo que consiste em substituir um significado por outro significado, mantendo ambos uma relação de similitude), uma dinâmica interna de mudança e de resistência à mudança. Essa modificação de sentido é concebida por Ricœur como a réplica do discurso à ameaça de destruição que representa a impertinência semântica. É em um excesso de sentido que reside essa criatividade, sempre referida a outros mundos possíveis. A ameaça que faz pesar a destruição do primeiro sentido, o literal, deve encontrar nesse salto novos sentidos possíveis, uma saída, uma reabertura criativa. A metáfora não parte de um zero de escrita, mas de um sentido sedimentado. O novo salto recebe seu impulso do sentido anterior para inovar. A metáfora representa o caráter arbitrário da separação entre a tradição e a novidade e indica a pertinência do conceito gadameriano de tradicionalidade como tradição viva, revisitada pelas questões do presente, da modernidade. Ela tem por função exprimir a singularidade, de fazer ver, e encontra assim uma dimensão ontológica no último estudo de Ricœur, já esboçada ao final da primeira parte consagrada a Aristóteles. O discurso filosófico pode então dar conta da visada semântica do discurso poético, graças a sua capacidade reflexiva. O horizonte poético antes conduz a uma ontologia, em posição de terra prometida, que a uma base identitária. Na origem do processo de formação da metáfora, a veemência ontológica da visada semântica dispõe apenas de indicações de sentido e não de determinações de sentido.

Essa interpretação do posicionamento da metáfora dá lugar a uma troca particularmente intensa durante vários anos entre Ricœur e seu antigo assistente na Sorbonne, que se tornara nos anos 1970 um filósofo prolixo, tendo alcançado reputação internacional, Jacques Derrida (Amalric, 2006). No centro desse debate, pode-se detectar um desacordo quanto ao lugar a se conceder à posição de Heidegger sobre a dimensão poética como horizonte de dissolução do filosófico. Derrida escreve um primeiro texto sobre a metáfora em 1971, "La mythologie blanche" (Derrida, 1972a:247-324). Derrida coloca a questão de saber se a filosofia está em posição de falar da metáfora. Radicalizando a posição heideggeriana, Derrida considera que o mundo da metafísica não passa de transposição analógica do mundo sensível. Ele entende assim fazer cumprir à metáfora o papel de revelação do caráter mitológico do discurso filosófico. O *logos* não seria senão um *mythos* entre outros, de pretensões arbitrárias: "Não apenas a filosofia não é capaz de dominar a metáfora do seu interior... mas, além disso, não é nem um pouco mais viável dominar esse metafórico filosófico do exterior" (Almaric, 2006:15). O discurso da Razão ocultaria a simples transmissão de metáforas desgastadas pelo tempo e seria verdadeira mistificação. Essa demonstração inscreve-se em um vasto projeto de desconstrução dos limites do discurso filosófico e que prega sua indistinção com outros registros de discurso, notadamente ficcionais:

> A metafísica — mitologia branca que reúne e reflete a cultura do Ocidente: o homem branco toma sua própria mitologia, a indo-europeia, seu *logos*, isto é, o *mythos* de seu idioma, como forma universal do que ele deve querer ainda chamar Razão [...] Mitologia branca — a metafísica apagou em si mesma o cenário fabuloso que a produziu. [Derrida, 1972a:254]

Em 1971, o intercâmbio torna-se polêmica entre Ricœur e Derrida por ocasião do XV Congresso da Association des Sociétés de Langue Française, na Universidade de Montreal. Responsável pela conferência inaugural, Ricœur apresenta uma comunicação sobre "Discours et communication" (Ricœur, 1973a:23-48) e Derrida, por sua vez, pronuncia sua famosa conferência sobre "Signature, événement, contexte", dita SEC (Derrida, 1972b:49-76). Uma mesa-redonda reúne René Schérer,

Paul Ricœur, Jacques Derrida, Roland Blum, Gilles Lane e Henri Declève. Diante dos questionamentos críticos de Ricœur, Derrida aponta a sua intenção de destacar os impasses do método analítico aplicado à questão do discurso. Ele teria pretendido mostrar em sua conferência a que ponto Austin fracassa em sua meditação sobre a comunicação e sobre os performativos,[5] na falta de ter medido o abismo que é a incomunicabilidade. Ricœur, por sua parte, censura Derrida por proceder a uma sobrecarga dos problemas colocados pela escrita para suprir a ausência de uma teoria do sentido:

> Você permaneceu em uma semiologia, jamais em uma semântica, ou seja, em uma semiologia onde você se pergunta quais são as condições do signo; então, como elas não são satisfatórias quanto à ordem fônica, é preciso procurá-las em uma outra ordem, que são então os vestígios, o distanciamento, o espaçamento etc. [Ricœur, 1973b:393-431]

Derrida recusa-se contudo a se deixar fechar em uma semiologia que ele entende, ao contrário, como desconstruir do interior, o que ele entende praticar quanto à assinatura, distinguindo-a do nome próprio para sublinhar-lhe a característica repetível, legível, imitável, o que o leva a concluir sua comunicação por essa frase bem *seca*: "Enquanto escrita, a comunicação, se pretende ater-se à palavra, não é o meio de transporte do sentido, o intercâmbio de intenções e do querer-dizer" (Derrida, 1972b:49). Para Ricœur, ao contrário, a análise da assinatura passa por um suporte que é a construção de uma teoria do sentido e do nome próprio: "Não existe assinatura se não há nome próprio. A assinatura é a marca do nome próprio" (Ricœur, 1973b:407), e relembra a Derrida a rica literatura anglo-saxônica sobre o assunto.

---

[5] Isto é, verbos cujo enunciado constitui simultaneamente a ação que exprimem. [N. do T.]

Encontra-se a resposta de Ricœur a Derrida em *La métaphore vive* em 1975: o descontrucionismo expresso por Derrida desata para Ricœur a abertura de uma segunda frente para a qual ele sente a necessidade de aportar uma resposta, pois implica a morte da filosofia em sua singularidade e sua diluição em uma textualidade apartada de todo referente. Derrida encarna, segundo Ricœur, a ambição estruturalista de encerrar a obra literária em um cercado discursivo. A estratégia de desconstrução visa a inocular na tradição filosófica uma série de tópicos indecididos, com a finalidade de lhe fazer estremecerem as fundações e de lhe denunciar as falhas. Derrida situa sua intervenção sobre a metáfora sob o signo de Heidegger, cuja fórmula "O metafórico existe somente no interior da metafísica" é destacada como exergo de sua "Mythologie blanche". Toda a demonstração de Ricœur vai estabelecer que, não obstante a proximidade entre o especulativo e o poético, qualquer que seja a ressonância entre o dizer do poeta e a argumentação do filósofo, existe um limite a separar os dois domínios. Nesse ponto, Ricœur retoma o gesto heideggeriano que constitui também sua fonte de inspiração, porém resistindo à tentação que ele possa augurar de estabelecer indistinção: "Uma tentação que é necessário descartar, assim que se encontre de novo ameaçada a diferença entre o especulativo e o poético" (Ricœur, 1975b:393). Ricœur visa de maneira crítica essa disseminação heideggeriana por meio de Derrida. Entre Derrida e ele, Ricœur destaca principalmente a diferença de acesso ao mundo da metáfora. Enquanto todo o projeto de Ricœur consiste em desta reconhecer o caráter vivo, Derrida escolhe entrar pela porta da morte. Esse processo de erosão é especialmente danoso, pois é dissimulado pela pretensão do conceito cuja "pertinência" pretende encarnar: "Desde logo, revivificar a metáfora é desmascarar o conceito" (Ricœur, 1975b:363). A teoria defendida por Derrida é considerar que onde a metáfora se apaga o conceito metafísico se levanta. A autonomia pretendida para o conceito é totalmente ilusória, porquanto o próprio conceito é engendrado por uma metáfora: essa circularidade torna impossíveis tanto as ambições do conceito quanto o projeto de dominar a metáfora. A quintessência dessa circularidade é atingida pela famosa metáfora do sol. Segundo Ricœur, essa supervalorização das metáforas desgastadas, mortas, procede de uma semiótica que impõe o primado da denominação e assim evita todo o jogo de descartes entre pertinência e impertinência semânticas. A demonstração de Derrida recai, segundo Ricœur, na defesa do ponto de vista de Heidegger segundo o qual existe conivência entre o par metafísico do próprio e do figurado e o par metafísico do visível e do invisível. É essa conexão que Ricœur julga possível, porém não inelutável. Segundo ele, não é a metáfora que carrega o edifício da metafísica, mas esta última que instrumentaliza a metáfora.

Derrida, surpreso pela radicalidade da crítica que lhe opõe Ricœur, com quem havia sempre mantido relações de respeito e de grande estima, decide responder com igual ênfase. A ocasião que teve para isso foi um colóquio organizado na Universidade de Genebra em 1978, consagrado a "Filosofia e Metáfora", ao qual Ricœur devia estar presente. Derrida pronuncia sua conferência em 1º de junho de 1978, "Le retrait de la métaphore". Ele exprime seu desacordo, mas evita todo espírito polêmico. Todavia, ele contesta o que considera uma assimilação abusiva entre a posição de Heidegger e a sua: "Essa colocação como filial me surpreendeu". Ele recorda que todo o seu trabalho filosófico visava justamente a desconstruir os pares como o do visível e do invisível, ou o do sensível e do inteligível. Segundo ele, quando Ricœur denuncia, na analogia praticada entre o par metafórico e o par metafísico, um núcleo teórico comum a Heidegger e a Derrida, ele se engana de alvo. Essa transferência analógica não é reivindicada por Derrida, que explica, ao contrário, querer tratá-la "do modo desconstrutivo". Esse debate exprime o desacordo entre a vontade de retomada do sentido em Ricœur e o empreendimento desconstrutivista de Derrida; e, ao mesmo tempo, pode-se aí ler, com Jean-Luc Amalric, uma espécie de "cumplicidade oblíqua" entre eles na defesa da posição maior que representa aos seus olhos a imaginação na filosofia de ambos. Ricœur terá sempre por horizonte de suas posições a construção de uma poética e Derrida se engajará em uma estrutura metafórica para criar um estremecimento dos conceitos filosóficos. Em dois estilos bem contrastados, os dois filósofos estão mais próximos do que possa parecer:

Uma das características incontestáveis da obra filosófica de Ricœur é que em um sentido ela parece juntar-se em torno de uma teoria da imaginação que se esforça em pensar o poder criativo da linguagem (na metáfora e na narrativa), inventando uma articulação inédita entre a poética e a prática. [Amalric, 2006:137-138]

Um e outro se encontram na colocação em evidência do caráter aporético da questão da origem.

A importância concedida ao horizonte poético é, não obstante, comum a Ricœur e a Derrida, mas enquanto em Derrida a visada poética é fonte de desconstrução dos outros registros, em Ricœur ela é matéria para inspiração e impulso: ela acomoda domínios diversos do pensamento e da prática humanos. Encontra-se a preocupação de Ricœur em pensar em conjunto no uso da conjunção "e": o plano simbólico *e* poético, o engajamento *e* o poético, a ética *e* a poética, a comunidade, o agir *e* a poética. A perspectiva é a de uma complementaridade das abordagens, que se nutrem uma a outra sem recair em confusão entre seus respectivos métodos. Esse poder criador da imaginação, que Ricœur qualifica de "função mítico-poética" (Ricœur, 1965:522), é o próprio motor do processo pelo qual o homem sobrevém a si mesmo. Sua poética é concebida como uma poética da liberdade, aberta para o engajamento, para a ação. A conjunção procurada entre poética e ética encontra na metáfora sua expressão exemplar, enquanto lugar próprio do consenso-dissenso, coalescência do antigo e do novo, centro da emergência de questões comuns.

Ricœur preservou sempre um horizonte de expectativa para seu próprio trabalho filosófico, que é o de uma poética que ele anuncia desde sua tese como uma poética da vontade. Ele não cessa de retomar essa promessa a cada etapa de seu percurso, em *La métaphore vive*, *Du texte à l'action*, e *Temps et récit*; ele abre seus estudos para essa possível enxertia de uma abordagem poética sobre o programa fenomenológico e hermenêutico:

A conversão do imaginário, eis a visada central da poética. Por meio dela, a poética movimenta o universo sedimentado das ideias admitidas, premissas da argumentação retórica. Essa mesma irrupção do imaginário estremece simultaneamente o ordenamento da persuasão, já que se trata menos de resolver uma controvérsia que de engendrar uma nova convicção. [Ricœur, 1992e:487]

De um lado, a retórica entende impor suas regras, as da argumentação e da persuasão baseadas em premissas aceitáveis. De outro, a hermenêutica visa a interpretar sempre melhor, a partir de um imaginário preexistente. Quanto à poética, ela desloca a temporalidade em direção a "mais um passo", em direção a um futuro possível, e não hesita em derrubar a ordem das suposições admitidas, a sacudir o imaginário. Por meio da poética, o imaginário pode ser modificado. Há lugar para uma imaginação poética, e as metáforas ou as tramas narrativas refiguram um mundo habitável. A poética não tem uma função escapatória em relação ao rigor analítico. Bem ao contrário, Ricœur mostra em que a réplica entende responder às aporias da referência ao mundo da vida:

O discurso poético empresta à linguagem aspectos, qualidades, valores da realidade, que não têm acesso à linguagem diretamente descritiva e que apenas podem ser ditos graças ao jogo complexo da enunciação metafórica e da transgressão regrada dos significados usuais das palavras. [Ricœur, 1986b:24]

Da mesma maneira, Ricœur mostra a veemência da réplica que oferece a *poética da narrativa* às aporias do tempo vivido em *Temps et récit*. Ricœur retoma de Husserl a noção de "variações imaginativas", mas essas não mais se destinam a partir em busca de um invariante, são as próprias variações que servem poeticamente a fazer ver outro real ou um agir possível:

> Ficção e poesia visam o ser, não mais sob a modalidade do ser-dado, mas sob a modalidade do poder-ser. Dessa mesma forma, a realidade quotidiana é metamorfoseada em favor do que se poderia chamar de variações imaginativas que a literatura opera sobre o real. [Ricœur, 1986b:115]

A suspensão do sentido literal, da referência puramente descritiva, e do sujeito demasiado seguro de ser ele mesmo abre caminho ao trabalho ou aos jogos do sentido segundo, da referência desdobrada, ou do sujeito leitor.

A controvérsia entre Ricœur e Derrida sobre a questão da metáfora não impedirá que os dois filósofos se encontrem bem mais tarde, nos anos 1990 e 2000, em intercâmbios de maior proximidade sobre as questões da doação, do perdão, da hospitalidade. Derrida prestará uma bela homenagem a Ricœur em 2003:

> Uma última metáfora viva, no momento de assinar esse testemunho de admiração e de fidelidade. Parece-me que sempre partilhamos uma crença, um ato de fé, todos os dois, cada um de sua maneira e desde seu próprio lugar, seu lugar de nascimento, sua perspectiva (ah sim) a única porta da morte. Essa crença nos engaja, como uma palavra empenhada. [Derrida, 2004:24]

5
A confrontação com a filosofia analítica e a construção de uma hermenêutica do si mesmo pela narrativa

O aporte dos narrativistas

É nos Estados Unidos que Ricœur redige o essencial de sua grande obra: sua trilogia sobre a historicidade, *Temps et récit*, publicada em 1983 em seu primeiro tomo e em 1985 nos tomos 2 e 3. Ricœur considera *La métaphore vive* e *Temps et récit* duas obras gêmeas, certamente surgidas uma após a outra, mas concebidas em conjunto. Essa dupla concepção cuja publicação se escalona no curso de 10 anos — 1975-85 — encontra uma de suas fontes na dupla resposta-réplica que Ricœur contrapõe ao estruturalismo. Ele restitui a pertinência de um fora de texto, o referente, e de uma enunciação, portanto, de um sujeito. Com *Temps et récit*, Ricœur opõe às lógicas puramente síncronas do tempo imóvel, da temporalidade fria, das análises estruturais, a consubstancialidade de toda narrativa com suas lógicas temporais, diacrônicas. Ele sublinha que um melhor estudo das estruturas narrativas é esclarecedor para o estudo do regime da historicidade, sob a condição de não confundir em uma indistinção ontológica os discursos de ordem histórica e de ordem ficcional.

A obra *Temps et récit* reveste-se da função de alternativa em relação ao paradigma estruturalista. Adicionalmente, surge a descoberta em Chicago de toda uma epistemologia da consciência histórica, cujos trabalhos estabelecem relação entre estrutura narrativa e desenvolvimento de esquemas explicativos em história. Ricœur apoia-se nessas correntes ditas narrativistas da filosofia analítica para aportar uma resposta ainda mais amparada ao estruturalismo, que tinha por tendência limitar-se unicamente ao modelo da narrativa ficcional.

Ricœur busca também com *Temps et récit* sua confrontação com a obra de Heidegger, cuja reflexão sobre a historicidade havia contado bastante para ele. Pode-se, com efeito, detectar por detrás da trilogia de Ricœur uma forma de resposta a *Être et temps*.

Não se trata, porém, para Ricœur de hipostasiar nem a narrativa nem o tempo, mas de mostrar como o triângulo Narrativa-Tempo-Ação é de fato a última dimensão que ocupa uma posição de base, pois é no agir e no padecer que se situa a estrutura primeira do tempo, a qual não se pode exprimir senão sob a forma de narrativa. Essa ontologia do agir encontra uma de suas expressões de destaque em Ricœur na expressão da promessa. Esse tema maior permite cruzar uma palavra singular com a questão de sua inscrição temporal. Na promessa, uma palavra assume compromisso para um futuro que pressupõe que o indivíduo não se modifique entre o momento em que formula sua promessa e o momento em que a realiza. Toda dialetização do mesmo pelo outro, da constituição de si, será o objeto de *Soi-même comme un autre*, mas ela já é fonte de inspiração para uma filosofia do agir que sustenta o que não é meramente especulativo na travessia de *Temps et récit*.

Sob aparência clássica em sua maneira professoral de desenvolver a história do pensamento confrontada com o tempo desde Aristóteles, a demonstração seguida por Ricœur é completamente original. Ele descreve cenas dialógicas nas quais faz conversarem entre si autores não contemporâneos, como Agostinho e Aristóteles. Mas sobretudo são os questionamentos do século XX, seu caráter trágico, a renúncia que impõe a toda forma de teleologia e as inquietudes que daí resultam sobre a constituição de uma identidade pessoal ou coletiva, sobre o ser-conjuntamente a construir, que atravessam o desenrolar das reflexões sobre as diversas configurações do tempo na narrativa.

Essa não é a primeira intervenção de Ricœur sobre a história. Ao mesmo tempo que a linguística e a psicanálise, a história é para ele uma das três ciências humanas com as quais ele conduz um diálogo filosófico sistemático. Em 1955 ele já publicou *Histoire et vérité*, que se inicia por um estudo sobre a metodologia histórica (Ricœur, 1964e:23-44). Porém, entre os anos 1950 e os anos 1980, Ricœur descobriu toda a epistemologia histórica dos filósofos analíticos anglo-saxões. Pode-se assim medir, sobre um tema comum aos dois períodos, o percurso realizado com *Temps et récit*. Ele substitui a noção tradicional de continuidade em história pela noção mais elaborada de intriga, trama, como operação configurante da relação da narrativa com o tempo. A outra continuidade maior que acompanha seu interesse pela questão da historicidade é sua preocupação de manter unidas as duas vertentes desta, a vertente da história contada e a da história a fazer, ou seja, a articulação sobre um agir.

Ricœur já havia tratado desde os anos 1950 do problema da subjetividade em história, mostrando até que ponto a subjetividade é um agente de passagem necessário a se ter acesso à objetividade. A constituição da objetividade histórica para melhor compreender as ferramentas mentais e o comportamento dos homens do passado é assim o correlato da subjetividade histórica. Ela desemboca em uma intersubjetividade sempre aberta a novas interpretações, a novas leituras. A incompletude da objetividade histórica deixa em debate a herança histórica legada às gerações futuras, em uma busca indefinida do sentido. Todavia, ela não permite qualquer coisa, pois, graças à dissociação operada por Ricœur entre o eu de pesquisa a exaltar e o eu patético do qual é preciso desprender-se, a objetividade histórica passa de suas ilusões lógicas a sua necessária dimensão ética.

A compreensão não provém de alguma subjetividade em posição de domínio, mas da inserção no processo da transmissão. O projeto hermenêutico se atribui como ambição investir entre estes dois termos, familiaridade e estranhamento, que constituem a tradição. A descontinuidade que opõe nosso presente ao passado torna-se então o trunfo decisivo para o desenvolvimento de uma nova consciência historiográfica. É essa exigência de conceber do interior a tensão entre exterioridade e interioridade, pensada de fora e de dentro, que incitou Ricœur a procurar a superação das diversas aporias da visão puramente especulativa da temporalidade, assim como da abordagem reificante dessa visão.

O objeto essencial de *Temps et récit* é pensar sobre a articulação da clivagem entre um tempo que deve aparecer e um tempo que é concebido como condição dos fenômenos. Ricœur retoma, ampliando-a, sua reflexão sobre os regimes de historicidade, concebidos como terceiro tempo, terceiro discurso, entre a concepção puramente cosmológica do movimento temporal e uma abordagem íntima, interior, do tempo. Ricœur revisita a posição aristotélica que opõe à identificação platônica do tempo, com as revoluções dos corpos celestes, uma dissociação entre a esfera das mudanças, localizável, própria do mundo sublunar, e de outro lado um tempo imutável, uniforme, simultaneamente o mesmo em toda parte. O universo aristotélico é assim subtraído do tempo. Apenas, Aristóteles se bate contra o paradoxo de um tempo que não é movimento e do qual o movimento é uma de suas condições. Aristóteles não chega a encontrar conexão entre o tempo medido pelo Céu, à maneira de um relógio natural, e a constatação de que as coisas e os homens sofrem a ação do tempo. A essa vertente cosmológica do tempo Ricœur opõe sua vertente psicológica, íntima, segundo Santo Agostinho, que enuncia frontalmente a questão: "Que é o tempo? Se ninguém me pergunta eu sei; mas, se me perguntam e quero explicar, já não sei" (Santo Agostinho, 1964: chap. XI, p. 264). A partir do paradoxo segundo o qual o passado não mais existe e o futuro não existe ainda, como captar o que possa ser o tempo? Santo Agostinho responde voltando-se para o presente, um presente imóvel cuja temporalidade engloba a memória das coisas passadas e a espera das coisas futuras: "O presente do passado é a memória, o presente do presente é a visão, o presente do futuro é a expectativa" (Santo Agostinho, 1964: chap. XX, p. 269). Não há para Santo Agostinho nem futuro nem passado senão pelo presente. A especulação filosófica não resolve essa antinomia entre tempo cosmológico e tempo íntimo. É o que mostra Ricœur, colocando em cena outro diálogo, outra confrontação, a que opõe desta vez as teses de Kant às de Husserl, resultando uma aporia comparável: "Fenomenologia e crítica não emprestam uma à outra senão sob a condição de se excluírem uma a outra" (Ricœur, 1991f:106).

Ricœur explora a constituição da narrativa na ficção para examinar de que maneira esta realiza a configuração do tempo. No cruzamento da prefiguração com a reconfiguração do tempo, a narrativa situa-se na configuração única de um tempo liberado do arquivo documentário. Essa experiência ficcional do tempo, destacada de toda conotação local do texto, não é menos situada sob o signo mimético e corresponde ao estágio de *Mimesis II* de Aristóteles. A esse respeito, a narrativa de ficção encontra parentesco com a narrativa histórica no desdobramento de uma trama: "Nesse sentido, não temos feito senão devolver à literatura o que dela a história havia recebido emprestado" (Ricœur, 1991e:292). As fábulas do tempo exploradas por Ricœur a partir de três obras: *Mrs. Dalloway* de Virginia Woolf, *A montanha mágica* de Thomas Mann e *Em busca do tempo perdido* de Marcel Proust, funcionam graças a um fio de Ariadne que realiza a síntese temporal do heterogêneo, conseguindo pensar em conjunto uma concordância discordante em uma configuração narrativa. A confrontação dessas três obras oferece uma ideia das inúmeras possibilidades nas variações imaginativas sobre o tempo.

De um lado, com *Mrs. Dalloway*, Virginia Woolf insiste sobre a pluralidade das experiências do tempo inseridas entre o tempo monumental e o tempo mortal. O tempo é então o que torna possível a colocação em rede de consciências que permaneceram fundamentalmente solitárias: "Essa experiência do tempo não é apenas a de Clarissa, nem a de Septimus, nem a de Peter, nem a de qualquer dos personagens: ela é sugerida ao leitor pela repercussão de uma experiência solitária em outra experiência solitária" (Ricœur, 1991e:211). Com *A montanha mágica* de Thomas Mann, romance marcado pela abolição progressiva do tempo cronológico, o herói, Hans Castorp, vai ser como que aspirado no universo do sanatório. Toda a estrutura do romance está ligada a essa desconstrução temporal, em uma sequência de sete capítulos que cobrem uma duração de sete anos. Uma separação se aprofunda entre o tempo imóvel do estabelecimento em cima e o mundo dos que vivem em baixo, tomados pela agitação da vida quotidiana. Quanto a *Em busca do tempo perdido* de Proust, essa reside na tensão entre os dois focos da elipse que são, de um lado, o tempo reencontrado como suspensão do tempo, eternidade, ser extratemporal, e, de outro, o ato de reencontrar o tempo perdido. A decisão final de escrever põe fim a essa dualidade e faz advir um segundo sentido ao tempo reencontrado, o de um tempo perdido ressuscitado, fixação de um momento fugaz em uma obra durável. O romance consegue recuperar a impressão perdida graças ao uso da metáfora que torna possível a travessia da distância temporal que separa a visão de seu reconhecimento. A última palavra da obra relembra que toda essa busca tem por ambição repor os homens em seu lugar no Tempo.

Desse estudo das narrativas ficcionais emana uma *diferença* maior no tratamento do tempo, em relação à maneira pela qual ele se desdobra na narrativa histórica: "a narrativa de ficção descerra o tempo, alarga o arco de variações imaginativas; a narrativa histórica contribui para recerrar o tempo, unificando-o e homogeneizando-o" (Mongin, 1994b:156). Em outro nível, o da refiguração (*Mimesis III*), situa-se o tempo narrado do historiador, entre o tempo cósmico e o tempo íntimo. Ele reconfigura o tempo por meio de conectores específicos. Ricœur situa o discurso histórico em uma tensão que lhe é própria, entre identidade narrativa e ambição de verdade. A poética da narrativa aparece como a maneira de ultrapassar as aporias da apreensão filosófica do tempo. A esse respeito, Ricœur prefere a noção de refiguração à de referência, pois a questão é redefinir a noção mesma de "realidade" histórica a partir de conectores próprios ao terceiro-tempo histórico, que são os mais frequentemente utilizados pelos historiadores de profissão sem problematização. Entre esses conectores, de fato se encontram categorias familiares ao historiador. O de "tempo calendário é a primeira ponte estendida pela prática histórica entre o tempo vivido e o tempo cósmico" (Ricœur, 1991f:190). Ele se aproxima do tempo físico pela sua mensurabilidade e recebe auxílio do tempo vivido. O tempo calendário empresta caráter cosmológico ao tempo vivido e humaniza o tempo cósmico. A noção de geração é considerada por Ricœur uma mediação maior da prática histórica que torna possível também, conforme mostrado por Dilthey, encarnar a conexão entre tempo público e tempo privado. A noção de geração atesta a dívida, além da finitude da existência, para além da morte que separa os ancestrais dos contemporâneos. E existe, enfim, a noção de vestígio: objeto usual do historiador, materializado por documentos, arquivos, não menos enigmático e essencial para a reconfiguração do tempo. Ricœur toma emprestado a Emmanuel Levinas (1972:57-63) a expressão da significação do vestígio como perturbação de uma ordem, significante sem fazer aparecer. Mas ele inscreve também a noção de vestígio em seu lugar histórico. Essa concepção de uma ciência histórica por vestígios corresponde a seu similar referencial em uma ambivalência que resiste ao encerramento do sentido, pois o vestígio está ao mesmo tempo mergulhado no presente e é suporte de uma significação que não é mais.

O campo de investigação do que Koselleck situa como nosso espaço de experiência, ou seja, o passado tornado presente, é rico dessa noção de vestígio, simultaneamente ideal e material. Ele permite explorar o enigma do que é passado, pois o objeto memorial, em seu lugar material ou ideal, não se descreve em termos de simples representações, mas, como define Ricœur, em termos de representância ou de tenência, com isso querendo dizer que as construções da história que têm a ambição de serem reconstruções atendam a um pedido de face a face. Ricœur quer dizer que a característica passada de um objeto observado não é ela mesma observada, mas apenas memorável.

A escola francesa dos Annales nos anos 1970 tentou romper radicalmente com a narrativa. Segundo Ricœur, essa tentativa era fundamentalmente ilusória e contraditória com o projeto histórico. Sem dúvida, a escola dos Annales, ao admitir que o historiador constrói, problematiza e projeta sua subjetividade sobre seu objeto de pesquisa, parecia *a priori* aproximar-se da posição de Ricœur. Porém, na verdade, não era para adotar o ponto de vista hermenêutico da explicação abrangente. Os Annales tinham por alvo essencial a escola metódica. Tratava-se assim, ao contrário, de se distanciar do assunto para quebrar a narrativa historizante e fazer prevalecer a cientificidade de um discurso histórico renovado pelas ciências sociais, notadamente o durkheimismo. Para melhor fazer aparecer o corte epistemológico operado pelos Annales, seus iniciadores e discípulos pretenderam torcer o pescoço ao que era designado sob a forma pejorativa de história historizante, o acontecimento e sua narrativa. Houve bastantes rearranjos de objetos, uma reavaliação dos fenômenos econômicos nos anos 1930, depois uma valorização da lógica espacial nos anos 1950. Fernand Braudel denunciou o tempo curto remetido ao ilusório em relação às permanências dos grandes fundamentos da geo-história, em longo prazo. Contudo, e Ricœur bem o demonstra, as regras da escrita histórica o impediram de se movimentar na sociologia, pois a longa duração permanece duração. Braudel, como historiador, permanecia tributário de formas retóricas próprias da disciplina histórica. Contrariamente a suas proclamações tonitruantes, ele próprio perseguia em sua tese a realização de uma narrativa: "A própria noção de história de longa duração deriva do acontecimento dramático [...] isto é, do acontecimento posto como trama" (Ricœur, 1983:289). Certamente, a trama que não tem como assunto Philippe II, mas o mar Mediterrâneo, é de outro tipo, mas não se torna menos uma trama. O Mediterrâneo figura um quase personagem que conhece sua derradeira hora de glória no século XVI, antes que se assista ao movimento em direção ao Atlântico e à América, momento em que o Mediterrâneo, ao mesmo tempo, sai da grande história. A colocação em trama impõe-se, pois, a todo historiador, mesmo aquele que toma uma distância maior com a narrativa clássica de acontecimentos políticos-diplomáticos. A narração constitui, portanto, a mediação indispensável para fazer a obra histórica e conectar assim o espaço de experiência ao horizonte de expectativa a que se refere Koselleck: "Nossa hipótese de trabalho retorna assim a aderir à narrativa como guardiã do tempo, na medida em que este não seria tempo pensado, senão contado" (Ricœur, 1991f:435). A configuração do tempo passa pela narração do historiador. A configuração historiadora assim visualizada se desloca entre um espaço de experiência que evoca a multiplicidade dos percursos possíveis e um horizonte de expectativa que define um futuro tornado presente, não redutível a uma simples derivação da experiência presente. O espaço de experiência e o horizonte de expectativa, melhor que polarmente se oporem, é condicionarem-se mutuamente. A construção dessa hermenêutica do tempo histórico oferece um horizonte que não mais é tecido apenas pela finalidade científica, mas direcionado a um fazer humano, a um diálogo a ser instituído entre as gerações, um agir sobre o presente. É nessa perspectiva que convém reabrir o passado, revisitar suas potencialidades. Recusando o caráter puramente antiquário com a história, a hermenêutica histórica visa a "tornar nossas expectativas mais determinadas e nossa experiência mais indeterminada" (Ricœur, 1991f:390). O presente reocupa o passado a partir de um horizonte histórico que dele se destaca e transforma a distância temporal morta em transmissão geradora de sentido.

Ricœur concentra sua atenção sobre os processos textuais, narrativos, sintáticos pelos quais a história enuncia seu regime de verdade, utilizando-se do resultado dos trabalhos de toda a filiação narratologista, particularmente influente no mundo anglo-saxão. O desenvolvimento das teses narrativistas nutriu-se, com efeito, do *linguistic turn*, da crítica do modelo nomológico e da tomada em consideração da narrativa como acervo de saber, como desdobramento dos recursos de inteligibilidade. Os narrativistas mostraram assim a maneira pela qual a forma narrativa tem valor explicativo, e não seria pela utilização constante da conjunção "porque", a qual recobre e confunde duas funções distintas, a consecução e a consequência. As ligações cronológicas e as conexões lógicas são assim afirmadas sem serem problematizadas. Ora, convém desentremear essa senha, o "porque" usado disparatadamente. É esse trabalho sobre as capacidades explicativas próprias da narrativa que norteou a corrente narrativista. William Dray mostrou, nos anos 1950, que a ideia de causa deve ser distinta da ideia de lei no domínio da história, retomando a crítica de Hume sobre a causalidade (Dray, 1957). Ele defendeu um sistema causal irredutível a um sistema de leis, criticando ao mesmo tempo os que praticam essa redução e os que excluem toda forma de explicação. Um pouco mais tarde, Georg Henrik Von Wright (1971) preconiza um modelo misto baseado na explicação dita quase causal como a mais apropriada para a história e para as ciências humanas em geral. As relações causais são, segundo ele, estreitamente relativas ao contexto e à ação implicada em decorrência. Von Wright opõe a conexão causal não lógica, puramente externa, relativa aos estados do sistema, e a conexão lógica referente às intenções e assumindo uma forma teleológica. A ligação entre esses dois níveis heterogêneos encontra seu lugar nos traços configurantes da narrativa. De seu lado, Arthur Danto explicita diversas temporalidades no interior da narrativa histórica e põe em questão a ilusão de um passado como entidade fixa em relação à qual apenas o olhar do historiador seria móvel. Ele distingue, ao contrário, três posições temporais internas à narração (Danto, 1965). O domínio do enunciado já implica duas posições diferentes: a do acontecimento descrito e a do acontecimento em função do qual aquele é descrito. É necessário ainda acrescentar o plano de enunciação, que se situa em outra posição temporal, a do narrador. A consequência epistemológica de tal diferenciação temporal representa o paradoxo da causalidade, porquanto um acontecimento ulterior pode fazer aparecer um acontecimento anterior em situação causal. Por outro lado, a demonstração de Danto volta a considerar explicação e descrição como indistintas, sendo a história de um só suporte, segundo sua expressão. Alguns foram ainda mais longe, como Hayden White, na perspectiva de construção de uma poética da história (White, 1973), ao pressupor que o registro do historiador não é fundamentalmente diverso do da ficção no plano de sua estrutura narrativa. A história seria, assim, primeiramente escrita, artifício literário. A transição entre a narrativa e a argumentação efetua-se pela noção de inserção em trama, em intriga, segundo Hayden White.

Ricœur situa-se, portanto, bem próximo dessas teses e saúda os narrativistas por duas conquistas maiores. Em primeiro lugar, eles demonstram que "narrar é já explicar [...] O 'um pelo outro' que, segundo Aristóteles, estabelece a conexão lógica da trama é doravante o ponto de partida obrigatório de toda discussão sobre a narrativa histórica" (Ricœur, 1983:251). Em segundo lugar, à diversificação e à hierarquização dos modelos explicativos os narrativistas contrapuseram a riqueza dos recursos explicativos internos à narrativa. Todavia, e apesar desses dois avanços na compreensão do que é um discurso histórico, Paul Ricœur não compartilha as teses mais radicais dos narrativistas, quando postulam a indistinção entre história e ficção. Malgrado sua proximidade, subsiste um corte epistemológico baseado no regime de veracidade própria ao contrato do historiador com relação ao passado. Essa evocação do contrato de verdade que liga o historiador a seu objeto desde Tucídides é de primeira importância para que sejam combatidas todas as formas de falsificação e de manipulação do passado. Isso não é contraditório com o fato de se estar atento à história como escrita, como prática discursiva.

Firme defensor do regime de verdade da história, Ricœur está em desacordo com a tentativa desconstrutivista de Michel Foucault que, inspirado em Nietzsche, defende uma simples genealogia das interpretações. Recusando ao mesmo tempo a tentação positivista e a tentação genealógica, Ricœur lhes opõe uma análise da realidade histórica que ele coloca sob "o signo da 'representância' para sublinhar seu duplo estado de realidade e de ficção: uma função vicária de tenência" (Ricœur, 1994c:25). Ricœur recusa toda forma de fechamento do discurso em si mesmo.

Adicionalmente, a semântica histórica elaborada pelas correntes de filosofia analítica oferece uma melhor entrada para a esfera do agir e permite romper mais eficazmente com as concepções fisicalistas e causalistas. A constituição do acontecimento histórico torna-se assim tributária de sua disposição sob a forma de trama. Ela é a mediação que assegura a materialização do sentido da experiência humana de tempo "nos três níveis de sua prefiguração prática, de sua configuração epistêmica, e de sua reconfiguração hermenêutica" (Petit, 1991:15). A conversão em trama executa o papel de operativo, de relacionar eventos heterogêneos. Ela substitui a relação causal da explicação fisicalista.

Ricœur define os caminhos de uma hermenêutica da consciência histórica, apoiando-se fortemente nos trabalhos de Reinhart Koselleck (1990), cuja obra conhece desde o início dos anos 1970. Ricœur conhecia bem a escola de Bielefield. Por seu lado, Koselleck trabalhou com Karl Löwith (1988), do qual era assistente em Heidelberg, e que desempenhou um papel maior na abordagem da questão da temporalidade e da relação da história com o tempo. Eles organizaram seminários juntos e forjaram uma problemática comum em torno da historicidade da experiência temporal, interrogando-se sobre a própria historicidade das estruturas de temporalização. Eles se diferenciam assim de Heidegger, oferecendo um encaminhamento diverso do de *Être et temps*, exclusivamente centrado sobre estruturas a partir das quais a historicidade é pensável e remetendo a historicidade dessas estruturas a uma questão puramente ôntica (contingente). Segundo a perspectiva de Koselleck, o acontecimento situa-se em uma tensão interna entre duas categorias meta-históricas, a do espaço de experiência e a do horizonte de expectativa. Essas duas categorias tematizam um tempo histórico que se explicita na experiência concreta, com deslocamentos significativos como o da dissociação progressiva entre experiência e expectativa no mundo moderno ocidental. O sentido do acontecimento, segundo Koselleck, é constitutivo de uma estrutura antropológica da experiência temporal e de formas simbólicas historicamente instituídas. Koselleck desenvolve "uma problemática da individualização dos acontecimentos que coloca a identidade deles sob os auspícios da temporalização, da ação e da individualidade dinâmica" (Quéré, 1991:267). Ele visa um nível mais profundo que o da simples descrição, atentando às condições de possibilidade dos acontecimentos. Sua abordagem tem o mérito de mostrar a operatividade dos conceitos históricos, sua capacidade estruturante e, ao mesmo tempo, estruturada por situações singulares. Esses conceitos, portadores de experiência e de expectativa, não são simples epifenômenos de linguagem que se oponham à história "verdadeira"; eles mantêm "uma relação específica com a linguagem, a partir da qual influenciam cada situação e evento em que reajam" (Koselleck, 1990:264). Os conceitos não são nem redutíveis a alguma figura retórica, nem simples ferramental para classificação em categorias. Eles estão ancorados no campo da experiência, de onde surgiram para subsumir uma multiplicidade de significados. Pode-se afirmar então que esses conceitos alcançam a saturação do sentido da história até a realizar uma fusão total entre história e linguagem? Como Ricœur, Reinhart Koselleck não vai até esse ponto e considera, ao contrário, que os processos históricos não se limitam à dimensão discursiva: "A história jamais coincide perfeitamente com a maneira pela qual a linguagem a captura e a experiência a formula" (Koselleck, 1990:195). É, como pensa Ricœur, o campo prático que constitui o enraizamento último da atividade de temporalização.

Essa hermenêutica da consciência histórica, que se desdobra na aporia da fenomenologia do tempo, desemboca na concepção de um "tempo bifurcado" (Greisch, 1998:88-96) que remete ao *cogito* partido e designa a possibilidade de um trabalho de compreensão destinado à incompletude a partir de "mediações imperfeitas". Essa expressão de um "tempo bifurcado", utilizada por Jean Greisch para caracterizar a problemática de Ricœur, encontra-se também em Gilles Deleuze em seus estudos sobre imagem-tempo e imagem-movimento no cinema (Deleuze, 1985).

Ao final da trilogia de Ricœur, o leitor pode-se colocar, juntamente com David Carr, a questão de saber qual ramo filosófico detém a narrativa: "Trata-se de um princípio epistemológico, ou, antes, ou ao mesmo tempo, de um conceito ontológico?" (Carr, 1991:205). Em outros termos, a narrativa pertence ao modo específico do conhecimento histórico ou é constitutiva da realidade histórica visada? Revela-se por meio dessa questão toda a ambivalência fecunda do termo história que, na língua francesa, significa ao mesmo tempo o que os alemães designam por *Historie* (o que se passou) e por *Geschichte* (o discurso dos historiadores). Ora, essa distinção é retomada por Ricœur na sua diferenciação entre o plano da configuração do tempo pela narrativa, que pertence à epistemologia, e o plano da refiguração, que exprime o plano ôntico. Esses dois níveis encontram-se em coabitação no círculo hermenêutico que remete à capacidade de compreender os textos do passado e à participação, graças a esse conhecimento, nas modalidades presentes de nosso ser-no-mundo.

Ricœur não se limita, portanto, à construção de uma simples epistemologia, mesmo se essa compreende os desvios necessários da "via longa". Seu horizonte permanece o de uma ontologia, mas uma ontologia sempre concebida como "terra prometida" e não como "terra conquistada" (Greisch, 1998:95). O conhecimento da história nunca se termina segundo Ricœur, porquanto ele se abre duplamente para a afirmação de uma identidade individual ou coletiva em gestação e para uma retomada interpretativa, em processos de apropriação sempre em movimento. Ao final dos anos 1980, o estudo das ligações entrecruzadas da narrativa e do tempo conduzirá Ricœur a recolocar, à luz dos aportes dessa travessia, a questão maior, que ele de fato nunca abandonou, a da identidade pessoal, a da pessoa.

A construção de si

Com *Soi-même comme un autre*, Ricœur assinala o retorno reflexivo sobre o sujeito. Porém, esse retorno não é em nada o de um *ego* transparente a si mesmo, em posição de comando. Ele é metamorfoseado pelo extenso périplo cumprido, enriquecido de todos os longos desvios empreendidos, ao ponto de que o eu se substitua por um si que retorna "como outro". Como destaca Vincent Descombes (2004:219-228), convém estabelecer a separação entre uma filosofia do sujeito e uma filosofia da primeira pessoa que é a de Ricœur. Mais do que um novo surgimento a se acrescentar ao edifício, essa obra oferece uma visão panorâmica de toda a aventura filosófica de Ricœur. Sua gestação começa com as Gifford Lectures apresentadas na Universidade de Edimburgo em fevereiro de 1986, pouco após a publicação de *Temps et récit*: "Eu me disse que depois de tudo seria preciso que eu retomasse de frente a questão do sujeito. Isso me levou a esse percurso recapitulativo" (Ricœur, 1995b:126). A gestação do livro será longa: quatro anos. O livro, lançado na coleção "L'Ordre philosophique", é dedicado a François Wahl: "em testemunho de reconhecimento e de amizade". Antes que Ricœur sugerisse em janeiro de 1989 o título definitivo, tomado por empréstimo a Georges Bernanos, o título provisório era "Le retour à soi" ("O retorno a si").

Ele retoma uma questão central que havia deixado em suspensão ao final de *Temps et récit*, a noção maior de identidade narrativa. É esse resto que retoma Ricœur para confrontá-lo com a questão do "homem capaz", do "eu posso". É significativo de toda sua trajetória que esse retorno para o si intervenha em uma interação com o público anglo-saxão, o de Edimburgo, que encarna o outro da filosofia continental. Alguns hão de censurar Ricœur por muito sacrificar à filosofia analítica de língua inglesa, mas é a esses adeptos que ele primeiro se dirigiu para a elaboração da crítica interna. É, pois, com referência à tradição cartesiana que Ricœur vai remontar o caminho de seus estudos até reconstituir a noção de pessoa a partir de sua exterioridade, de um si mesmo que não é o eu. Ele retoma sua noção maior já formulada 40 anos antes em sua tese *Le volontaire et l'involontaire*, a do *cogito* partido". Ela permite tomar certa distância em relação ao *cogito* de Descartes, o qual tem o triplo inconveniente, segundo Ricœur, de uma pretensão ao autoposicionamento, à autofundamentação e à evidência intuitiva. A concepção cartesiana remete a um "sujeito exaltado", desprovido de ligações que o conectem a seu próprio corpo, aos outros, assim como ao mundo da linguagem e da cultura. Ricœur não adota, porém, o ponto de vista contrário, o da tradição anticartesiana que culmina com Nietzsche e que privilegia a concepção de um "sujeito humilhado", incapaz por princípio de se conhecer e de ser verdadeiramente ele mesmo, desencorajando todo esforço de apropriação do si por si. O *cogito* partido segundo Ricœur não é, portanto, um "anti-*cogito*" (Ricœur, 1990:25). Separado da intuição que lhe daria acesso imediato a seu ser, cabe ao sujeito interpretar as expressões pelas quais ele se objetiva e tomar a via mediata de uma "hermenêutica do si mesmo".

Nos contextos sucessivos do existencialismo e, a seguir, do estruturalismo, tratava-se para Ricœur de escapar à oscilação que viu o "eu" do "eu penso" a cada passo erigido em posição de comando e depois relegado ao *status* de ilusão. Se bem existe um "*cogito* ilusório" (Ricœur, 1965:410) do qual convém desconectar-se, essa "desconexão" torna ainda mais imperiosa uma correspondente "reconexão" ao "*cogito* autêntico", para o qual ela constitui um momento necessário (Ricœur, 1965:416). É esse duplo movimento que caracteriza a "hermenêutica de si mesmo" trabalhada em *Soi-même comme un autre*. Ele torna possível ao sujeito atravessar a prova da dúvida, da suspeita, mantendo-se ligado à tradição do *cogito*. Michel Foucault havia, por seu lado, feito menção a "feridas narcisistas" do sujeito e Ricœur passa, por sua vez, a noção de "*cogito* partido", bem próxima à de "*cogito* ferido". A aposta comum de ambos é dupla, ao mesmo tempo epistemológica e ontológica. Insistindo mais frequentemente sobre o caráter partido do *cogito*, às vezes inversamente sobre seu caráter ferido, Ricœur considera que a "ferida" infligida ao *cogito* atinge sobretudo a "pretensa evidência" de um pensamento que deseja saber, quando o "*cogito* partido" é o índice, no plano do pensamento, de uma "existência partida".

A pessoa aparece então ao final de uma operação de clivagem das formas de inscrição da identidade. Ricœur distingue, no curso de sua demonstração, a *mêmeté* (mesmitude) da *ipséité* (ipseidade). A mesmitude evoca o caráter do sujeito no que ele tem de imutável, à maneira de suas impressões digitais, enquanto a ipseidade remete à temporalidade, à promessa, à vontade de uma identidade mantida apesar da mudança: é a identidade em sua travessia pelas provações do tempo e do mal. "Nossa tese constante será que a identidade no sentido do *ipse* não implica assertiva alguma concernente a um pretendido núcleo não mutante da personalidade" (Ricœur, 1990:13). A ipseidade não se constrói, portanto, em uma relação analógica de exterioridade, mas em uma implicação, um verdadeiro emaranhamento com o outro. É o sentido dado ao próprio título do livro, de um si mesmo "enquanto... outro".

No cruzamento de uma dupla dialética entre o *idem* e o *ipse*, entre a ipseidade e a alteridade, encontra-se a hermenêutica do si mesmo, no interior de um percurso no qual a noção de pessoa se complexifica em cada uma das 10 escansões propostas por Ricœur. Ele retoma, a partir do diálogo com a filosofia analítica, os fundamentos filosóficos de seu próprio percurso. A arquitetura que ele oferece desdobra-se por três dimensões, de maneira sempre muito kantiana. Em primeiro lugar, ele se situa no plano da descrição da experiência, respondendo às questões "quem fala?", "quem é o agente?" sob a dupla inspiração da fenomenologia e da pragmática anglo-saxã. O segundo tempo da análise volta-se para a construção hermenêutica e interroga a identidade narrativa como fonte da identidade pessoal. Em terceiro lugar, ele elabora o que vai qualificar como "pequena ética", o nível prescritivo, e ao termo da distinção entre ética e moral ele reencontra a questão do si mesmo, renovando os laços com a tradição reflexiva na qual foi sempre reconhecido, desembocando sobre uma ontologia do agir. O percurso do si mesmo aparece então como o de uma tomada de responsabilidade, de um engajamento que suporte a travessia da experiência como modo de realização de si. Ricœur reencontra então, com a ontologia e a filosofia reflexiva, suas primeiras fontes de inspiração, Gabriel Marcel, Jean Nabert. O si constitui a esse respeito a dimensão reflexiva de todos os pronomes pessoais. Não é nem o eu, nem o tu, nem o ele, e ao mesmo tempo engloba todos como sua forma secundária. A outra vantagem da noção do si é o impossível acesso imediato a um conhecimento que só pode ser indireto. Esse conhecimento permite evitar a alternativa ruinosa entre um *ego* todo poderoso, divinizado, e um sujeito humilhado, dissolvido. Entre esses dois escolhos, Ricœur desejou rever seu próprio posicionamento. Se ele opõe a todo poder da consciência os múltiplos desvios necessários, os descentramentos indispensáveis para apreendê-lo, ele faz avançar, ante as filosofias da dúvida, a noção maior do si mesmo, a de atestação, que já havia definido em 1988 em Cerisy, como uma maneira de se situar entre fenomenologia e ontologia.

Essa construção do si mesmo efetua-se por meio de uma dialógica entre o *idem* e o *ipse*, ao curso da qual a alteridade não intervém a partir de uma exterioridade, mas é parte integrante da Ipseidade em construção. Jean Greisch define essa construção não como realização do tradicional círculo hermenêutico, mas como resultante de uma elipse: "O esquema fundamental do pensamento de Ricœur não é o círculo, mas a elipse" (Greisch, 2010:24). Não apenas Ricœur mantém a tensão entre os dois polos de aporias que interroga, mas acentua a tensão entre esses dois focos até aos limites da ruptura, forçando-os até ao extremo de sua lógica. Ele se junta assim ao encaminhamento de Schleiermacher, que reivindica essa maneira de pensar entre duas águas, o que ele propõe em seu diálogo com Jacobi:

> A oscilação é a forma geral da existência finita e, ao fim de tudo, há a consciência imediata de que são apenas os dois focos de minha própria elipse que produzem esse equilíbrio flutuante, e nesse equilíbrio eu encerro toda a plenitude de minha vida terrestre. [Schleiermacher a Jacobi, 30 mar. 1818, apud Greisch, 2010:26]

Ele evocará mesmo, a propósito dessa elipse, o fato de que ela constitui um verdadeiro campo magnético que põe em tensão nossa própria vida. É essa mesma tensão que Ricœur vai viver ao extremo.

A hermenêutica do si mesmo, segundo Ricœur, pode pretender manter igual distância do *cogito* exaltado por Descartes e do *cogito* proclamado decaído por Nietzsche. A atestação de si como ser que age e sofre se deixa então exprimir pelo ângulo do testemunho e, a esse título, "permanece como último recurso contra toda dúvida" (Ricœur, 1990:35).

A atestação ocupa um lugar de destaque na demonstração de Ricœur, como ele próprio discretamente assinala em sua obra ao precisar que o termo atestação é a senha para todo o livro. Ricœur, ao longo de seus dez estudos fragmentários, estabelece o luto de toda posição fundacional do sujeito e desloca o problema. Ao situar essa noção no centro de sua demonstração do que é a ipseidade, Ricœur entende fazer compreender que nada se pode provar de definitivo nessa ordem. Tropeça-se inexoravelmente na prova impossível segundo a qual se encontraria sua identidade em tal ou tal modo de ser. Em contrapartida, o que é possível atestar encontra-se no ato de confiança que o indivíduo investe no agir, tanto diante de si mesmo quanto diante do outro. A atestação implica um momento de crença que escapa ao dilema entre *doxa* e *episteme*. É essa crença, como forma de confiança, de *fiança*, que impede o *cogito* ferido de naufragar como *cogito* partido sob o efeito da dúvida. O ser-si-mesmo define-se assim, ao termo do percurso, como um engajamento ontológico da atestação, sempre em posição de terra prometida, de horizonte de expectativa.

Ricœur envolve-se na controvérsia sobre o tema da atestação entre os que lhe parecem os mais interessantes dos representantes da filosofia analítica. Notadamente é o caso com Donald Davidson, que lhe permitiu nutrir a reflexão sobre as ciências cognitivas sobre a ação por um retorno às "próprias coisas". Entre a interpretação da ação tal como a entende Ricœur e a interpretação "radical" de Davidson, há mais que simples nuanças, bastantes diferenças importantes de perspectiva. Ricœur discute as teses de Davidson em *Soi-même comme un autre*. Inicialmente, ele o saúda pelo notável rigor com que Davidson realiza uma dupla redução, lógica e ontológica, que o leva a ver na ação uma subclasse de eventos dependente de uma ontologia do evento impessoal (Davidson, 1980b). A explicação causal tem, pois, por função integrar as ações em uma ontologia que erige a noção de evento ao mesmo nível que a de substância. A demonstração de Davidson em 1963 (Davidson, 1980a:3-19) consiste em mostrar que a explicação que invoca razões se aparenta com uma explicação causal, o que não necessariamente remete a uma concepção nomológica. Essa relação interna descrição/explicação que rege os eventos singulares interconecta, aliás, as posições de Ricœur desenvolvidas no primeiro tomo de *Temps et récit*. Porém, falta a Davidson a dimensão fenomenológica da orientação consciente por um agente capaz de viver como responsável por seus atos. Ele atenua ao mesmo tempo o caráter temporal da intencionalidade e a referência ao agente. É essa a crítica maior que formula Ricœur à posição de Davidson, a de ocultar a autoria da ação a seu agente.

Ricœur discute as posições inspiradas por Wittgenstein e expressas por Elisabeth Anscombe (1957), ao lhes contrapor como essencial os argumentos da fenomenologia husserliana. Essa colocação em prova da semântica da ação passa pelo fato de enunciar o enigma da relação entre a ação e seu agente. Essas duas entidades pertencem ao mesmo horizonte conceitual que recobre várias noções: as de circunstância, de intenção, de motivação, de deliberação, de moção voluntária ou involuntária... A posição wittgensteiniana de Elisabeth Anscombe, que distingue os jogos de linguagem e tenta referenciar os diversos registros, diferenciando causalidade e motivação na ação, é porém qualificada por Ricœur como impressionismo conceitual. Elisabeth Anscombe retoma o conceito central da fenomenologia, a intenção, mas não no sentido husserliano de transcendência a si mesma de uma consciência. Desprezando a perspectiva da interioridade, ela não admite critérios discriminantes que não os do espaço linguístico público observável. Ela distingue dois jogos de linguagem diferentes: o do registro da ação no qual motivo e projeto estão ligados, e o registro da causalidade, que traduz uma distinção puramente lógica. Haveria uma ordem da causalidade e uma ordem da motivação. Essa dicotomia é artificial, segundo Ricœur. Ela tem, certamente, o mérito de pretender pacificar um problema, porém ela acaba por volatilizá-lo. A recusa dessa distinção, que reflete a recusa da dicotomia explicação/compreensão, permite a Ricœur fazer convergir o paradigma textual e o paradigma da ação, conforme já havia mostrado em *Du texte à l'action*. A restrição descritiva que se impõe a filosofia analítica, à diferença da orientação fenomenológica, destaca-se da questão "Quem?", escondendo assim os problemas aferentes à atestação. Ora, a atestação escapa à visão e, portanto, ao paradigma exclusivamente descritivo. Assim, Elisabeth Anscombe fracassa em levar em conta o emprego da intencionalidade tal como o entendiam Brentano e Husserl, no sentido de: "intenção de...".

Esse sujeito engajado na experiência histórica, confrontado em sua relação com o outro e com o tempo, na provação da promessa assumida como identidade sob a forma de ipseidade, pode ser comparado com a maneira pela qual Dilthey define a experiência vivida ao longo do processo de anamnese. A intuição do curso da vida significa para Dilthey o paradigma de uma totalidade dotada de sentido. É na biografia individual que Dilthey mapeia esse todo significante: "As componentes, as regularidades, as relações que constituem a intuição do curso da vida estão todas compreendidas na própria vida" (Dilthey, 1988:95). Em sua demonstração, Dilthey quer mostrar que o ser humano é finito. A finitude faz dele um ser afetado. Ora, essa situação de ser afetado atualiza-se em um presente como o último relâmpago que reassenta sem cessar as reconstruções sucessivas de uma vida. A ipseidade segundo Ricœur, como de travessia do outro, não está longe dessa abordagem de Dilthey e se mantém a boa distância de toda tentação objetivante ou solipsista do sujeito, graças à sustentação do diálogo hermenêutico.

Em *Soi-même comme un autre*, partindo da relativa decepção experimentada ante a interpretação heideggeriana, Ricœur diz encontrar no *conatus* de Spinoza a conexão eficaz entre a fenomenologia do si mesmo e o fundo efetivo no qual se destaca a ipseidade. Ele encontra em Spinoza o poder do agir como o comprova de ponta a ponta a Ética. O *conatus* é o esforço por perseverar no ser e converge, portanto, com a ideia em Ricœur da promessa mantida, do agir malgrado..., apesar de..., que faz a unidade do homem, sua identidade. Esse poder de agir é um poder compartilhado tanto por Ricœur como por Spinoza. A relação e a dialógica são colocadas na partida do ser. Sem dúvida, Ricœur não encontra em Spinoza o equivalente a uma reflexão sobre o mal radical, como em Kant, mas em sua jornada pessoal sobre o mal absoluto Ricœur apropria--se dos recursos de restauração do poder de agir, de uma preservação do "homem capaz". Ricœur convida a aprofundar essa questão, a apropriar--se dela para pensá-la em sua modernidade, quando expressa esse desejo: "Bem-vindo seria o pensador que soubesse conduzir a reapropriação 'spinozista' da *energeia* aristotélica a um nível comparável ao que atingiram agora as reapropriações 'heideggerianas' da ontologia aristotélica" (Ricœur, 1990:367). Certamente, a reflexão sobre a ipseidade não suporta ainda o outro e Spinoza propõe a visão de um mundo demasiado pleno, onde o mal, a culpa, o outro não têm espaço. Mas ele constitui um intermediário essencial, que permite abastecer-se da potência do ato e perseverar no ser. Com a ontologia, Ricœur reencontra o que sempre sustentou: a afirmação original da tradição reflexiva transformada pela negatividade, pela dúvida. É, portanto, por uma afirmação mediante a negação que o si mesmo, segundo Ricœur, existe em sua abertura ao mundo, tendo tido acesso ao final do percurso ao que ele havia anteriormente chamado a segunda inocência de um indivíduo exposto à aleatoriedade da história e que, porém, deve pensar sua existência segundo um caminho que lhe seja singular.

6
Uma filosofia do homem capaz

O social e o próximo

O grande fio condutor de todo o pensamento de Ricœur é a interrogação sobre aquilo de que o homem é capaz. Nos anos 1950, ele escreve um texto significativo sobre essa questão, "Le socius et le prochain" (Ricœur, 1955). Ele se surpreende pelo fato de que não exista uma sociologia do próximo e decide interrogar-se acerca da fronteira entre a sociologia das relações humanas e a teologia da caridade, para assentar as bases, senão de uma sociologia do próximo, ao menos de "uma sociologia *a partir* da fronteira do próximo" (Ricœur, 1955:99). A demonstração que elabora visa a tornar evidente que não se pode contentar com a caridade cristã clássica e considerar que o que lhe seja exterior não interesse ao próximo, pois este participaria de outro mundo, o da economia, do social, do político. Ricœur requestiona frontalmente a famosa separação dos dois mundos, dos dois reinos, e toma como ponto de partida de sua reflexão a parábola do Bom Samaritano, tocado pela compaixão diante do homem saqueado por ladrões em seu caminho entre Jerusalém e Jericó. Ele repõe a questão tal como a deslocou Jesus, para saber não o que, frente a frente, possa ser considerado como próximo, mas para saber quem parece ter-se comportado como próximo, quem teve a atitude de ajuda na adversidade. Refletindo sobre essa parábola, Ricœur mostra que o próximo não pertence a uma categoria objetiva da população, atribuível a um lugar, a um povo, a uma raça, por qualquer disciplina científica. Ele visualiza todas as consequências a extrair da inversão praticada por Jesus, ao considerar que o próximo é sobretudo um encontro com o outro, uma atitude, um comportamento, uma ação, uma práxis. A sociedade moderna tem a tendência de fazer prevalecerem as relações humanas com base em suas mediações sociais, institucionais, impondo um *socius* cada vez mais distante do próximo. Nesse ritmo, torna-se necessário escolher entre o próximo e o *socius*, lamenta Ricœur, que constata a rejeição ao limbo por uma compreensão arcaica da parábola do Samaritano. Haveria, portanto, um mundo clivado entre o próximo, originário do mito, e o social, encarnação da história e da modernidade. É a essa separação que se atém Ricœur ao se propor pensar em conjunto essas duas dimensões como as duas faces da mesma caridade. Se não resta dúvida, enquanto cristão, sobre rejeitar como expressão de uma mentalidade ancestral a parábola do Samaritano, não há dúvida também, enquanto indivíduo comprometido com a história, com a sociedade, sobre negligenciar as relações sociais e políticas ao considerá-las como um anexo de outro mundo que não o mundo cristão. Ele afirma, portanto, que é um mesmo movimento que faz amar seus próprios filhos e ocupar-se dos problemas dos filhos dos outros. O engajamento no mundo, a recusa de murar dois reinos — o do mundo secularizado e o da vida espiritual — é bem da tradição calvinista a que pertence Ricœur. Ele se engaja com a vigilância do cristão quanto à evolução do mundo moderno: não incriminando a máquina, as técnicas ou os aparelhos administrativos do Estado, mas situando o mal no uso que faz o homem desses instrumentos. Ricœur não convida a uma atitude nostálgica, naturalista. Sua reflexão sobre o próximo permite recarregar o social do sentido da caridade e encontrar assim o acesso à pessoa, no mais das vezes mascarado pelo anonimato de relações funcionalizadas. À maneira de Kant, falando de acordar de seu sono dogmático, Ricœur percebe nas falhas das ligações sociais oportunidades privilegiadas para observar o despertar do sono tecnocrático ou institucional. O Samaritano, ao mesmo tempo próximo, porque se curva sobre o homem despojado de seus bens, e distante, porque não judeu, e que porém se importa com a sorte de um desconhecido, mostra assim o caminho de uma dialética possível das relações do social com o próximo.

O trabalho e/ou a palavra

No mesmo momento, outra intervenção de Ricœur sobre o social vai-se mostrar decisiva, dessa vez no contexto de um debate interno à revista *Esprit*: trata-se de seu artigo "Travail et parole" de 1953 (Ricœur, 1964f:210-233). O debate sobre a noção de civilização do trabalho recobre uma dupla dimensão. Por um lado, um problema de liderança na equipe da *Esprit* após o desaparecimento em 1950 de Emmanuel Mounier. Por outro, consequente a uma reflexão sobre a noção de trabalho, certo número de incentivadores da revista anuncia uma inflexão da linha da *Esprit*, uma ruptura com o companheirismo praticado no pós-guerra com o PCF. Prenunciam-se desse modo os anos preparatórios da virada que vai ocorrer em 1957, quando Jean-Marie Domenach assume a direção da revista.

Os principais centros envolvidos na elaboração do conceito de civilização do trabalho foram Lyon e Grenoble. Intelectuais progressistas cristãos fomentaram a criação de organizações capazes de auxiliar os operários em uma dinâmica unitária, ao terminar a resistência. Os grupos da *Esprit* incentivam encontros, debates e militância social: em Lyon em torno do filósofo Jean Lacroix e em Grenoble em torno do economista Henri Bartoli. Este último define uma linha de ação decorrente de uma perspectiva de futuro intitulada "Rumo a uma civilização do trabalho" (Bartoli, 1952). Essa mobilização em prol de uma civilização do trabalho inspira-se em muito em uma crítica marxista da alienação, assim como nas teses teológicas do padre Chenu, segundo as quais é pelo trabalho que o homem dá prosseguimento à obra divina de recriação do mundo. O tema da civilização do trabalho é assim lançado como peça central pelos cristãos progressistas do sudeste.

É nesse contexto que intervém Ricœur na revista *Esprit*. Sua contribuição ao debate consiste em apoiar-se nas teses de Bartoli, aceitando-lhes a validade, mas a fim de mostrar que o tema do trabalho não é o bastante e que não pode ser tomado como libertador senão mediante a condição de se lhe acrescentar a dimensão da palavra. A intervenção de Ricœur situa-se no cerne de uma inquietação nele suscitada pela noção de civilização do trabalho, à qual, porém, ele adere sem reservas: "A descoberta ou a redescoberta do homem como trabalhador é um dos grandes feitos do pensamento contemporâneo" (Ricœur, 1964f:211). Em contrapartida, reage contra o que pode tornar-se uma senha, uma noção esvaziada de seu conteúdo se ela pretender significar a totalidade humana. Ricœur entende, pois, restituir o que constitui o outro lado do trabalho e que, no entanto, lhe permeia a realização. Ele o reconhece na dimensão da palavra: "A palavra será para nós esse outro elemento — esse outro entre outros — que justifica e que contesta a glória do trabalho" (Ricœur, 1964f:213). Ricœur procede a um verdadeiro elogio da palavra. Já em 1953, antes de descobrir a filosofia analítica americana, ele se torna defensor de uma interpretação pragmática da linguagem, valorizando a ligação entre palavra e práxis, como título de uma parte de seu artigo, "Fazer e dizer", prelúdio do futuro *Dizer é fazer* de Austin. A palavra precede todo gesto. Ela tem o poder de lhe dar significado, na medida em que seu sentido deve ser compreendido como o que está a ser feito. Mas a palavra não é apenas a impulsão ao encontro do trabalho, ela situa-se a montante de sua tomada reflexiva; ela abre espaço para uma distância crítica necessária a se colocar a questão do sentido do trabalho. A palavra é também o vetor do diálogo entre os homens que penetra e excede o mundo do trabalho, e pode abrir novas possibilidades graças à expressão de dúvida, a qual, por definição, é dirigida a um outro. Ricœur assume a definição que Bartoli propõe de civilização do trabalho como impondo o predomínio da categoria econômico-social. Essa concepção encerra uma dimensão crítica contra o fetichismo do dinheiro, implicando assim uma luta pela racionalização e uma humanização dos mecanismos econômicos, assim como uma assunção de responsabilidades pelos próprios trabalhadores na gestão das empresas, estabelecendo-se assim uma verdadeira democracia interna nos locais de trabalho. Essas são as prioridades definidas por Bartoli. A palavra deve também investir o campo do espaço público e, a esse respeito, o Estado, da responsabilidade de orquestrar a democracia política, levando os homens a se falarem, a dialogar. Cabe ao Estado democrático, se deseja evitar os excessos observados, suscitar espaços próprios à tomada da palavra, à deliberação. Assim os políticos podem ser levados a não se dedicarem às gemônias, "podem ser reconduzidos à racionalidade, ainda que um tanto submetidos ao império da publicidade, sob o regime positivo do compartilhamento das palavras e das ações políticas" (Portier, 2010:198).

No domínio do pensamento do trabalho, Ricœur põe-se em guarda contra os riscos de mistificação inerentes à ideia de que o trabalho seria o único horizonte da condição humana. A fetichização ou a transformação em ídolo dessa noção de trabalho pode ter por efeito celebrar o empreendimento técnico como superior ao homem, e pode assim levar ao engajamento em uma dinâmica de pura rentabilização negadora da dimensão humana. Tanto a experiência da revolução industrial na Europa Ocidental no século XIX quanto o stakhanovismo na União Soviética justificam as prevenções de Ricœur. A dialética do trabalho e da palavra pode evitar essa eventual alienação. A palavra tem o poder de quebrar a monotonia do trabalho taylorizado, de dar acesso a uma visão de conjunto das operações de produção e de conferir um sentido global ao trabalho em migalhas. Por outro lado, a civilização do trabalho voltou-se para a troca de palavras pelo espaço crescente que nela ocupa o lazer. O trabalho é como que dirigido à criação, a uma poética, portanto à palavra, e isso explica, segundo Ricœur, que toda civilização humana será ao mesmo tempo uma civilização do trabalho e uma civilização da palavra. O trabalho deve permanecer irrigado pela palavra gratuita.

Essa intervenção de Ricœur, tecida em nuanças, permite abastecer de munições Jean-Marie Domenach, que considera em meados dos anos 1950 ser necessário empreender uma evolução interna da sociedade francesa que torne obsoletas as perspectivas revolucionárias e mais plausíveis as transformações por reformas de uma sociedade que se tornou de consumo. Por sua intervenção, Ricœur se livra do lado demiúrgico atribuído ao homem criador em seu trabalho. Por detrás desse debate entre duas correntes internas à revista *Esprit*, perfila-se também um problema de direção. Na oportunidade das oscilações que se seguiram ao desaparecimento de Mounier, uma equipe garantia a direção efetiva sob a justificativa de guarda da autoridade do sucessor de Mounier, o qual se optou por procurar fora da revista. A conclusão desse debate e desse conflito interno desembocará na virada de 1957, que verá triunfar no seio da revista *Esprit* as teses de Domenach.

O paradoxo político

Para Ricœur, como para Mounier, o acontecimento é seu mestre interior e o intelectual deve fazer frente ao que seu surgimento possa trazer de enigmático. Em 1956, um acontecimento estremece os intelectuais engajados no combate socialista: os tanques soviéticos investem contra Budapeste e reprimem sangrentamente a resistência húngara. No mesmo ano, o governo francês, dirigido pelo secretário-geral da Section Française de l'Internationale Ouvrière (SFIO), Guy Mollet, engaja-se na louca expedição de Suez que resulta em lamentável fracasso e em durável descrédito. Diante de um horizonte político opaco e desesperador, é grande a tentação de cultivar seu jardim. É nesse contexto que intervém Ricœur, quase que em plena crise, em 1957, em um texto que tenta explicar os desastres do presente, mas preservando o imperativo categórico de um pensamento e de uma prática políticos (Ricœur, 1964d:260-285).

A força simbólica da intervenção soviética em Budapeste abala mesmo aqueles que já não têm ilusões sobre o que se passa do outro lado da Cortina de Ferro. Estaria a esperança definitivamente morta? Albert Béguin redige um editorial para a *Esprit* no qual a contestação dos regimes das democracias populares descortina uma visão crítica do marxismo: "Transparece de forma evidente que os homens da Hungria, assim como os operários de Berlim e de Poznam, se rebelaram contra formas de opressão que não remontam à alienação econômica tal como definida pelo gênio de Marx" (Béguin, 1956). É um grito de revolta em meio aos acontecimentos, mas Béguin prenuncia uma reflexão coletiva e um aprofundamento da análise sobre o que se passou. O grupo de filosofia da *Esprit* se reúne e Ricœur o orienta para uma reflexão sobre o político. Os fatos parecem assinalar o fim do político, a morte das esperanças. Para reagir a essa situação, empreende-se uma reflexão coletiva de um ano que resulta no texto capital "O paradoxo político". Essa disponibilidade para o acontecimento como pedra angular da reflexão filosófica é em Ricœur um traço herdado de Mounier. Texto fundamental, a importância dessa intervenção de Ricœur será "reconhecida tardiamente: ele foi lido e relido no fim dos anos setenta, depois que a crítica dos totalitarismos contribuiu para imprimir um novo impulso ao pensamento político contemporâneo" (Mongin, 1994b:89).

Ricœur é especial e profundamente afetado pelo que Budapeste põe em questão, pela sua radicalidade e sua subitaneidade:

> O ocorrido em Budapeste, como todo acontecimento digno desse nome, tem uma força indefinida de um choque, tendo-nos tocado e sacudido em vários níveis de nós mesmos: em nível da sensibilidade histórica mordida pelo inesperado; em nível de estimativa política

em médio prazo; em nível da reflexão durável sobre as estruturas políticas da existência humana. Seria necessário sempre ir e vir de um a outro desses expoentes do acontecido. [Ricœur, 1964d:260]

Ricœur constrói o conceito de paradoxo como instrumento heurístico na análise da natureza do poder político. Este se situa no centro de uma tensão vivida entre uma dupla dimensão positiva, libertadora, encarnando a humanidade do homem, e sua dimensão negativa de paixão pelo poder, pela dominação, pela servidão. Ricœur assume a reflexão sobre o político como pertencente à categoria antropológica geral do paradoxo. Essa forma tensiva do paradoxo político permite a Ricœur recusar a alternativa a que convida a tradição filosófica, entre os pensadores que amplificam a capacidade racional e libertadora do Estado, e a corrente inversa que não vê no poder senão mentira e manipulação:

> É preciso resistir à tentação de opor dois estilos de reflexão política, um que sobrelevaria a racionalidade do político, como em Aristóteles, Rousseau, Hegel, e outro que enfatizaria a violência e a mentira do poder, segundo a crítica platônica do "tirano", a apologia maquiavélica do "príncipe" e a crítica marxista da "alienação política". [Ricœur, 1964d:262]

Deve-se refletir sobre a política nessa dupla dimensão. As desventuras históricas prendem-se ao fato de que o pensamento em extremos não permitiu interconectar esses dois aspectos contraditórios e incontornáveis para conter o caráter negativo que trabalha por dentro da afirmação de racionalidade do Estado. Contudo, Ricœur não concebe esses dois polos como simétricos um do outro. Ele adapta o "quanto mais" de São Paulo ao político, ao privilegiar a imagem da racionalidade humana que o poder encarna. Tanto quanto Ricœur havia desenvolvido uma crítica dos empreendimentos reducionistas a propósito da vontade, ele reafirma a autonomia da dimensão do político, notadamente com relação às análises economicistas de orientação marxista, que tendem a enxergar apenas o reflexo das relações sociais de produção. Apenas a tomada em consideração da especificidade da dimensão política permite encontrar a teleologia que a anima e que contribui para a humanidade do homem. É esse impulso primeiro, esse pacto original, inacessível, esse contrato social imaginário que, ainda assim, é o constitutivo de uma comunidade humana, de uma vontade coletiva de viver em conjunto. E, todavia, é também, paradoxalmente, por essa relação com a idealidade que a mentira pode infiltrar-se no político. Porém, "antes de ser a hipocrisia por detrás da qual se esconde a exploração do homem pelo homem, a igualdade perante a lei, a igualdade ideal de cada um perante todos, está a *verdade* do político. É ela que faz a *realidade* do Estado" (Ricœur, 1964d:26-266). Ricœur encara de modo frontal o problema da alienação política, do mal relacionado com a paixão pelo poder, a ponto de alguns aí perceberem uma supervalorização dessa dimensão negativa. Pode-se objetar que a ambivalência advinda do político, a assimetria em favor de sua dimensão positiva e a vigilância no plano do agir que o retorno possível de seu sentido primeiro implica, é a condição mesma de uma filosofia política. Em Ricœur, essa é voltada para a dimensão pragmática da racionalidade de um Estado que deve gerar os processos necessários ao controle de suas propensões ao desmesurado, e ela requer, portanto, uma vigilância democrática e plural constante. Não apenas essa filosofia política resulta na ação, mas fornece argumentos para resistir às teses sobre o absurdo das jogadas políticas. O contrassenso torna-se a tentação de um número crescente de intelectuais desiludidos, curvando-se ao desengajamento ou dedicando-se para trabalhos científicos à abstração do político, preservados de seu poder "malfeitor". A insistência sobre a realidade paradoxal do político é também uma posição de guarda contra a superestima absoluta dessa dimensão por aqueles que pensam que ela é capaz de tudo resolver pela sua capacidade de racionalizar, sistematizar e uniformizar.

A ambivalência e o paradoxo político que havia situado no plano do poder do Estado em 1957 são a seguir concebidos por Ricœur em nível do espaço público. Ele adere aqui à concepção arendtiana da comunidade política como expressão desse espaço, e compartilha com ela sua desconfiança com respeito à "pretensão científica de uma crítica que se acreditaria superior à prática, isto é, em última instância, ao intercâmbio público de opiniões" (Ricœur, 1991d:35). Ricœur dá razão a Arendt ante as acusações levantadas contra ela por Habermas, quando este a censura por se entrincheirar em uma legitimação do poder fundamentada na tradição: "Em Arendt não se pode falar de autoridade da tradição, mas de *tradição da autoridade*" (Ricœur, 1991d:41). A autoridade é um dos conceitos-chave de Hanna Arendt, cuja realização ela reconhece na Roma Antiga, mas não na Grécia Clássica. O fracasso dos filósofos gregos em seu esforço de legitimização filosófica do poder é imputável ao fato de que não souberam partir da efetiva prática cidadã. A defesa da ideia de autoridade responde ao caráter puramente transitório, efêmero do poder. Ela permite garantir a durabilidade, a inscrição no tempo da ação política, ao lhe conferir legitimidade. A autoridade é aquele suposto sempre ali que não é nomeado, nem mesmo designado. A autoridade se manifesta, com efeito, em seu traço narrativo. Ela é, a esse respeito, um conceito mediador essencial para designar um poder sempre tenso entre violência e consentimento. A história é para Arendt, como para Ricœur, antes de tudo narrativa, tempo relatado, mediação obrigatória entre o tempo íntimo psicológico e o tempo cosmológico mensurável e uniforme.

O prefácio de Ricœur a *Condition de l'homme moderne* de Arendt revela seu interesse por um pensamento que toma o contrapé da tradição da filosofia política. Até então, havia-se sempre pensado o político em termos de dominação, de comando, de obediência. O que o seduz em Arendt é a inversão que ela realiza para situar o político no centro do agir, do ser-conjuntamente em uma dimensão não mais vertical, mas horizontal. Ao contrário de Marx, que buscava pela economia estabelecer uma indistinção entre a esfera privada e a esfera pública, Arendt considera que o econômico deve permanecer ligado ao plano domiciliar, a um domínio privado bem distinto do espaço público que especifica a instância política, sendo, portanto, o local por excelência desse ser-conjuntamente, desse conviver...

Em sua reflexão sobre o político, Ricœur cruza também com a obra do filósofo hegeliano Éric Weil. Em 1957, ele faz o elogio de sua *Filosofia política* na *Esprit*, pouco após a publicação de seu texto sobre "o paradoxo político". Éric Weil desenvolve o estudo da ação humana sensata enquanto política. Em uma tradição bem hegeliana, trata-se de fazer coincidirem o histórico e o racional. A definição de Weil para o Estado preserva a autonomia do político: "O Estado é a organização de uma comunidade histórica" (Weil apud Ricœur, 1991b:100). Weil mapeia um paradoxo próprio ao Estado moderno. Este se baseia na luta para domar a natureza e impor o primado de uma racionalidade calculista. Nesse ponto, ele foi brilhantemente exitoso; porém, malgrado esse sucesso, "o indivíduo na sociedade moderna é essencialmente insatisfeito" (Weil, 1956:93). Na origem dessa insatisfação, encontra-se o problema do sentido, de uma crescente opacidade sobre o porquê desse esforço de dominação da natureza. Já não são percebidas as finalidades, nem o que anima fundamentalmente o processo histórico. Essa insatisfação é a expressão do que não foi substituído pelas motivações da modernidade, qual seja, o antigo sagrado que não quer morrer. A comunidade histórica resiste à sociedade industrial e o mal-estar sentido pelo indivíduo é o vestígio de um fenômeno coletivo que engaja toda a comunidade histórica. Ricœur reprova, todavia, Éric Weil por evitar, em sua definição de Estado como encarnação da comunidade e portador do universal concreto, a dimensão da violência, do arbitrário que ele pode representar e que é consubstancial a seu ser: "É o que eu denominei anteriormente o *paradoxo político*; toda a análise de Éric Weil tende a evitar esse paradoxo, restringindo-se a um formalismo político" (Ricœur, 1991b:106).

O otimismo de Weil, creditando ao Estado moderno a capacidade de reduzir progressivamente a violência e de avançar em sua tarefa educativa, é compartilhado por Ricœur, que o apoia na demonstração segundo a qual um Estado cada vez mais calculista tende a eliminar os riscos de conflagração mundial, em razão mesmo de seus interesses singulares. Contudo, sem opor-se a Weil, Ricœur prefere segui-lo acrescentando-lhe o *Essai sur le mal* de Nabert, pois uma reflexão sobre o mal permite um aprofundamento da filosofia política em duas direções. De um lado, ela ultrapassa a redução do mal a uma escala puramente individual ou contingente, ao situar o efeito do mal na escala da realidade histórica, inclusive na própria natureza do Estado. De outro lado, a reflexão sobre o mal permite revelar um desejo de justificação que requeira uma regeneração do eu. Ora, é esse desejo que pode tornar-se fonte dessa liberdade razoável.

Sob essas três formas, o societário com "Le socius et le prochain", a comunicação com "Le travail et la parole" e o político com a figura do paradoxo, Ricœur questiona a cada vez a potencialidade do homem. Esse é o ponto dominante de seu pensamento, com a preocupação constante de defender a possibilidade de o homem ser capaz de escapar a todas as formas de constrangimento e determinismo. O senso comum tem a tendência de confundir a pessoa com as capacidades que lhe faltam quando é considerada "incapaz". Se essa confusão provém, no mais das vezes, de observações empíricas atestadas, não é menos verdadeiro que a identidade de um indivíduo não é, como a das coisas, função da posse de certas propriedades, ela é relativa ao exercício de certas capacidades. A questão *Quem?* permanece vaga enquanto ela não significa mais precisamente: Quem fala? Quem age? Quem narra? Quem é responsável? Ora, essas questões, por sua vez, implicam a atribuição singular de determinados poderes — de falar, de agir, de narrar, de assumir seus próprios atos. Todos esses atributos constituem o conjunto do "homem capaz". O julgamento de incapacidade não faz sentido, aliás, senão porque o homem julgado haveria antes sido presumido capaz. Esse homem capaz não é nada menos, com efeito, que um "homem falível": é um homem também capaz de fazer errado. É esse homem que Ricœur questiona em suas falhas ao dialetizar voluntário e involuntário em sua tese. Ele não cessará em seguida de explorar essa temática do homem capaz espicaçado sem cessar por seu caráter falível. Apenas mais tarde, em sua obra final *Parcours de la reconnaissance*, que Ricœur expõe, dessa vez de forma plena, uma hermenêutica do homem capaz que reúne observações anteriormente dispersas em diversas obras. As diferentes figuras do "eu posso" são aí colocadas em continuidade com a análise aristotélica da práxis, cuja aplicação estendem. A noção de "atestação" é definida nesse contexto como "o modo de acreditar relacionado a assertivas da forma: 'eu acredito que posso'" (Ricœur, 2004:142). Esse acreditar é indispensável à realização das capacidades do indivíduo. As diversas capacidades supõem uma mesma força de afirmação. Elas exprimem, como dizem ao mesmo tempo Nabert e Spinoza, um mesmo "desejo de ser" e um mesmo "esforço de existir". Mas a crença que liga o indivíduo a suas capacidades não tem apenas fonte nele próprio e exige descentrar-se, buscando o reconhecimento do outro. A imputabilidade o atesta, porquanto é um outro que, contando comigo, constitui o sujeito como responsável por seus atos. Pode-se nesse ponto ampliar esse estado de fato ao considerar o reconhecimento de si como portador de certas capacidades que pressupõem o mútuo reconhecimento (Ricœur, 2004:225). Este é indissociável das formas concretas da vida social. Esta depende tanto da economia e das instituições quanto dos valores e das representações que forjam as diversas formas de pertinência. Ricœur adota a denominação proposta pelo prêmio Nobel de economia de 1988, Armatya Sen, que fala das "capabilidades" preferencialmente a "capacidades" e assimila estas últimas às liberdades das quais depende a consecução de uma vida propriamente humana: "A marca própria de Sen como economista nessa grande discussão é ter associado a ideia de liberdade à de vida, de um lado, e à de responsabilidade, de outro lado" (Ricœur, 2004:211). Essa tensão entre as lógicas utilitaristas e os direitos distintos dos bens exteriores torna-se destarte uma aposta maior em um combate cujo sentido é ao mesmo tempo ético e político.

Resistir ao determinismo cognitivista

Sempre atento em preservar um pensamento fundamentado no postulado da capabilidade humana, Ricœur empreende, no final dos anos 1990, um diálogo com aquele que encarna a neurociência em suas ambições mais fortes, Jean-Pierre Changeux; esse diálogo resulta em uma publicação comum em 1998 (Changeux e Ricœur, 1998). Da mesma maneira que se mostra receptivo às descobertas da psicologia nos anos 1950, Ricœur é também disposto a admitir os bons fundamentos e o aporte das ciências cognitivas, porém mediante a condição de que essas não se apresentem como *mathesis* universal: "Eu combaterei o que doravante designarei como um amálgama semântico, que vejo resumido na fórmula, digna de um oximoro: 'O cérebro pensa'" (Ricœur, 2004:25).

Ricœur opõe ao reducionismo potencial da neurociência um dualismo semântico que pode deixar exprimir-se uma dualidade de perspectiva. Ele distingue, com efeito, três regimes discursivos que permanecem incomensuráveis: o discurso do corpo-objeto que destaca bem as competências de Changeux, mas ao qual é preciso acrescentar o discurso do corpo propriamente dito com suas incitações éticas, e enfim o discurso normativo, jurídico-político. Ricœur desempenha, portanto, mais uma vez seu papel de vigia, atento às ultrapassagens de limites: "Minhas reservas não se referem em nada aos fatos que articuleis, mas ao uso não crítico que fazeis da categoria de causalidade na passagem do neuronal ao psíquico" (Ricœur, 2004:60). Ricœur critica principalmente a relação de identidade postulada por Changeux entre o significado físico e a realidade cortical. Essa identificação abole a diferença entre o signo e o que ele designa. Ao contrário, para Ricœur o importante é a heterogeneidade semântica entre o fenômeno psíquico e sua base cortical, fazendo do primeiro nível o índice do outro. Desde o início de suas intervenções no campo das ciências humanas, o posicionamento de Ricœur é o mesmo e consiste em defender firmemente a posição segundo a qual "Eu desejo explicar para melhor compreender" (Ricœur, 2004:143). Ele adianta uma terceira dimensão em tensionamento entre o vivido que deseja atingir a abordagem fenomenológica e o conhecido que visa ao saber científico. Para esse fazer não basta brandir o "como" da analogia que sugere uma causalidade entre o substrato e a consciência, mas a conjunção "e" que permite a conexão entre a base neuronal da consciência *e* a consciência. Ao contrário, Changeux não para de ultrapassar sem problema os limites: "Minha posição será, portanto, a de se engajar com a via de uma naturalização das intenções... Uma física da introspecção torna-se mesmo possível" (Changeux e Ricœur, 1998:82). Essa posição da natureza hegemônica e totalizante é denunciada por Ricœur como reducionista e empobrecedora: "A crítica que de novo eu faria a vosso projeto científico é a de federar todas as disciplinas adjacentes sob a bandeira da neurobiologia, sem levar em conta a variedade dos respectivos referentes dessas ciências" (Ricœur, 2004:197). É possível aprofundar as reflexões de Ricœur e suas precauções contra ultrapassagens de limites por meio do estudo de Louis Quéré sobre as tentativas de naturalização do tema da confiança, que é uma noção clássica nas ciências humanas desde Simmel, pela neurociência (Quéré, 2007:145-165).

Relembremos simplesmente esta última palavra com a qual Ricœur termina seu livro *La mémoire, l'histoire, l'oubli*: incompletude. Ela tem valor testamental como mensagem final a seus leitores, não como confissão de algum fracasso ou qualquer outro sinal de desapontamento, mas, ao contrário, como condição de obra aberta para o futuro e para outros, como recusa por princípio de um saber absoluto e total. Ele sublinha dessa forma uma mensagem de esperança, à maneira segundo a qual Jean Greisch evocava, quando de sua cerimônia de adeus no Oratório de Paris em 26 de maio de 2006, "a incompletude como realização". Preconizando uma filosofia de sinuosidades, de desvios, respondendo a todos os desafios epistemológicos, Ricœur terá sempre um lugar especial nas ciências humanas como representante de tantas travessias e de tantos horizontes epistemológicos para sua filosofia do agir. O *status* de eficácia reconhecida questiona, por sua vez, o filósofo, para construir um domínio de fronteira entre dois, o do verossímil, entre a *doxa* e a ciência (*Doxazein*). Ricœur não propõe uma base ontológica como fundamento de suas posições, porém, no horizonte de suas questões epistemológicas, constrói uma ontologia da capacidade do homem como ser do possuir, do poder e do valer. Como definir o ser segundo Ricœur? Como ser dotado de poder e de realização ao preço dos múltiplos desvios de uma filosofia de aporias. No entanto, essas aporias não condenam ao impasse, pois Ricœur progride de aporia em aporia, e o faz graças a suas mediações e não por meio de ilusórias passagens pelas contradições. Pensar as aporias para liberar o agir e abrir caminhos futuros, tal é o sentido dessa constante ascese.

7
Os caminhos da sabedoria prática

Uma ética antes da moral

Os anos 1980 são marcados por uma escalada dos questionamentos de ordem ética. Esse domínio foi mesmo distinguido ao mais alto nível do Estado por um decreto de fevereiro de 1983, criando um Comitê consultivo nacional de ética para as ciências da vida e da saúde. Esse Comitê tem por missão opinar sobre os problemas morais levantados pelas pesquisas nos domínios da biologia, da medicina e da saúde. Em uma tradição bem francesa, o Comitê é concebido como uma instituição piramidal, agrupando certo número de responsáveis, essencialmente juristas e médicos, aos quais se teve o cuidado de acrescentar a representação de cinco famílias religiosas, assim como dois francos-maçons, no total de 40 pessoas.

Os casos concretos são cada vez mais delicados a analisar. Na esfera ambiental, frequentemente estão em conflito as considerações de rentabilidade em curto prazo e o imperativo de preservação de um equilíbrio ecológico, e, como sublinhou Hans Jonas (1990), situam-se em uma escala que renova a questão da responsabilidade ante a preservação do espaço habitável. As mutações próprias às ciências da vida e o domínio progressivo da reprodução humana sob suas diversas formas, a da contracepção, a da inseminação artificial e a da fecundação *in vitro*, assim como o progresso obtido no campo da genética, suscitam uma mudança de alcance do agir humano que afeta a base vital da identidade pessoal. Essa mudança de escala das intervenções humanas, no sentido de ampliar seu domínio, suscita a necessidade crescente de definições éticas. Ricœur a concebe, assim como Jacques Testart, como o exercício necessário da medida, do autocontrole, e faz eco à noção aristotélica de julgamento prudencial. Contudo, longe de preconizar a instituição de autoridades éticas que imponham soluções, Ricœur vê no conflito de interpretações suscitado por essas escolhas delicadas o meio de revivificar a democracia em seu ponto central, a política, única capaz de trazer respostas a essas questões respeitando as diferenças. Por outro lado, ele encontra aí a função primeira da intervenção filosófica na Cidade, a de buscar uma posição inspirada pela sabedoria prática.

Ricœur insiste na dissociação entre ética e moral, por ocasião de uma sessão do Centro Protestante do Oeste sobre "Ética e Política", que se realizou em julho de 1983. A essa distinção Ricœur acrescenta uma assimetria em favor da intenção ética, concedendo à lei moral apenas um estatuto derivado, secundário. Ele posiciona desde esse momento a tríade que vai retomar em *Soi-même comme un autre*, do eu, tu, ele. Partindo da liberdade na primeira pessoa, que se coloca espontaneamente, o "eu quero" ou "eu posso", do homem capaz de agir, ele traça o caminho de uma ética que é "a odisseia da liberdade através do mundo das obras" (Ricœur, 1984:63). Essa vontade não se choca imediatamente contra a norma, contra o proibido. Ela se desdobra e não atravessa o negativo senão na forma de incompletude ressentida entre o desejo de ser e sua efetivação. A entrada na ética não intervém senão pelo encontro de outro que demande. A experiência da negatividade é constitutiva nesse estágio e, conforme mostrado por Hegel, pode ser fonte de grave violência. Mediações indispensáveis, a regra e a norma intervêm de forma apenas secundária para regular a intersubjetividade. O terceiro polo, neutro, é constituído pela transformação da relação em contrato gerador de instituições. É apenas ao termo desse processo que se encontra a confrontação com a moral, visualizada como capacidade de elaborar leis, imperativos que têm por função estabelecer a distinção entre o bem e o mal. O negativo prevalece então: "Não matarás", e a lei é seu estágio final, por muito tempo considerada fundamento na tradição kantiana.

Para sua "pequena ética", que o leitor descobre no núcleo de *Soi--même comme un autre*, Ricœur distingue três escansões: a do desejo de realização, "O si e a visada ética" (sétimo estudo), a do necessário proibido, da regra, "O si e a norma moral" (oitavo estudo) e, enfim, o tempo da ética concreta, o das escolhas quotidianas, "O si e a sabedoria prática: a convicção" (nono estudo). Ele situa em relação dialética dois trinômios emaranhados; à ética dividida entre a preocupação de si, do outro e da instituição corresponde outro ternário: a ética, a moral e a sabedoria prática, o qual atravessa as componentes do primeiro ternário. Sempre tendo o cuidado de não dissolver a política no universo ético, a dialetização da ética como fundamento da moral resulta em uma tomada de distância em relação às posições kantianas da *Crítica da razão prática*, que passam diretamente do nível da compreensão ao da norma, da constituição de uma moral erigida como fundamento da razão prática, quando aquela não é senão o estágio final desta, o de um longo processo que tem raízes na visada ética. Ricœur se afasta assim, nesse plano, do formalismo de Kant, ao lhe opor a força das convicções, dos desejos, a veemência ontológica que ele situa na aspiração de cada um de ter uma vida boa.

Ele não permanece menos kantiano, com a preocupação constante pelas mediações como preliminar a cada questão, o que favorece considerar suas condições de possibilidade. A própria forma de autonomização do pensamento que ele pratica é kantiana, mas ele se distancia de Kant ao avaliar que o formalismo deste o conduz a um pensamento que exclui o desejo, a adesão, a convicção; portanto, dimensões concretas e contextuais das escolhas: "Kant dirigia sua estratégia de depuração contra a inclinação, a busca do prazer ou da felicidade (todas as modalidades afetivas confundidas)" (Ricœur, 1990:332-333). Vigilante quanto a nada excluir, Ricœur deseja acolher no campo da filosofia todas as expressões da sensibilidade humana, tudo o que seja da ordem das paixões, sem, contudo, renunciar à postura crítica do filósofo. À oposição kantiana entre desejo e dever, ele substitui uma confrontação entre violência e dever. Essa atitude é análoga ao que ele sempre desejou, de manter juntos os dois domínios de sua própria identidade, a do fiel e a do filósofo, de maneira que, nesse ponto, reencontra Kant.

Por outro lado, Ricœur se apoia em Aristóteles para valorizar o polo ético, teleológico. Ele retoma a ideia de que nenhuma regra processual é suficiente para determinar o justo. Apenas uma ética da ação pode ser o caminho. Ora, no mundo moderno, que destaca a pluralidade tanto das pertinências éticas diferentes quanto dos bens a distribuir, apenas o debate público pode constituir prova de universalização e dar lugar a convenções, acordos, e criar as condições de um consenso/dissenso do viver em coletividade.

Embora Ricœur e Levinas tenham sido sempre muito próximos, uma discordância filosófica os divide, sem que isso em nada afete sua relação de profunda amizade e mútua estima. A divergência é formulada de maneira muito clara por Ricœur em 1988, quando evoca os dois pontos sobre os quais resiste ao pensamento de Levinas. Em primeiro lugar, ele não o segue na ideia de uma ética sem ontologia sob o pretexto de que a ontologia seria totalitária. O segundo ponto de resistência, mais conhecido, é a absolutização da alteridade em Levinas, que chega ao ponto de esvaziar o "eu" de toda consistência. A passividade absoluta requerida por Levinas no campo da responsabilidade desloca a ideia de domínio pessoal do sentido, mas segundo Ricœur ainda é necessário que exista na subjetividade suficiente capacidade de iniciativa para responder "eis-me aqui".

Ricœur e Levinas encontraram-se em 1976 na Escola de Ciências Filosóficas e Religiosas das Faculdades Universitárias de São Luís em

Bruxelas, para uma sessão teológica dedicada à Revelação (La Révélation, 1977). Ricœur profere uma palestra em que preconiza uma hermenêutica da ideia de Revelação, mostrando a riqueza, a pluralidade dos regimes discursivos (Ricœur, 1977:15-54). Por seu lado, Levinas, tratando da Revelação na tradição judaica, acentua o caráter primordial do prescritivo, a exterioridade da Revelação, que é menos visão que escuta e que se apoia sobre uma concepção da subjetividade como pura passividade. Esse descentramento radical do "eu" praticado por Levinas está na raiz da controvérsia entre eles. Um pouco mais tarde, nas suas *Leituras talmúdicas*, Levinas retoma esse tema em um estudo que dedica a Ricœur (Levinas, 1982:107-122). Se ele rende homenagem a Ricœur por ter mostrado os recursos da imaginação em sua palestra sobre a Revelação, e se ele apresenta seu próprio comentário talmúdico como uma "contribuição à reflexão sobre a linguagem religiosa aberta por Paul Ricœur" (Levinas, 1982:109), é de fato para exprimir um real desacordo. Ele afirma, a partir do Talmude, a importância da transcendência, da exterioridade radical de Deus, de sua onipotência e, sobretudo, do temor a Deus. A altura do Céu mede-se pela obediência ante uma ordem heterônômica, totalmente Outra.

Quando Ricœur traça o horizonte sempre por se alcançar de uma ontologia, no final de *Soi-même comme un autre*, ele estabelece mais uma vez um diálogo com a obra de Levinas, que vai do outro para o eu. Ricœur compartilha com ele seu rompimento com a egologia da fenomenologia husserliana, mas quando ele desenha uma via para escapar desse obstáculo ao distinguir duas formas de identidade, o *ipse* e o *idem*, Levinas, quanto a ele, situa a ruptura entre a figura de um Mesmo unitário e a de um Outro do qual está totalmente separado e que se manifesta por seu rosto ao dizer: "Não matarás", a partir de uma relação rompida. A alteridade absolutizada absolve, portanto, o Outro da relação: "Parece-me que o efeito de ruptura vinculado a esse pensamento de alteridade absoluta provém do uso da *hipérbole*" (Ricœur, 1990:338). Levinas procede a uma dupla hipérbole, a do Mesmo e a do Outro. O abismo aberto entre esses dois polos torna impensável a distinção operada por Ricœur entre o eu e o si e a formação de um conceito de ipseidade definido por sua abordagem. Ora, o que tenta definir Ricœur é uma dialética cruzada da promessa, que pressupõe a ligação entre o que faz a aposta sobre a duração e o outro que o toma em consideração e contribui assim para que ele mantenha a palavra. Certamente, Ricœur compartilha com Levinas a convicção de que o outro é o caminho obrigatório para a injunção, para a promessa; e nesse sentido ele se opõe sempre a todas as ilusões de domínio da subjetividade. Porém, em contrapartida, é a reciprocidade que está em questão, uma vez que a hipérbole afeta o Eu em sua interioridade, como em Michel Henry, ou o Outro em sua exterioridade, como em Levinas.

Levinas responderá a Ricœur por carta na qual reafirma sua posição, o que confirma seu desacordo:

> Essa estima de si ou essa não indiferença a si mesmo ou essa *dignidade* não se reduz à da caridade e da justiça. Ela transparece, segundo penso, na responsabilidade inicial e inacessível — inacessível a ponto de chegar à substituição e à miséria de refém — disfarçada de *dignidade de eleito* que — atestando de alguma maneira uma significação religiosa ligada ao rosto do outro, e daí a toda identidade de indivíduos integrados à generalidade de um gênero — se enuncia na *unicidade* humana do pronome *eu*. [Levinas, 1994:36]

Essa evolução confirma a divergência entre eles quanto à ideia de uma interpelação que se torna válida a partir do momento em que se mostra capaz de despertar uma estima mútua. Um espaço de entendimento é reafirmado, o que sublinha Ricœur em sua resposta a Levinas:

> Eu me junto a você em sua última afirmativa, a saber, "a unicidade humana do pronome eu", irredutível à integração, à generalidade de um gênero... Eu aprecio também que você empregue o termo atesta-

ção que é de alguma forma a pedra angular de todo o meu trabalho. [Ricœur, 1994f:37]

Ricœur situa-se no cruzamento entre, de um lado, uma ontologia sem ética em Heidegger e, de outro, uma ética sem ontologia em Levinas. Em sua contribuição a uma coletânea dedicada a Levinas (Ricœur, 1989a:14-40), ele situa essa posição mediana em função de dois eixos: o da Altura e o da Exterioridade. Em Heidegger, Ricœur percebe uma neutralização da Altura que procede de uma dupla redução da transcendência por seu conteúdo, mas também no plano da denominação, do *Dasein*, do ser-aí: "É na própria imanência integral do *Dasein* que Heidegger reconhece determinada dimensão de superioridade" (Ricœur, 1994e:85-86). A denominação reside no foro íntimo, no fundo de si mesmo, e assim Heidegger faz corresponder a uma Altura sem transcendência uma Exterioridade sem alteridade. É a grande falha, a grande lacuna na visão de Ricœur, do pensamento heideggeriano, a de não deixar lugar ao outro, senão na forma neutralizada do sujeito indeterminado.

No outro extremo, Ricœur vê em Levinas, em sua obra *Autrement qu'être ou au-delà de l'essence* (Levinas, 1974), e especialmente em seu capítulo sobre "a substituição", o momento em que ele sela a unidade entre Altura e Exterioridade, que definem a noção de testemunho. A ruptura com Heidegger operada por Levinas é evidente em sua preocupação em expor a dimensão ética: "Para Levinas, a ética começa por si mesma, sem preparação ontológica" (Ricœur, 1994a:97). Levinas se desprende de duas maneiras das reduções de uma ontologia da consciência autoposicionada. Em primeiro lugar, ele relembra o *archè*, o começo que sempre nos precedeu e que nos coloca em relação com a Altura. Em segundo lugar, ele utiliza uma linguagem hiperbólica, a do excesso, para exprimir a dimensão ética. O percurso que leva de Heidegger a Levinas situa-se, portanto, ao longo de um gradiente que ganha em Altura e em Exterioridade.

Ricœur procura assim definir um espaço mediano que possa preservar uma circularidade e uma reciprocidade entre os eixos horizontal e vertical, entre imanência e transcendência, bem como entre o mesmo e o outro. É em Nabert que ele se reconhece, com sua noção de testemunho entre ato e narrativa, deixando espaço a uma possível ética narrativa. É essa abordagem que se situa o mais próximo da noção de atestação como forma de garantia ligada a ações e que se abre para uma hermenêutica do testemunho. Essa via o faz adotar o que Jean Greisch qualifica como uma "sabedoria da incerteza" (Greisch, 2010:23-37), sempre aberta para o diálogo com o outro.

A aspiração por uma vida boa

Ricœur multiplicou suas tomadas de posição para esclarecer as questões maiores da Cidade no prolongamento direto de sua obra filosófica. Ele exemplifica assim o primado da ação e da função do filósofo tal como a entende, o qual deve ser contemporâneo de seu tempo. Sua ontologia é uma ontologia do agir, não como base de certezas, mas como construção sempre aberta para o futuro e contribuição para a formulação do horizonte de expectativa. Toda a história do pensamento é assim mobilizada para responder aos imperativos dos tempos atuais. Ricœur se apropria da obra dos mais antigos filósofos como acervo de sentidos, e faz deles nossos contemporâneos, chamados a nos ajudar no trabalho necessário de clarificação dos conceitos em uso.

Adotando uma postura fundamentalmente modesta, que privilegia a escuta, Ricœur renuncia à figura do filósofo em posição de superioridade que se posiciona como intelectual militante, denunciador em nome da simples indignação suscitada por uma ética de convicção, tal como a encarnada por Sartre. Ele não adota, por outro lado, o modelo anglo--saxão no qual o intelectual é um sábio, um perito confinado a seu círculo, e animado unicamente pela ética da responsabilidade. Ricœur terá imposto, certamente com dificuldade, outro estilo, intermediário, entre crítica e competência, dando-se por imperativo o trabalho de clarificação de conceitos. A intervenção do filósofo na Cidade torna-se para ele a realização da tarefa essencial de fornecer esclarecimentos necessários em função da carga de sentidos sedimentada ao longo do tempo em valores, noções e instituições que regem o ser-conjuntamente da sociedade. Além dessa função de dar significado ao que recobrem as noções de liberdade, igualdade, fraternidade, justiça, segurança, estrangeiro... a filosofia segundo Ricœur deve ainda assegurar um papel de vigilância, preservando cada uma das linguagens específicas de toda tentativa imperialista que tentasse anexá-las. O filósofo detém um duplo papel agregador, objetivando uma visão panorâmica coerente com a ambição de Platão ao definir a função do *logos*, e também velando, como guardião de fronteiras, pela preservação da integridade e da pluralidade, da riqueza das diferentes linguagens. Não se pode distinguir em Ricœur o filósofo do cidadão, pois é sempre como cidadão que ele se defronta com os problemas filosóficos, restituindo-os à Cidade após intenso trabalho de elucidação. Seu horizonte é sempre o da práxis, como era próprio a Aristóteles.

A filosofia renuncia nessas condições ao unívoco e privilegia a pluralidade e os múltiplos desvios. *Soi-même comme un autre* explicita claramente essa perspectiva. Essa forma de agir visa a facilitar o diálogo entre as diferenças e a encontrar a justa distância na relação entre o mesmo e o outro, o próximo e o distante, contribuindo assim para o compartilhamento de um fundo comum do ser dividido entre múltiplas culturas. Ricœur não louva, a esse respeito, nem a efusão emocional nem a postura de superioridade que pretendesse tudo englobar. A tomada de consciência da verdadeira distância para o outro é a condição para avançar no sentido de uma real aproximação. Esse princípio de limitação das perspectivas, fonte de um sentido da relatividade, não se transforma, contudo, em sua obra, nem em ceticismo nem em relativismo, e menos ainda em qualquer lamentação sobre a era do vazio. A dialética do próprio, do próximo e do distante conduz Ricœur a tomar como sua a visada aristotélica da vida boa, do bem viver como fundamento das regras da comunidade civil. Ele enraíza assim o voto da vida boa como o que deveria ser a fonte de inspiração mesma do viver em conjunto, deslocando o desejo privado de felicidade em favor da realização coletiva na troca representada pelo dar e receber. Todas as intervenções de Ricœur na Cidade têm por finalidade revivificar, rejuvenescer, encontrar o sopro inicial do desejo de se mobilizar para a ação, para o presente. A cada ocasião, ele recarrega de energia, de dinamismo, a deontologia da vontade, graças a uma teleologia do desejo. É nessa ação, sempre colocada adiante do ser, que se revela a verdade atestatória, ou seja, uma concepção que não parte de uma verdade preestabelecida, mas que remete ao valor de testemunho veiculado por um discurso ou por uma ação.

A crise atravessada pela democracia representativa suscitou em Ricœur viva inquietação. Ele já havia posto em evidência nos anos 1950 a falibilidade própria ao político e a autonomia dessa instância ante os demais planos da atividade humana. O filósofo deve permanecer vigilante e promover uma reflexão específica sobre o político para que os cidadãos retomem em suas mãos, por si mesmos, sua própria sorte, pois a Cidade é fundamentalmente perecível. Determinado número de sintomas de crise deve suscitar, segundo Ricœur, uma tomada de consciência para redinamizar o querer viver em conjunto, que remedeie as desfuncionalidades da democracia representativa. Os cidadãos se ressentem de uma grande distância de seus representantes e estes últimos têm a tendência de se autonomizar como um corpo constituído conforme sua própria lógica. De seu lado, as mídias privilegiam o imediatismo; resulta um curto-circuito de todas as mediações necessárias à estruturação de um debate público e a uma opinião responsável por suas escolhas (Mongin, 1994a). Nesse abismo que separa os cidadãos executantes da classe política locupleta-se toda uma série de especialistas que acabam por deter o essencial do poder de decisão quanto às escolhas estratégicas concernentes ao futuro da sociedade. Sem negar a utilidade da competência acumulada por estes últimos, Ricœur relembra que, no plano das decisões maiores da orientação global de nossa civilização, os especialistas não são mais qualificados que os cidadãos, e sobretudo as decisões de fundo em uma democracia não são de sua alçada. Essa transferência de soberania da qual se beneficiam os especialistas, ligada à crescente distância entre o corpo eleitoral e seus representantes, constitui um real perigo para uma democracia representativa, porquanto está na base de muitas decepções e múltiplos rancores. A esse respeito, Ricœur se pergunta se não é preciso refletir sobre outros modos de representação, mais coletivos, mais associativos, que viessem a enriquecer o jogo eleitoral clássico, recriando novas formas de solidariedade. Por outro caminho, nossa sociedade, sofrendo de um déficit de projeto, da falta de imaginário social, parece curvar-se a um presente desprovido de todo horizonte de expectativa. A conjugação de todos esses fatores de crise nos remete à fragilidade do político e à crise de legitimidade da qual é objeto.

Seguindo uma linha de pensamento arendtiana, Ricœur orienta também sua reflexão em torno do que qualifica como "paradoxo da autoridade" (Ricœur, 1997b), ponto cego do exercício do poder político. A autoridade é, segundo a definição em uso, o direito reconhecido de comandar, que implica, portanto, uma dupla legitimidade, do lado do poder e daqueles que lhe concedem crédito. Ele retoma de Hanna Arendt a dissociação que ela faz entre a força, o poder que se apoia na violência, o constrangimento e a autoridade esquecida pelo mundo moderno, baseada pelo recurso à confiança, à credibilidade ligada a seu caráter de legitimidade (Arendt, 1972:120-185). É na Roma Antiga que Arendt situa o lugar histórico de surgimento da verdadeira autoridade colocada ao serviço do político, em torno da ideia de fundação. A criação de Roma como fundação única obriga as gerações futuras a viver em conjunto em torno de uma comunidade de valores. É essa *Auctoritas*, essa amplificação do passado que constituiu o modelo adotado pelo ideário tipo da cristandade medieval: "O eclesiástico oferecendo ao político a unção, e o político, em retorno, a sanção do braço secular. Unção e sanção: eis a dupla que assegura da melhor forma o funcionamento prático de um teológico-político rompido" (Ricœur,

1997b). É esse modelo que a modernidade das Luzes contesta e derruba. O que desaparece com a modernidade é o conceito do poder centrado exclusivamente em uma relação de dominação. Ora, as Luzes combateram esse tipo ideal em nome de outra forma de autoridade, mas que compartilhava as mesmas ilusões que as dos defensores do teológico-político em torno da ideia de fundação e de uma busca de ampliação do modelo da *Auctoritas*. Ela encontra sua realização tão somente na realização da verticalidade de dominação.

Com o desmoronamento do teológico-político, o homem moderno é confrontado com uma democracia cujo espaço de autoridade é, como analisa Claude Lefort, um espaço simbólico cristalizado em um poder político tornado "dimensão simbólica do social" (Lefort, 1986:14). O poder político seria então um espaço vazio que teria por função manter o distanciamento entre o simbólico e o real. A perspectiva aberta por Ricœur redesenha o campo do poder, privilegiando uma dimensão até então negligenciada, a da relação de horizontalidade, de cooperação. O espaço do político deve permanecer isento da onipotência, como nos ensina a experiência do totalitarismo, que substituiu a legitimação sacralizada, com base nas Escrituras, pela de uma religião secular, revestida de uma pretensão similar de tudo englobar e enquadrar. Ante esse obstáculo que conduz a uma servidão semelhante à do modelo teológico-político, Ricœur visualiza outra via, pela qual abre a perspectiva do viver em conjunto. Cada debate, cada controvérsia interna à Cidade são então concebidos como ocasiões de transformar o hábito do viver em conjunto, presa da usura do tempo, em atos voluntários, como se fosse retrabalhado a cada dia o contrato social.

A preocupação pelo justo e pelo reconhecimento

Ricœur não cessou de pensar em conjunto *Amor e justiça* (Ricœur, 1997a). O amor guarda relação com as regras fundamentais da justiça, que se baseiam nos princípios de reciprocidade. No entanto, a Regra de Ouro com seu amor mandatório evocaria um utilitarismo conflitante com a natureza do que é o amor:

> Eu diria mesmo que a incorporação tenaz, passo a passo, de um grau suplementar de compaixão e de generosidade em todos os nossos códigos — código penal e código de justiça social — constitui uma tarefa perfeitamente razoável, ainda que difícil e interminável. [Ricœur, 1997a:66]

Esse nível que tange ao amor ao próximo não é, contudo, suficiente e deve ser completado por um sentido não menos fundamental que envolve o desejo erótico: "Esse sentimento fundamental, esse Eros pelo qual inerentemente somos em nosso ser, especifica-se em uma diversidade de sentimentos de pertinência da qual são, de alguma forma, a esquematização" (Ricœur, 1960b:119). O amor erótico significa mais que ele próprio e o vínculo nupcial livre e fiel, exterior mesmo a toda perspectiva de casamento ou de filhos, é "a raiz oculta do grande jogo metafórico que faz intercambiar entre si todas as figuras do amor" (Ricœur, 1998b:457). A poética do amor opõe-se aqui, ainda, à retórica da argumentação e da justiça, por sua lógica de superabundância.

O amor seria então uma figura do *ágape*, entendida como amor ao próximo. Esse é um tema recorrente em Ricœur, que considera que, até o último dia, amor e coerção caminharão lado a lado, como duas pedagogias, ora convergentes ora divergentes, do gênero humano. O problema é então conjugar justiça e amor, a ética de responsabilidade do magistrado e a ética da convicção do profeta, a lógica da equivalência na retribuição e a lógica da doação que supera toda retribuição. Porém, Ricœur recusa a oposição entre *eros* e ágape. *Eros* opõe-se a *Tânatos*. A orientação primeira em direção ao sim, esse crédito que Ricœur concede ao desejo, é importante para a compreensão do spinozismo de sua ética. O ser é vida e desejo, e não coisa ou saber, eis porque o Outro não é a única fonte da existência ética. A linguagem do amor, seja ágape ou *eros*, é a da metáfora. É na metáfora nupcial que Ricœur aproxima o júbilo do homem descobrindo a mulher e o chamado do *Cântico dos cânticos* na ideia de que com o nupcial aparece a linguagem, não como nomenclatura, mas como palavra viva.

A multiplicação de processos legais de forte repercussão nos anos 1990 vai provocar uma situação ímpar em uma República arrebatada pelo direito. Ricœur engaja-se então em reflexões sobre o funcionamento da justiça, o que não é, de forma alguma, circunstancial para ele. A demanda por justiça, cada vez mais pressionada pela sociedade francesa, faz aparecer não somente uma cruel carência de recursos, mas também outra insuficiência, esta não material, a intelectual. Com exceção de alguns profissionais abertos à filosofia do direito, o essencial da profissão permanece demasiado empirista e distanciado dos grandes debates internacionais. O desinteresse manifesto que problematiza esse domínio da prática social tem, segundo Ricœur, um duplo fundamento. De um lado, a formação de jurista se reduz, no mais das vezes, à aquisição de uma competência técnica institucionalmente distante das competências literárias, o que se evidencia pela separação entre faculdades de letras e faculdades de direito. De outro lado, os filósofos têm por muito tempo privilegiado uma abordagem de descortínio do sistema jurídico-político que o considerava simples máscara de estratégias de dominação, de controle de corpos, de uma biofísica do poder, no sentido foucaltiano, ou mais simplesmente reflexo, conforme a vulgata marxista, das relações de força da infraestrutura econômico-social. Em tais condições, a filosofia do direito não encontrou o devido espaço na universidade, acumulando-se um atraso relativamente a uma reflexão internacional muito fecunda, suscitando uma séria defasagem na França, a ponto de levarem quase 20 anos para traduzirem Dworkin ou Rawls para o francês.

Antoine Garapon estabelece em 1991 o Instituto dos Altos Estudos de Justiça (IHEJ) para pôr fim a esse atraso. É nesse novo contexto que ele solicita a Ricœur participar ativamente nos seminários promovidos por essa instituição. Na aula inaugural pronunciada por Ricœur em 21 de março de 1991, a pedido de Antoine Garapon, ele situa o justo como interno à tensão entre o legal e o bom (Ricœur, 1991c:176-195). Ele quer dizer com isso, em uma abordagem reflexiva sobre a ideia de justiça, que esta procede ao mesmo tempo de uma concepção teleológica enraizada no pensamento grego, da aspiração por uma vida boa, quanto de uma concepção deontológica inspirada no iluminismo, notadamente em Kant, que coloca as relações jurídicas-políticas sob a égide da lei, da legalidade. A justiça situa-se, portanto, no cruzamento de duas antropologias diferentes. No primeiro modelo, é a visada da vida boa que prevalece e a justiça confere uma finalidade à ação do homem. O segundo modelo, deontológico, se atribui como objetivo, mais modestamente, o de evitar o mal. A justiça é, pois, visualizada mais como meio que como fim. Ela é princípio de deliberação, de elaboração de processos para evitar os problemas originários da vida em conjunto. Essa abordagem se traduz por uma valorização do contrato, como em Rousseau, em Kant e mais tarde em Rawls. A justiça, segundo Ricœur, é estirada entre esses dois modelos e deve transpor o obstáculo que consistiria em ceder à tentação de absolutizar um deles a expensas do outro. Assim, ele concebe a justiça como o espaço de intervenção prática que permite realizar uma síntese fecunda entre a teleologia aristotélica e a deontologia kantiana. Nesse plano, ele assume a ideia de Garapon da justa distância que torna possível uma articulação entre os dois modelos. Ricœur encontra nessa ideia da justa distância, nascida da prática judiciária, a distinção que já fazia Aristóteles entre o "excessivo" e o "insuficiente" e a via mediana pela qual ele definia a virtude da justiça. Ele estabelece também o vínculo — devido à fragilidade epistemológica inerente à função de dizer o direito que, com frequência, na impossibilidade de provar, deve convencer sem se reduzir a agradar — com a raiz aristotélica da retórica.

Ricœur considera os problemas concretos que se põe o jurista e descobre também a diversidade da literatura dos filósofos do direito. Ele já conhecia Rawls e Dworkin, mas os juristas lhe indicam outras pistas, entre as quais o trabalho do espanhol Manuel Atienza (1989) e o do alemão Robert Alexy (1989). Mergulhando nessas obras, Ricœur descobre uma forte tendência contratualista, processualista. Suas intervenções colocam em evidência o outro polo, negligenciado na filosofia dominante do direito, o da vida boa, da visada teleológica aristotélica. Ricœur aporta, em retorno, aos juristas uma concepção de fato singular, original. Ele oferece ao jurista a possibilidade, por manter a tensão entre Kant e Aristóteles, de assumir a autodeterminação democrática da modernidade, ao se apoiar nas tradições em toda a sua pluralidade.

Ricœur define a via mediana de um julgamento prudencial, da *phronesis*, ou sabedoria prática, entre a visada da vida boa e a regra que se impõe. Parece que o par Kant-Aristóteles, já bem inserido ao final de *Soi-même comme un autre*, se deslocou em Ricœur em favor da travessia da prática judiciária, com uma acentuação do polo aristotélico, para fazer contrapeso à tendência processual dominante entre os juristas. Ricœur pressiona ao extremo a tensão entre o universalismo kantiano, o mais transcendental possível para fundamentar a norma, e a sabedoria prática, o julgamento prudencial que prevalece quando se trata de aplicá-las a situações concretas, portanto remetendo a questão à prática concreta do magistrado.

É na formulação do julgamento que se joga o grande momento da cristalização. Ricœur vê no ato de julgar a realização do tema que sempre perseguiu desde sua tese, o da vontade, confrontada com o entendimento no sentido cartesiano do discernimento do verdadeiro em relação ao falso. Ao mesmo tempo, Ricœur enraíza esse ato e a codificação que dele resulta, assim como todo o processo, no interior do terreno em que acontecem, o do conflito sob suas diversas formas: "Por detrás do processo, há o conflito, a disputa, a querela, o litígio; e no plano por detrás do conflito há a violência" (Ricœur, 1992b). A reflexão sobre o ato de julgar se abre assim para o horizonte necessário de uma antropologia filosófica.

Ricœur permite outra vez renovar o pensamento do direito, passando pela apropriação do debate anglo-saxão e, em primeiro lugar, da controvérsia entre as teses universalistas de John Rawls e as teses comunitaristas de Michael Walzer. Ele atribui uma importância maior à obra de Rawls *Théorie de la justice* (Rawls, 1987) na construção de uma ontologia do direito. As teses de Rawls têm por interesse constituir argumentos contra o positivismo que assola o mundo jurídico, graças à incorporação que efetua dos princípios de justiça na elaboração das regras processuais. Ele defende, com efeito, uma concepção neokantiana, universalista, deontológica, do direito e que dá lugar a um processo contratualista, cujo sentido é a realização da equidade. Rawls parte de uma ficção, a de um contrato passado sob o véu da ignorância entre indivíduos livres, racionais e preocupados, segundo um esquema utilitarista, em promover seus interesses pessoais. Não se sabendo que lugar cada um vai ocupar na sociedade, resulta a adoção de certo número de princípios reguladores. A sociedade é pensada como um sistema de distribuição aberto a escolhas racionais, guiadas por dois princípios. O primeiro é a igual distribuição das liberdades. De outro lado, o princípio de distribuição dos bens diferencia uma concepção igualitária para os bens ditos primeiros e um princípio de diferença para os demais, segundo o qual determinadas desigualdades são preferíveis às soluções extremas de um igualitarismo integral ou da aceitação de fortes contrastes não igualitários. Sob o véu da ignorância, a posição racional, segundo Rawls, será admitir um princípio que reconheça a legitimidade de uma correção das desigualdades sociais, em virtude da qual as partes escolherão o arranjo que maximize a parte mínima. Esses princípios de justiça como equidade apresentam quatro condicionantes sob o véu da ignorância: a de pertencer aos princípios gerais, a de ter um alcance universal, a de se apresentar sob a forma de uma concepção pública da justiça e, enfim, a de regular as exigências individuais em conflitos sociais. Rawls visualiza toda a sociedade como um fenômeno inelutavelmente consensual/conflituoso e seu objetivo não é o de subsumir o conflito graças à igualdade, mas o de partir deste último para lhe atribuir uma resposta processual em termos de contrato. Para tratar todas as pessoas de maneira igual e para oferecer uma verdadeira igualdade de oportunidades, a sociedade deve dedicar mais atenção aos mais desfavorecidos, segundo Rawls.

A objeção de Ricœur, apesar da sedução que sobre ele exerce esse modelo kantiano, consiste em mostrar que há um ponto não dito, subjacente ao contrato segundo Rawls, que diz respeito ao que é pressuposto na compreensão do injusto e do justo sob o véu da ignorância. Ora, essa crítica afeta o ponto central do encaminhamento contratualista uma vez que ele constrói a regra escolhida como independente da adesão a tal ou tal concepção da justiça. Ricœur aponta, portanto, uma circularidade na demonstração contratualista, que mascara sua dimensão ética sob a aparência de uma abordagem puramente processual. Adicionalmente, o erro metodológico inclui transpor de maneira mecânica às coletividades o que valer para os indivíduos.

Ricœur encontra nas teses defendidas por Michael Walzer um útil contraponto à solução processualista. Walzer tornou-se o porta-voz preferencial de uma corrente crítica das teses de Rawls, denominada comunitarista. Denunciando o formalismo dessas, ele lhes opõe a pluralidade, a irredutibilidade dos bens a distribuir. A incomensurabilidade desses bens torna impossível uma escolha bem fundamentada que lhes resultasse de simples acréscimo. O pluralismo situa-se adequadamente tanto nas diferentes visadas de justiça conforme os atores sociais quanto na natureza mesma dos bens (Walzer, 1983). O modelo de Walzer, ao contrário do de Rawls, valoriza uma escala plural de comunidades diferentes, especificadas por visadas que lhes são próprias. O consenso possível sobre o processo tem apenas um *status* secundário, derivado, com relação a um dissenso mais fundamental quanto aos objetos visados. Sem dúvida, Walzer e Rawls têm em comum a ideia de que a justiça é uma questão de distribuição, mas, segundo Walzer, o problema será determinar o que é justo colocar em posição de bem dominante, em função da pertinência desse bem a tal ou tal esfera de justiça. O perigo maior em que incorre a igualdade reside na acumulação sempre possível de posições dominantes nas diversas esferas de justiça; de onde a preocupação por uma clara delimitação de cada uma delas para evitar usurpações. A igualdade já não é regida, portanto, por um único princípio, mas em função da diversidade dos bens a distribuir. Os três grandes princípios estruturantes da distribuição segundo Walzer são o mercado, o mérito e a necessidade. A articulação entre eles fundamenta uma cidadania enraizada em uma visão mais concreta e mais substancial da justiça, que deve proceder às arbitragens entre as esferas concorrenciais em função de escolhas éticas diferentes. Essa objeção ao esquema de Rawls sobre a diversidade dos bens permite a Ricœur a reintrodução da teleologia na processualística.

A inflexão recente de Rawls — que veio a ajustar sua ideia de contrato, não renunciando ao formalismo de seu modelo, mas restringindo-o em sua abrangência de aplicação a certo tipo de sociedade, a das democracias liberais, limitando assim de forma singular o valor universalizante do modelo (Rawls, 1993) — estimulou Ricœur a assumir por sua conta o conceito de Rawls de "consenso por reconfirmação", como uma espécie de telheiro pelo qual as múltiplas tradições formam um fundo gerador de significações não esgotadas, acrescentando-se que esse consenso por reconfirmação se efetua a partir de outra ideia diretriz recente de Rawls que é a do desacordo razoável.

Ricœur encontrou nos trabalhos realizados pelo economista Laurent Thévenot e pelo sociólogo Luc Boltanski (1991), *De la justification*, uma contribuição maior à reflexão para a elaboração de uma gramática da ação, graças à sua construção de Cidades diferentes como modelos diversos de grandeza dos indivíduos. O claro avanço realizado por esses autores situa-se principalmente na sua capacidade de pluralizar o mundo social e assim escapar do dilema constante entre holismo e individualismo, mostrando que a realidade social não é apenas uma, mas plural, e que é a partir dessa pluralidade dos mundos da ação que se articulam os processos de subjetivação.

Confrontados com uma fonte constituída pelas justificativas fornecidas pelos atores, Luc Boltanski e Laurent Thévenot deveriam levar a sério seu discurso, suas intenções explícitas, suas motivações. Nessa medida, eles rompiam com a filosofia da dúvida e a postura de revelação da má-fé da sociologia crítica. Essa ruptura é redobrada se levar em conta a real capacidade, a colocação em forma de uma competência própria aos atores ao argumentarem seus casos com relação à justiça. Eles tiveram de proceder a uma simetrização, a um deslocamento do campo de competências, até então domínio exclusivo do sociólogo, em direção ao ator, ao que pleiteia justiça. O acompanhamento preciso da argumentação das pessoas incriminadas permitiria romper com o esquema monista segundo o qual tudo partiria de um estado de dominação que não se sustentaria senão pelo poder dos fortes sobre os fracos. Disso resulta uma análise atenta das atividades de *performer* dos atores sociais e que se aproxima das correntes da sociologia compreensiva, fenomenológica. Quando é difícil obter-se o acordo, os atores devem demonstrar que seu caso não procede de uma situação singular, mas que se insere em um caso mais geral.

O engajamento de Ricœur nas reflexões sobre a justiça não é fruto do acaso, mas inscreve-se no cerne de toda a sua temática do "homem capaz", que encontra na questão da responsabilidade um prolongamento jurídico. Colocando-se a questão de saber quem é o sujeito do direito, o fio condutor da demonstração de Ricœur é "a noção da capacidade... Ela constitui a meus olhos o referente último do respeito moral e do reconhecimento do homem como sujeito do direito" (Ricœur, 1995d:30). Esse sujeito ao qual se pode atribuir tal ação não é verdadeiramente sujeito de direito senão quando suas aptidões, atualizadas em sua dialógica com o outro, se revestem de uma dimensão institucional. A trilogia introduzida em *Soi-même comme un autre*, entre o eu, o outro e a instituição, é também a base estruturante da filosofia do direito, a partir de um desdobramento da alteridade em uma alteridade interpessoal e uma alteridade institucional: "A relação com o *terceiro* parece tão primitiva quanto a relação com o *tu*" (Ricœur, 1995d:34).

O deslocamento recente do olhar concentrado até então sobre o autor presumido do dano, e que se volta hoje para a vítima para colocar em relação direta o dano sofrido e sua reparação, sua indenização, conduz a uma desordem no direito moderno. Ele tem por efeito benéfico a valorização da ideia de solidariedade, pela ampliação do campo de aplicação do direito, mas comporta também efeitos perversos e perigosos. De fato, a vitimização em curso, notadamente pela polarização das mídias, compele a sociedade a procurar um culpado que assuma a indenização necessária:

O paradoxo é enorme: em uma sociedade onde sempre se fala de solidariedade, pela preocupação de reforçar eletivamente uma filosofia de risco, a busca vingativa *do* responsável equivale a uma culpabilização dos autores identificados dos danos. Basta ver com que sarcasmo a opinião pública acolheu o "responsável mas não culpado" de Georgina Dufoix. [Ricœur, 1995c:59]

Para remediar essa situação, os juristas preconizam uma dissociação maior entre a imputação de responsabilidade e a exigência de indenização, e apenas coordená-las em um segundo momento.

O outro grande problema contemporâneo tocante à responsabilidade a que se viu confrontado Ricœur é o apresentado por Hans Jonas (1990), quando, tomando medida do alcance das inconveniências e dos efeitos destruidores da modernidade tecnológica sobre o ecossistema, se dedica a ilimitar a responsabilidade, que deve ultrapassar a finitude própria da existência humana, para inscrever-se no horizonte de uma cadeia de responsabilidades que atravessa gerações. Resulta um novo imperativo, verdadeira obrigação moral de um novo tipo, que deve limitar a capacidade de ação das gerações presentes em função de suas responsabilidades com referência a um futuro longínquo. A responsabilidade extravasa, assim, sua dupla limitação temporal e espacial. Hans Jonas procede a uma dupla extensão da responsabilidade, com respeito ao ambiente e à humanidade futura. Essa ilimitação da noção de responsabilidade traz problemas, pois ela pressupõe a imputabilidade. Ora, "tudo se passa como se a responsabilidade, ampliando seu raio, diluísse seus efeitos, até tornar inalcançáveis o autor ou os autores dos efeitos daninhos a temer"

(Ricœur, 1995c:45). O risco inerente a esse novo imperativo, que excede a ética da proximidade e, portanto, a da reciprocidade, é o de transportar a tal nível de generalidade o princípio da responsabilidade que, uma vez dissociado dos atos pelos quais se reconhece, corre o forte risco de se diluir a ponto de desaparecer. Ricœur prefere opor-lhe o julgamento moral circunstanciado, o julgamento prudencial.

Ricœur percebe na filosofia do direito o meio de articular, em vista do julgamento prudencial, interpretação e argumentação. Ele coloca em cena o que considera uma dupla aporia: a da corrente que privilegia a única vertente de interpretação e a dos teóricos da argumentação pura, como Robert Alexy ou Manuel Atienza:

> Eu acreditei poder extrair argumento das insuficiências internas de cada uma das posições consideradas, para sustentar a tese segundo a qual uma hermenêutica jurídica centrada na temática do debate requer uma concepção dialética das relações entre interpretação e argumentação. [Ricœur, 1995a:164-165]

Ricœur encontra nessa controvérsia termos análogos a uma alternativa que ele sempre recusou entre explicar e compreender.

Longe de visualizar a prática jurídica como simples aplicação de uma coleção de regras, Dworkin integra princípios de justiça, direitos próprios aos indivíduos que são anteriores aos direitos da legislação em uso. Ele discerne algo além das regras, fundamentado sobre a anterioridade da legitimidade sobre a legalidade, no plano dos princípios de filosofia moral. O jurista deve então mobilizar toda uma interpretação a partir de textos e práticas anteriores, a fim de encontrar as fontes de inspiração de uma verdadeira recriação, à maneira da escrita de um romance a várias mãos, ao termo da qual se vai emitir um julgamento inédito. Valorizando a dimensão ético-jurídica da regra, Dworkin parte para enfrentar a univocidade e a rigidez induzidas pelo positivismo jurídico.

Ricœur segue Dworkin nesse terreno, ainda que perceba uma concepção que privilegia os recursos textuais da narrativa, do desdobramento do roteiro por vias desordenadas, fonte de cenário interpretativo. No entanto, ele lhe censura não procurar a articulação de sua visão interpretativa do direito com uma teoria da argumentação: "Dworkin é bem menos interessado na formalidade dos argumentos que em sua substância" (Ricœur, 1995a:170). Alexy e Atienza, ao contrário, privilegiam a argumentação jurídica em seu formalismo. Essas regras definem, à maneira de Habermas, uma ética da discussão a partir de uma pragmática universal do discurso. Toda a atenção volta-se então para o tipo de codificação própria da corte judicial como instituição específica onde se desenvolve o processo, ambiente que delimita de forma bem estrita a repartição das funções e no qual a deliberação obedece a regras muito precisas. A tese de Alexy e Atienza chega a afirmar que a pretensão ao rigor de um argumento jurídico não difere da de um discurso normativo. Segundo Ricœur, isso esclarece bem a prática judiciária, mas não acompanha os contendores no debate propriamente dito; ele reencontra Dworkin e sua regra de adequação, ou seja, o fato de que a aplicação de uma regra é um misto de interpretação dos fatos e de interpretação das normas.

Seguindo Dworkin, Ricœur classifica a verdade jurídica como uma verdade de adequação. Essa abordagem tensiva da verdade, tal como se pode observar na prática judiciária, está em jogo em numerosas outras atividades humanas, que devem entrecruzar de maneira semelhante interpretação e argumentação para transformar sua dialética em ação. O político, confrontado com escolhas estratégicas na gestão da Cidade, assim como o médico, levado a enfrentar situações extremas no início e no final da existência de seus pacientes, é levado a proceder a julgamentos prudenciais que sejam os mais apropriados a situações a cada vez singulares. A sabedoria prática é, portanto, o horizonte comum dos que são responsáveis por arbitragens essenciais, e essas escolhas são a cada vez mais complexas. Eles estabelecem cada vez menos a distinção entre o bem e o mal ou entre o branco e o negro, senão entre o cinza e o cinza, ou, em casos altamente trágicos, entre o mal e o pior.

Ricœur se assume novamente filósofo que entende prestar esclarecimento sobre a linguagem comum, a *doxa*, a fim de que seus usuários sejam mais bem informados dos elementos em jogo e mais aptos a discernir o sentido em torno deles. De novo, Ricœur está em consonância com as interrogações do momento, ao questionar sobre uma temática que se vai tornar das mais importantes nos debates intelectuais na França, onde se vão multiplicar as publicações sobre o reconhecimento (Honneth, 2000; Fraser, 2005; Caillé, 2007). Nessa ocasião, ele retoma seu tema da identidade, já presente em *Temps et récit* sob a forma de identidade narrativa, e particularmente retrabalhado em *Soi-Même comme un autre*. Nessa mais recente elaboração, trata-se de seguir de maneira argumentada a polissemia do termo "reconhecimento". No ponto de partida dessa nova pesquisa, Ricœur coloca a interrogação lexicológica, filológica, sobre o significado da palavra em sua espessura temporal. Ao termo dessa primeira etapa, Ricœur se põe a questão de saber "como se passa do regime de polissemia regrada dos vocábulos da língua natural à formação de filosofemas dignos de figurar em uma teoria do reconhecimento" (Ricœur, 2004:32). Ao formular sua abordagem, ele se distancia de uma história das práticas ou de uma história das ideias, para enveredar pelo caminho árido da história filosófica do questionamento filosófico. Isso o leva a revisitar três núcleos de pensamento: o momento kantiano do reconhecimento, o momento bergsoniano do reconhecimento das imagens, das lembranças, em uma perspectiva próxima da de Proust, e enfim o momento hegeliano do reconhecimento mútuo.

No início do percurso encontra-se, portanto, o maciço kantiano como etapa essencial do reconhecimento como identificação, sob o duplo registro da relação e da temporalidade. O segundo estudo é consagrado ao reconhecimento de si mesmo como ator, de seu agir como ser capaz, a quem se pode imputar tal ou tal ação e que conduz às questões colocadas pela responsabilidade e suas recentes tendências à ilimitação. Esse encaminhamento em direção ao reconhecimento de si desemboca em dois cumes "com a memória e a promessa. Uma se volta para o passado, outra para o futuro. Mas elas se pensam juntas, no vivo presente do reconhecimento de si" (Ricœur, 2004:165). Pode-se, aliás, ler todo esse percurso, no fio reto da demonstração de toda a obra de Ricœur, como o do homem capaz de uma nova dimensão que é a do reconhecimento. O terceiro estudo é o da abertura para o outro, para o reconhecimento mútuo.

Nesse nível, Ricœur apoia-se na demonstração de Axel Honneth, a propósito do conceito de *Anerkennung*, refinado por Hegel em Iéna entre 1802 e 1807, como condensação de toda a luta pelo reconhecimento em um triplo sentido: o de uma autorreflexão e de uma orientação para o outro, o da dinâmica de um processo do polo de negatividade para o de positividade, do desprezo à consideração, enfim, esse processo se desdobra em instituições específicas. Ricœur segue a tripartição apresentada por Honneth, para prestar contas dos modelos de reconhecimento intersubjetivo, colocados sob o signo do amor, do direito e da estima social. Honneth enriquece a dialética hegeliana dos aportes da filosofia analítica anglo-saxã e notadamente os das teses interacionistas de George Herbert Mead. Ele admite um pluralismo axiológico e uma solidariedade que ele vê nascer da relação de estima simétrica. Em contrapartida, diferentemente de Ricœur, ele não concede à linguagem o *status* privilegiado em sua abordagem, preferindo explorar "um ponto aquém do agir comunicacional segundo Habermas, no reconhecimento do amor" (Thévenot, 2007:129). Além da dialética de Honneth, Ricœur leva ainda em conta o modelo de Boltanski e Thévenot (1991:361) sobre a pluralização das ordens de grandeza, das Cidades. Ele diferencia vários níveis de reconhecimento em função da maior ou menor proximidade: há, com efeito, o de si próprio, o do próximo e o do distante. Esta terceira dimensão pode ser representada pelas instituições; ela é mais anônima, mais abstrata, e implica um reconhecimento mais jurídico que pessoal, mas que não envolve menos o sujeito.

Ricœur termina seu percurso sobre os paradoxos relacionados com a doação e com a contradoação confrontados com a lógica da reciprocidade, e conclui sobre o caráter da totalização possível de cada uma dessas três etapas em uma recapitulação em "o ser reconhecido" (Ricœur, 2004:361). A fenomenologia encontrou algum problema para pensar a assimetria original entre o eu e o outro e, portanto, a sua reciprocidade. Tem-se em um polo Husserl que parte do eu ao outro, Levinas que parte do outro, ou seja, o polo de interioridade e o de exterioridade. Ricœur situa no entrelaçamento a fuga a essa tensão aporética, no "entre" da expressão "entre protagonistas da troca" (Ricœur, 2004:376). Essa trajetória terá trazido à luz a passagem de uma abordagem filosófica centrada em primeiro lugar na parte ativa do reconhecimento, para chegar a fazer entrar em linha de conta a parte passiva, aquela da demanda de reconhecimento, da luta pelo reconhecimento, que fica mais frequentemente em expectativa e às vezes em sofrimento, pois não pode ser plenamente satisfeita no intercâmbio de reciprocidade. Essa satisfação não pode resultar senão da generosidade, de algo mais em relação a uma troca mercantil. Sonho inacessível, horizonte jamais alcançado, pode, contudo, encontrar-se parcialmente encarnado nas instituições políticas portadoras do querer viver em conjunto. Nesse ponto Ricœur se distingue de Honneth e de suas posições pós-hegelianas, porquanto para ele essas fracassam ao

> prestar contas do reconhecimento em questão, pois permanecem no nível do que ele denomina mui justamente reconhecimento recíproco. Ricœur demonstra que o reconhecimento recíproco sempre apresenta deficiência em relação ao que ele mesmo procura pensar como reconhecimento mútuo. [Pellauer, 2006:159]

As forças da vida até à morte

Tudo em Ricœur o conduzia a resistir ao ser-para-a-morte de Heidegger e a se sentir mais próximo do *Conatus* de Spinoza, da exaltação do poder vital: "Pois, se Heidegger soube conjugar o si e o ser-no-mundo, Spinoza

— *de origem, é verdade, mais judia que grega* — é o único a ter sabido articular o *Conatus* sobre esse fundo de ser ao mesmo tempo efetivo e potente que ele chama *essentia actuosa*" (Ricœur, 1990:367). É assim que Ricœur terá mobilizado suas forças intelectuais até o limite, sempre voltado para o futuro, para novos canteiros de reflexão, até que suas forças físicas e psíquicas o abandonem. Longe de qualquer morbidez e lutando contra a melancolia como figura do mal, ele terá resistido a cada prova (que terão sido numerosas e doloridas) que terá tido de atravessar. Sua sabedoria prática o leva a privilegiar as forças da afirmação da vida, sobre forças destrutivas e mortíferas. Porém, ao cair da noite de sua vida, Ricœur é levado a meditar sobre a finitude da existência, sobre a morte a chegar, enquanto no plano pessoal ele deve acompanhar a longa agonia de sua esposa Simone. É nesse momento que ele empreende uma primeira meditação sobre a morte: "Em 1996, Simone Ricœur, que desde sessenta e três anos compartilhava da vida de Paul, se apagava suavemente, atingida por uma doença degenerativa" (Goldenstein, 2007:138). É durante esse período de ritos de luto que Ricœur escreve "Jusqu'à la mort. Du deuil et de la gaieté", o que lhe permitiu perseguir seu "voto de viver" e responder a numerosas solicitações de intervenções e publicações até a sua própria morte em 2005. Essa reflexão sobre a morte parte do impossível imaginário de se afigurar a própria morte como a morte dos próximos e dos distantes. Essa ascese de pensar o impensável distancia-se, desde o início, da resposta clássica da família de fé à qual pertence Ricœur, a família cristã, que vê no imaginário do depois a representação de um além ao qual tem acesso o indivíduo depois de seu desaparecimento. Longe de se contentar com essa resposta, a de uma salvação pessoal, Ricœur entende buscar como filósofo essa representação e submetê-la a um ponto de vista crítico radical. Ricœur entende conjugar os ritos do luto com a alegria, e afirma juntamente com Hannah Arendt e contra Heidegger que os homens não nasceram para morrer, mas para inventar. Em seu diálogo com François Azouvi e Marc de Launay, Ricœur já afirmava que era preciso desprender-se do problema da ressurreição carnal e, consequentemente, da questão de sua própria salvação, a fim de fazer valer a vida até à morte. Ele chega mesmo a pregar uma forma de desligamento, de abandono de si mesmo, aquele a quem toda a sua filosofia é tanto vinculada, contra toda forma de reducionismo, mas que lhe parece, ante a questão da finitude, o único meio de pôr entre parênteses a preocupação quanto a sua ressurreição pessoal: "A sobrevida é uma representação que permanece prisioneira do tempo empírico" (Ricœur, 1995b:235). Essa preocupação consigo em um imaginário distante Ricœur substitui por um

> morrer que seria uma última afirmação da vida. A minha experiência de um final de vida se nutre desse voto mais profundo de fazer do ato de morrer um ato de vida. Esse voto eu o estendo à própria mortalidade, como um morrer que permanece interno à vida... Isso explica por que não aprecio nem emprego, de forma alguma, o vocabulário heideggeriano do ser para a morte; eu diria antes: o ser até à morte. [Ricœur, 1995b:236]

É a essa última reflexão sob a forma de exorcismo para ele mesmo que se dedica Ricœur em seu texto "Jusqu'à la mort: du deuil à la gaieté": "Minha batalha é com e contra essa imagem do morto de amanhã, desse morto que serei para os sobreviventes" (Ricœur, 2007:38). A dolorosa travessia da lenta agonia de sua esposa e do diálogo que ele mantém com os médicos especializados no acompanhamento e na administração de cuidados paliativos contribuem a lhe fazer pensar que o doente que está prestes a morrer não se percebe como morrendo ou como um futuro morto, mas como ainda em vida e inteiramente mobilizado pela afirmação do que lhe resta de forças vitais. Nesse sentido, Ricœur distingue de maneira essencial o agonizante ainda voltado para a vida do moribundo que foi constrangido a ceder. Até esse último estágio, independente da vontade, todo o corpo do agonizante responde ao imperativo spinozista de resistir e de não pensar em nada menos que na morte. Das experiências da morte, o sujeito não tem mais que experimentar seu próprio nascimento, que lhe provém de uma exterioridade; em contrapartida, ele experimenta o desaparecimento de seus próximos como experiência de perda. Nesse caso, o sujeito realiza a coalescência da vida e da perda no que Freud chama trabalho de luto, que é um trabalho do sujeito engajado em um processo de presentificação do outro, ao mesmo tempo que em um exercício de aprendizado de sua própria morte.

8
Historicidade sem teleologia

Renunciar a Hegel

O século XX foi marcado pela religião da história, pela ideia de que a racionalidade se realizaria no próprio processo do tempo, que portaria de forma imanente um sentido, um *telos*. Quando Ricœur toma a temporalidade como objeto de reflexão, ele se defronta com essa crença teológica e revisita o pensamento do tempo pelo olhar das tragédias do século. Ele consagra assim um capítulo fundamental do terceiro volume de *Temps et récit*, no qual apresenta uma chave maior para compreender o sentido desse balanço da temporalidade. O "renunciar a..." não procede de um gesto filosófico costumeiro em Ricœur, tanto mais quando está em questão um pensamento da importância do de Hegel. Longe de ter origem em um impulso de humor, bem ao contrário, esse "renunciar a Hegel" é objeto de especial reflexão e explica o aspecto de confrontação, de apropriação e de resistência a Hegel que constitui o conjunto de três volumes de *Temps et récit*. Que sentido se pode atribuir a uma postura tão radical? Ela parte da constatação da força do sistema hegeliano. Para todo filósofo contemporâneo, existe um tanto de "tentação hegeliana" (Ricœur, 1985b:350). O horizonte histórico de Hegel pertence exclusivamente ao registro da filosofia, na medida em que trata do processo de autorrealização do Espírito. O percurso dialético resultante pressupõe uma visão unitária do Espírito por meio de suas múltiplas concretizações. A matéria histórica lhe oferece seu campo principal de inscrição e de realização. Partindo do postulado segundo o qual o real é racional, o espírito do mundo encontra-se em curso de trabalho, em um desenvolvimento cuja efetuação escapa aos atores. Estes últimos acreditam fazer a história que é a deles, enquanto esta prossegue por detrás de suas costas, sem que percebam, segundo a famosa ideia de artimanha da Razão. Cada ator crê realizar suas paixões, porém não faz senão cumprir, independente dele, um destino mais vasto que o engloba. Pode acontecer que um indivíduo, um Estado, uma nação encarne esse Espírito na obra da história e, embora o mal se libere com força e triunfe com seu arsenal de violências, o êxito da Razão não é duravelmente afetado por isso. Embora Hegel tenha levado em conta o trágico, a guerra, o mal, sem ser a musa da história, não é menor seu ardil.

Essa assimilação do mal como parte de uma visão unitária na qual se processa a racionalidade não mais pode ser uma visão de nosso trágico século XX. A dupla descentralização, constituída pela contestação do eurocentrismo como encarnação da história em marcha em direção a um *telos* já colocado pelo estruturalismo, e pelas lições a extrair do genocídio perpetrado pelos nazistas no coração da civilização ocidental, não pode levar senão a pôr em causa, de forma radical, o otimismo hegeliano. Por outro lado, o triunfo da Razão e do conceito em Hegel se paga mediante o alto preço da redução à contingência das ocorrências históricas e da narratividade, o que Ricœur não pode subscrever. Hegel não atribui verdadeiro significado aos traços do passado. Ele dissolve, sem resolver, a relação entre o passado histórico e o presente. A tentação hegeliana colide sobretudo com a impossível mediação total: Ricœur considera um acontecimento maior do século XX a perda de credibilidade da filosofia hegeliana da história. O recuo do hegelianismo corresponde ao contexto histórico da morte do eurocentrismo a partir do suicídio político da Europa no limiar do século XX, em 1914. O conhecimento da pluralidade de partições sobre as quais joga a humanidade não mais torna possível a totalização dos espíritos dos povos em um só e único Espírito do mundo como obra ao longo da história.

É duplo o deslocamento realizado por Ricœur: ele concede à linguagem um papel central e mostra em que a linguagem como objeto simbólico não se esgota em uma substituição pelo conceito. Não apenas a saturação do sentido não é assegurada pela simples conceituação, mas algo de irredutível escapa à tomada conceitual da ordem simbólica preexistente. Para restituir a riqueza dessa ordem, Ricœur, ao termo de sua trilogia, define uma hermenêutica da consciência histórica, com sua categoria maior de ser-afetado-pelo-passado, graças a uma relação com o espaço de experiência colocada sob a égide do "conceito de iniciativa" (Ricœur, 1985b:414). É essa outra via que traça Ricœur após sua travessia do hegelianismo: a do símbolo que faz pensar, após a colocação em intriga, do paradigma narrativo.

As primeiras críticas formuladas por Ricœur a Hegel remontam a 1938, ocasião em que imputa a Hegel a responsabilidade pelos aspectos simplificadores do pensamento de Marx. Ricœur não permanece, todavia, nessa relação de rejeição: ele vai consagrar a Hegel uma boa parte de seu ensino. Ele é, mesmo, por vezes, fortemente seduzido pela "tentação hegeliana", como é o caso de seu ensaio sobre Freud de 1965, quando situa o discurso psicanalítico como a expressão de uma arqueologia do sujeito, em tensão com a teleologia do sujeito expressa por Hegel. O verdadeiro conhecimento do âmago da obra de Hegel parece tardio. Hegel torna-se claramente um maciço incontornável quando Ricœur se confronta com a questão da temporalidade. O distanciamento de Hegel no encaminhamento de Ricœur deve-se à conjunção de vários fatores. Além dos efeitos do trágico século XX, se ele partilha com Hegel a preocupação de remembrar as diversas formas do saber, ele progressivamente renunciou à ideia de um sistema totalizante, assim como à postura de superioridade que pressupõe de todo filósofo. Ele adota a esse respeito uma posição mais modesta, dialógica, de uma filosofia aberta a outras esferas do saber sem pretensão ao englobamento, pela sua preocupação em respeitar, como exorta Wittgenstein, a pluralidade dos jogos de linguagem.

Essa tensão encontra-se por todo o percurso de Ricœur, que não aceita ceder nem quanto à existência de um horizonte do Uno, nem quanto à irredutibilidade da diversidade. Nesse plano, o "renunciar a Hegel" estabelece um protocolo segundo o qual convém desprender-se de uma obra na qual a decisão de estabelecer um sistema encontra-se instaurada. De sua parte, Ricœur, apesar de seu veemente desejo de filósofo que pretende chegar a uma unidade profunda do pensamento, opõe uma recusa à ideia de um sistema que se poderia fechar. A essa tentação ele prefere o desenvolvimento de um esquema arborescente ao invés de um todo cíclico ou circular como em Hegel. Para compreender essa relação ambivalente e flutuante em relação a Hegel, é preciso considerar a dupla identidade de Ricœur como filósofo e como homem de fé. A sua preocupação de não ultrapassar a fronteira de um domínio sobre o outro e de pensar os dois registros em conjunto, sem jamais objetivar qualquer síntese artificial ou jogar com argumentos de autoridade, necessita restringir tanto a filosofia quanto a teologia a limites que lhes permitam o diálogo, a partir de um núcleo de pertinência próprio a cada um, de seu respectivo ponto de vista. É no interior dessa ascese intelectual que se pode ressituar a demonstração de Ricœur segundo a qual a narrativa, pela sua capacidade de colocar em um enredo a experiência humana, escapa em certa medida às aporias filosóficas e se coloca em posição de guardiã privilegiada do tempo. O lado trágico do século XX constitui um desafio à filosofia e, segundo Ricœur, o panlogicismo hegeliano não pode chegar a termo em sua integração em uma totalização do sentido. Ricœur entende sobretudo destacar o pensamento filosófico contido na interpretação que Kojève propõe de Hegel.

Ricœur entende que se aproprie de uma parte do pensamento hegeliano. Entre outras, pensa que se pode salvar a reflexão hegeliana sobre a instituição, sobre a moralidade objetiva. A mediação institucional permanece constitutiva da ética do sujeito e da passagem "da liberdade selvagem à liberdade do bom senso" (Ricœur, 1969b:64). O problema maior passa a ser então o de saber como a liberdade se torna instituição. A partir de Hegel, Ricœur sustenta sua demonstração com base no acordo realizado entre a vontade coletiva e o exercício efetivo das instituições. Ele permanece bem hegeliano por sua preocupação com mediações, pela convicção de que só é possível saber senão refletindo, e de que convém liberar-se de toda tentação de um pensamento marcado pelo imediato.

Nesse sentido, Ricœur posiciona-se após um período de interiorização de todo o encaminhamento hegeliano e se define como um "kantiano pós-hegeliano", retomando os próprios termos de Éric Weil, do qual se sente bem próximo na sua maneira de interpretar a obra de Hegel para construir uma filosofia política. O gesto filosófico comum a Éric Weil e a Ricœur resulta em colocar as antinomias sem sua ultrapassagem dialética, em uma reconciliação de contrários como em Hegel. Eles mantêm a tensão da contradição até um ponto de paroxismo que torna inelutável não a ultrapassagem dos termos da contradição, mas o extravasamento desses por meio de um deslocamento que permite um salto do pensamento. Esse estilo próprio a Ricœur procede de uma atitude tipicamente kantiana que se reencontra em Éric Weil e que os conduz, a um e ao outro, a privilegiar a esfera do agir. Encarregado da conclusão de um colóquio dedicado a Éric Weil em Chantilly no mês de maio de 1982, Ricœur mostra como esse erige a categoria de Ação como algo além da categoria de Absoluto e como as categorias de Sentido e de Sabedoria se juntam à de Ação.

O Estado não é simples apêndice do social, mas verdadeiro fundamento do querer viver em conjunto em instituições que permitam a organização da comunidade histórica, com seu duplo aspecto de grandeza e de tragédia, de fonte do direito e da violência: "Ao assumir o poder, um grupo assume precisamente o universal concreto e se ultrapassa assim como grupo particular; porém, a racionalidade que exerce, a função universal que passa a exercer coincide com sua posição dominante" (Ricœur, 1991b:107). A via de escape em direção à sabedoria, definida por Éric Weil para evitar a violência constitutiva da história, é próxima às considerações de Ricœur, mesmo se este último se refere mais a Aristóteles sobre o julgamento prudencial e a aspiração por uma vida boa. Encontra-se uma posição hegeliana em Ricœur com seu senso agudo quanto à articulação necessária entre interioridade e exterioridade, singular e coletivo, que tem por horizonte a ideia de um Estado justo que forneça a dimensão condicionante da exterioridade. Contudo, se a caracterização de "kantiano pós-hegeliano" bem convém a Éric Weil, Jean Greisch prefere a fórmula "kantiano pós-husserliano" para qualificar o percurso de Ricœur.

Distinguir história e memória

Ricœur encontra o trágico na relação com um passado tecido de violências traumáticas graças a uma reflexão em que ele focaliza, desde o meio dos anos 1990, sobre a memória. Esse tema revisita, de outra maneira, seus antigos estudos sobre a relação entre tempo e narrativa, porém visualizada dessa vez como prática social em torno da constituição de uma memória coletiva que tem por função enraizar uma identidade. Para Ricœur, o tema da memória torna possível o cruzamento de todas as suas temáticas anteriores de pesquisa: sobre a vontade, o inconsciente, a correlação entre o singular e o universal, a dialética entre a fidelidade a um passado e a promessa de um horizonte de expectativa. Adicionalmente, a memória é um objeto de exemplificação privilegiado que põe à prova a fecundidade dos esquemas de interpretação, da hermenêutica. A memória é um lugar meio individual, meio coletivo, cuja distinção do conceito de história torna indispensável a existência de uma mediação, de um conector, representado pela narrativa. Ricœur realiza assim um novo avanço de seu anel hermenêutico, que escava, com o objeto memorial, dessa vez ainda mais profundamente, no interior dos fenômenos, sempre se abrindo em direção a um agir.

Se o objeto memória pertence a uma lógica endógena, própria ao desenvolvimento da obra de Ricœur, ele é também uma contribuição a um momento memorial que caracteriza as exigências de seu tempo presente. O entusiasmo pela memória responde a uma pluralidade de razões cuja conjugação empurra a França a uma verdadeira situação de comemorite aguda, a ponto tal que não se pode falar com Pierre Nora de tirania da memória, verdadeiro sintoma da crise identitária e da difícil recomposição do viver em conjunto em um momento em que se parece esvair certo número de referências.

É em tais circunstâncias favoráveis que aparece *La mémoire, l'histoire, l'oubli*, que se torna um acontecimento no forte sentido da surpresa suscitada por esse aerólito caído no território do historiador, e da resposta esclarecedora apresentada às exigências do momento. Bem preocupado, de maneira kantiana, em evitar a desmesura e os diversos modos de recobrimento que essa implica, Ricœur dedicou-se por quatro a cinco anos a refletir sobre a dialética própria às relações entre história e memória, que constitui um ponto sensível e por vezes obsessivo de nosso fim de século, momento de balanço dos desastres do trágico século XX. É essa reflexão que o leva ao resultado que ele entrega em setembro de 2000 aos leitores em geral e aos historiadores em particular e que participa, como sempre em sua obra, das preocupações cidadãs que enuncia de pronto na abertura de seu último trabalho:

> Permaneço perturbado pelo inquietante espetáculo que dão um excesso de memória aqui, um excesso de esquecimento acolá, para não falar das comemorações e dos abusos de memória — e de esquecimento. A ideia de uma política da justa memória é, a esse respeito, um de meus temas cívicos confessos. [Ricœur, 2000:1]

Ele se atém ao que pode ser às vezes um excesso de memória e toma o cuidado de sublinhar que o mesmo pode ser também um tópico de excesso de esquecimento. Todo o pensamento de Ricœur é o pensamento do desvio necessário e, se o dever de memória permanece como horizonte, o de prestar justiça às vítimas, ele relembra o desvio necessário pelo trabalho, ao nível necessário a uma epistemologia da história. Antes de ter um dever de memória, o historiador confronta-se também com o trabalho de memória, à maneira de um trabalho de luto incontornável. O "Lembra-te" encontra-se assim enriquecido por esse trabalho de memória. Por outro lado, ao afirmar o caráter negativo da identidade narrativa do Holocausto, ele lhe restitui a singularidade e o valor universal.

A identidade narrativa no plano histórico pode ter sua vertente positiva, como é o caso da sedimentação de significado que se cristalizou acerca do episódio do Mayflower para o sentimento de pertinência aos Estados Unidos ou a Revolução Francesa para a identidade francesa, e uma vertente negativa como o Holocausto, que se coloca como evento fundador no plano de sua negatividade:

> O acontecimento é classificado retrospectivamente, ou melhor, retroativamente como fundador: ele o é por um ato de comemoração mais ou menos sacralizada como celebração. Eu ousaria ir mais longe e sugerir que certos acontecimentos, como Auschwitz para a consciência europeia do pós-guerra, assim como talvez o Gulag, em alguns anos, para a tomada de consciência dos soviéticos, assumem o significado de eventos fundadores em negativo. A comemoração no luto exerce assim a mesma ação fundadora que os eventos fundadores positivos, na medida em que legitimam os comportamentos e as disposições institucionais capazes de impedir o retrocesso. [Ricœur, 1991a:52]

Ricœur diferencia a singularidade moral do Holocausto como memória sem contramemória, o que o configura como um mal incomparável a outros traumas. Em contrapartida, ele reafirma, como Hanna Arendt e muitos outros, o paralelismo entre esse período como momento histórico e outros regimes totalitários. No plano epistemológico, ele aporta um apoio da maior importância aos historiadores de profissão no confronto destes com as teses negacionistas, por sua insistência sobre a questão da prova, sobre a operação historiográfica como procedente de uma epistemologia popperiana da refutabilidade:

> Os termos verdadeiro/falso podem ser assumidos legitimamente nesse nível, no sentido popperiano do refutável e do verificável. É verdadeiro ou é falso que as câmaras de gás foram utilizadas em Auschwitz para matar tantos judeus, poloneses, ciganos. A refutação do negacionismo joga-se nesse nível. [Ricœur, 2000:227]

Seu objetivo é, de fato, o de se pensar em conjunto, como convida toda a sua obra de filosofia, o *logos* grego, ou seja, a visada de veracidade da filosofia, com a tradição judaico-cristã que é uma vertente de fidelidade, do "Lembra-te" da memória, a fim de desenhar os caminhos de uma sabedoria prática. O contexto de intervenção e de clarificação de Ricœur é o que Patrick Garcia denomina de "a guerra das memórias" (Garcia, 2007:57-76), marcada por uma tensão cada vez mais áspera entre a reivindicação identitária da memória e a visada de veracidade da história, com a chave da impossibilidade de asseverar em favor da legitimidade ou não desses dois polos heterogêneos. Com efeito, desde os anos 1980, ingressou-se no que Jean-Michel Chaumont qualificou de concorrência das vítimas, assinalada pela substituição da figura do herói pela da vítima, pela implosão dos discursos edificantes, das metanarrativas, do romance nacional e os efeitos sucedâneos das tragédias do século XX com seus cortejos de massacres desde a Grande Guerra de 1914-18: "A figura do herói de nosso tempo é doravante a do Justo, da resistência humanitária, a que *preserva* a vida, pois toda aposta é incerta ou, pior, pode-se revelar desastrosa" (Garcia, 2007:65). É nesse contexto de confusão crescente entre história e memória que intervém Ricœur, para afirmar que no plano epistemológico não se pode asseverar que a memória seja mais legítima que a história ou o contrário, e que importa sobretudo saber qual a visada de uma e de outra. A perspectiva adotada por Ricœur na sua fenomenologia da memória, sua epistemologia da história e sua ontologia da condição histórica permanece, como todos os seus trabalhos, uma pragmática. Cabe ao sentido orientar sua preocupação para avançar na via de uma justa memória, não para se aproximar de uma essência originária, mas para uma ação que favoreceria tal realização. No plano ontológico, a intervenção de Ricœur no terreno da reflexão sobre a disciplina histórica inscreve-se, com efeito, em um movimento mais amplo, que se reencontra em toda a sua obra desde o início e que resulta em sempre fazer prevalecer, apesar da travessia do trágico, o desejo de ser do homem capaz, sua capacidade de agir, sua capabilidade. Essa insistência na capacidade de agir, sobre a práxis, é aliás um horizonte comum de Ricœur e Hanna Arendt, cujo terceiro termo que ela desenvolve em *La condition de l'homme moderne* é a *Via activa*, horizonte da ação do ser humano. Em sua obra sobre a relação ternária entre história, memória e esquecimento, Ricœur se interroga sobre uma das capacidades de ser que é a de fazer memória, e essa é para ele a ocasião de prosseguir seu diálogo com os historiadores profissionais, de atravessar o que é a prática historiográfica da atualidade. No horizonte de sua contribuição, a questão que se coloca é saber como não ser cativo da infelicidade, de salvar o que foi das ruínas do não-mais-ser.

O historiador deve superar a alternativa que frequentemente se lhe apresenta entre o Bom e o Justo. A prática historiográfica deveria ser capaz de introduzir um tanto mais de verdade na justiça, contribuindo assim para um trabalho de luto coletivo, ao fazer valer seu trabalho de busca da verdade no espaço público. Esse trabalho, animado pela preocupação de equidade, visa a fazer emergir uma verdade mais justa, e é assim que Ricœur visualiza a positividade do trabalho do historiador, o que não implica nenhuma renúncia de sua parte à abertura que sempre defendeu às outras formas de narrativa, especialmente a ficção, contrariamente ao que sugere Rainer Rochlitz, que vê nos trabalhos de Ricœur um retorno ao "positivismo" de Auguste Comte.

Ricœur abre um espaço médio, a igual distância entre o indicativo da descrição do passado "tal como se passou" e o imperativo da prescrição sob a forma de um modo optativo, de um desejo, de uma antecipação, de um verdadeiro horizonte de expectativa cuja aposta é a "memória feliz" ao termo de uma conexão/desconexão que não se faz sem evocar o trabalho de cura analítica. Seria, contudo, errôneo enxergar nisso a expressão de uma ingenuidade beatamente consensual da parte de Ricœur, pois toda sua filosofia é, ao contrário, um pensamento de tensões, de aporias, de diferentes interpretações. Não se pode jamais, segundo ele, subsumir as contradições, mas simplesmente pôr em jogo mediações imperfeitas, permitindo a ação transformadora do homem. Portanto, não há *happy end*, não há "esquecimento feliz" (Ricœur, 2000:650), mas um sutil trabalho a perseguir até o cerne da dúvida. Ricœur retoma de Freud a expressão de uma "inquietante estranheza da história" e, conforme observa François Hartog (2010), se a história encontra o caminho da surpresa, suscita desconforto, pois vacilam as referências e as evidências que se acreditavam intemporais. Adicionalmente, a história perde sua vocação de separar os legados factual e memorial, para dignificar em bronze esse ou aquele episódio tido como alicerce fundador imutável. Com efeito, o enigma subsiste entre o passado real e a representação histórica que se faz dele e que não pode deixar de ser flutuante, animada de uma visão, a da "representância", de um entrevero da discursividade em direção ao qual é necessário tensionar sem jamais conseguir a ressurreição.

O filósofo atribui ao esquecimento a mesma importância que à história e à memória. Um de seus mais importantes aportes nesse domínio terá sido o de demonstrar que, se o esquecimento representa um duplo desafio ante a história e a memória, e a esse título ele pertence a uma dimensão negativa, ele se reveste também de uma dimensão positiva, a do esquecimento de reserva que tem a capacidade de preservar. Esse esquecimento é uma condição mesma da memória. Ricœur terá, portanto, arrancado o esquecimento da condição de pura negatividade e retoma totalmente nesse plano uma preocupação propriamente historiográfica. Ele diferencia, com efeito, o que pode ser a perda irreversível que podem provocar lesões corticais ou o incêndio de uma biblioteca, do esquecimento de reserva que, ao contrário, preserva e resulta ser a condição mesma da memória, conforme havia com justeza percebido Ernest Renan a propósito da nação, e Kierkegaard a propósito de libertar-se de uma preocupação. Na guerra das memórias, ao curso da qual uma rude concorrência opõe história e memória, Ricœur intervém para expressar o indecidível nas relações entre elas: "A competição entre a história e a memória, entre a fidelidade de uma e a veracidade da outra, não pode ser resolvida no plano epistemológico" (Ricœur, 2000:648).

Ele evoca o esquecimento ordenado, o da anistia cuja finalidade é a paz civil, acrescentando que uma sociedade não pode viver indefinidamente em cólera consigo mesma. Um caso bem conhecido de esquecimento ordenado pelo Estado na França é o do primeiro artigo do Edito de Nantes, assinado pelo rei Henrique IV, que estipula: "Primeiramente, que a memória de todas as coisas ocorridas de uma e de outra parte desde o começo do mês de março de 1585 até nossa assunção à coroa... permanecerá extinta e dormente como coisas não acontecidas". Contudo, Ricœur põe-se em guarda sobre os limites inerentes à vontade de fazer calar o não esquecimento da memória. Ele se aplica bem a distinguir duas ambições de natureza diferente: a da veracidade para a história e a da fidelidade para a memória, mostrando que uma desconfiança muito viva diante dos lapsos da memória conduziria a consagrar uma postura historiográfica e, ao inverso, um recobrimento da história pela memória causaria impasse quanto ao nível epistemológico indispensável para a explicação/compreensão. Que seria uma verdade sem fidelidade, ou ainda uma fidelidade sem verdade, pergunta-se Ricœur, que constrói em primeiro lugar uma fenomenologia da memória. A imbricação é inevitável entre história e memória. Se a memória é sujeita a patologias — impedimentos, resistências — como mostrou Freud, ela é também presa de manipulações, de imposições. Ela pode, entretanto, fazer acesso em certas circunstâncias a momentos "felizes", os do reconhecimento. É o caso da lembrança involuntária descrito por Proust, mas pode ser também o objetivo de uma memória de evocação, de um trabalho de memória que se aparenta com o que Freud designou pela expressão trabalho de luto. Ora, esse pequeno milagre do reconhecimento que permite a memória é, em contrapartida, inacessível ao historiador que não pode pretender ter acesso a essa "pequena felicidade", pois sua forma de conhecimento é sempre intermediada pelo vestígio textual que torna seu saber um canteiro sempre aberto e indefinido, sobre o ausente.

São referenciadas duas tradições que toda a obra filosófica de Ricœur tenta articular em conjunto. É aliás esse remembramento que pode servir de régua para medir o aporte essencial de sua obra. O *logos* grego lhe oferece sua base de partida para responder ao enigma da representação do passado na memória. Platão já se havia posto a questão do "que" da lembrança, respondendo no *Teeteto* pelo *Eikôn* (a imagem-lembrança). Ora, o paradoxo da *Eikôn* é a presença no espírito de uma coisa ausente, a presença do ausente. A essa primeira abordagem Aristóteles acrescenta outra característica da memória com o fato de que ela porta a marca do tempo, o que define uma linha de fronteira entre a imaginação, o fantasma, de um lado, e a memória, de outro, a qual se refere a uma anterioridade, a um "tendo sido". Mas quais são os vestígios memoriais? São de duas ordens, segundo Ricœur, que se mantém vigilante, à distância das iniciativas reducionistas como a de Changeux e seu *Homme neuronal*, para quem a lógica cortical explicaria, por si só, todos os comportamentos humanos. Ricœur cuida de distinguir os traços memoriais corticais, psíquicos e materiais (Changeux e Ricœur, 1998). Com essa terceira dimensão da memória, a dos traços materiais, documentais, já estamos no campo de investigação do historiador. Eles constituem, por si sós, a imbricação inevitável de história e memória, o que, aliás, revela a expressão de Carlo Ginzburg de um paradigma "indiciário" do qual dependeria a história, por oposição ao paradigma "galileano" (Ginzburg, 1989).

Existe o corte entre o nível memorial e o do discurso histórico, e esse corte se efetua com a escrita. Ricœur retoma nesse ponto o mito da invenção da escrita como *pharmakon* no *Fedro* de Platão. Em relação à memória, a escrita é ao mesmo tempo remédio, protegendo contra o esquecimento, e também veneno, na medida em que corre o risco de se substituir ao esforço de memória. É em nível da escrita que se situa a história, nas três fases constitutivas do que Michel de Certeau qualifica como operação historiográfica: a colocação em arquivos pela qual se mostra sua ambição de veracidade, pela discriminação entre o testemunho autêntico e o falso; no plano de explicação/compreensão que formula a questão causal do "por quê?"; e, enfim, em nível da representação histórica propriamente dita, ao curso da qual se efetua o ato mesmo da escrita da história, o qual repõe, uma vez mais, a questão da verdade.

É pelo neologismo "representância" que Ricœur define a intencionalidade histórica. Ela é a visada do próprio conhecimento histórico, colocada sob o selo de um pacto segundo o qual o historiador se faz objeto de personagens e de situações que existiram antes que deles se construísse a narrativa. Essa noção de "representância" se distingue, portanto, da de representação, na medida em que implica um frente a frente com o texto, referente que Ricœur já havia qualificado de tenência do texto histórico em *Temps et récit*. A esse polo de veracidade com raízes no *logos* grego, Ricœur articula o polo judaico-cristão da fidelidade, interrogando-se sobre o que se chama cada vez mais de dever de memória. De fato, ele discute, tal como Yerushalmi (1984), o imperativo do Deuteronômio que é o "Lembra-te". Assim, ante as injunções atuais segundo as quais há um novo imperativo categórico determinado pelo dever de memória, Ricœur, inspirando-se na prática analítica, prefere a noção de trabalho de memória à de dever de memória, na qual ele destaca o paradoxo gramatical que consiste em conjugar no futuro uma memória guardiã do passado. Mas não seria correto ler em Ricœur, nesse deslize semântico, um abandono do "Lembra-te!" do Deuteronômio. Ao contrário, ele afirma a legitimidade do "Lembra-te!" da tradição judaico-cristã, que ele tenta articular com o esforço crítico do *logos*. O dever de memória é legítimo, ainda que possa ser objeto de abuso: "A injunção de relembrar corre o risco de ser entendida como um convite endereçado à memória para curto-circuitar o trabalho da história" (Ricœur, 2000:106). Tornamo-nos "os filhos bastardos da memória judia e da história secularizada do século XIX", afirma Ricœur (2000:522), unindo assim, apesar de um diálogo de surdos travado na revista *Le Débat* (Autour..., 2002:4-61), as posições intermediárias da problemática dos *Lieux de mémoire* de Pierre Nora. Malgrado o sucesso público dessa intervenção de Ricœur sobre o tema da memória, pode-se, entretanto, notar com Chistian Delacroix as numerosas reservas do meio dos historiadores, prontos a defender seu espaço, e muitos entre eles engajaram-se na falsa acusação que lhe moveram de querer abandonar o dever de memória:

> Resulta que o jogo de distanciamentos e de desníveis na reflexão entre o trabalho do historiador e o do filósofo não deve, sem dúvida, ser ilusoriamente reduzido, pois é precisamente esse jogo e esses atritos de interface que, para além das crispações disciplinares, produzem alteridade e reconhecimentos criativos. [Delacroix, 2010]

Essa tensão leva Ricœur a se interrogar sobre a dimensão de nossa condição histórica como ser de memória e de história. Ele retoma suas reflexões sobre a historicidade e sua confrontação com as teses heideggerianas sobre o tempo. Ricœur opõe dessa vez uma nova categoria à do ser-para-a-morte de Heidegger, que sempre suscitou nele a mais viva desconfiança. Ele a substitui pela noção de ser-em-dívida, como ligação possível entre passado e futuro. Esse é um ponto maior, a verdadeira linha mestra de sua demonstração, segundo a qual o ter-sido se projeta sobre o transformado. A esse título, Ricœur insiste — e isso é essencial para a comunidade de historiadores — sobre o fato de que o passado existe ainda no tempo "folhado" do presente. Ele nisso converge com Jankélévitch, que ele cita no exergo de seu trabalho: "Aquele que foi já não pode doravante não ter sido, a partir do fato misterioso e profundamente obscuro de que ter sido é o seu sustento para a eternidade". É com base nessa insistência que memória e história podem ser confrontadas como duas práticas, duas relações com o passado do ser histórico. Na medida em que a história é mais distante, mais objetivante, mais impessoal em sua relação com o passado, ela pode exercer um papel de equidade, a fim de temperar o exclusivismo das memórias particulares. Ela pode assim contribuir, segundo Ricœur, para transformar a memória infeliz em memória feliz, pacificada, em justa memória. É, portanto, uma nova lição de esperança que nos lega Ricœur: um reencaminhamento da relação entre passado, presente e futuro, constitutivo da disciplina histórica por parte de um filósofo que relembra os imperativos do agir aos historiadores que têm a tendência a se comprazer com a repetição e com as comemorações. Aos historiadores significa algo de novo que o trabalho deles visa a "tornar nossas expectativas mais determinadas e nossa experiência mais indeterminada" (Ricœur, 1985b:390). É a esse trabalho que ele convida os historiadores e é nesse sentido que é preciso compreender sua noção de trabalho de memória, em referência a Freud e sua noção de trabalho de luto. Ricœur invoca o uso do trabalho de memória a partir do que Freud (1952:189-222) denominou de trabalho de luto: "O excesso de memória recorda particularmente a compulsão de repetição, sobre a qual nos diz Freud que leva a substituir a passagem ao ato pela lembrança verdadeira, pela qual o presente se reconciliaria com o passado". (Ricœur, 2000:96)

As patologias coletivas da memória podem muito bem manifestar-se por situações de excesso de memória, de repetição — do que a "comemorite" e a tendência à patrimonialização do passado nacional na França dão um bom exemplo — assim como por situações contrárias, de memória insuficiente, como é o caso em todos os países totalitários, onde predomina uma memória manipulada: "O trabalho da história compreende-se como uma projeção, do plano da economia das pulsões ao plano do labor intelectual, desse duplo trabalho de lembrança e de luto" (Ricœur, 1996:11). É por isso que a memória é inseparável do trabalho de esquecimento. A memória é, portanto, tal como a história, um modo de seleção sobre o passado, uma construção intelectual e não um fluxo exterior ao pensamento. Quanto à dívida que guia "o dever de memória", ela se situa no cruzamento da tríade passado-presente--futuro: "Esse choque de volta da visada do futuro sobre a do passado é a contrapartida do movimento inverso da tomada de representação do passado sobre o futuro" (Ricœur, 1998a:25). Longe de ser um simples fardo a carregar para as sociedades do presente, a dívida pode tornar-se uma mina de sentidos, mediante a condição de reabrir a pluralidade das memórias do passado e de explorar a enorme fonte de possibilidades não investigadas. Esse trabalho não pode ser realizado sem a dialetização da memória e da história, distinguindo-se sob o registro de história crítica a memória patológica que age como compulsão de repetição, e a memória viva em uma perspectiva de reconstrução: "É ao libertar, por meio da história, as promessas não mantidas, e mesmo impedidas e repudiadas pelo curso ulterior da história, que um povo, uma nação, uma entidade cultural, podem ter acesso a uma concepção aberta e viva de suas tradições" (Ricœur, 1998a:30-31).

9
Pensar como filósofo a tradição judaico-cristã

A desmitificação

É como filósofo que Ricœur aborda o continente religioso e bíblico, jamais como teólogo nem mesmo como biblicista. Abstraindo-se da filosofia religiosa de busca de um absoluto, ele situa a questão de Deus, como filósofo, no contexto de um "suspense agnóstico". Todavia, ele é considerado, notadamente nos Estados Unidos, como "o mais teologicamente sofisticado dos grandes teóricos contemporâneos da interpretação" (Gerhart, 1975:497). O filósofo jesuíta Alain Thomasset (1996:230) observa que Ricœur consagrou mais de uma dezena de ensaios "mais ou menos diretamente às questões religiosas". E, se Ricœur nunca se pretendeu teólogo, muitos teólogos, protestantes ou católicos, colheram frutos de suas interpretações. Ricœur começa por traçar os limites da filosofia, que são os da razão, e é assim que ele pode deixar lugar à acolhida do pensamento teológico como o Outro da filosofia e se deixar interpelar por esse Outro para construir uma inteligência da fé. É desse modo que o filósofo, cujo *logos* tem raízes na tradição grega, pode abrir-se para a herança judaico-cristã e pensar sobre sua articulação. Porém, essa amarração não é fácil, é sempre inconclusa, em tensão constante entre a finitude do questionamento e o infinito do ser. Ricœur situa-se nesse ponto em uma filiação bem kantiana, a do respeito dos limites que possa salvaguardar o caráter irredutível da esperança. Nessa perspectiva, e como faz notar Alain Thomasset, o querigma cristão não se apresenta como explicação, mas simplesmente como matéria a pensar, dando-se a pensar como símbolo. Sobre esse plano, reencontra-se a preocupação propriamente filosófica de Ricœur de descentrar o *cogito*, preso entre sua arqueologia e sua teleologia que o impede de ser transparente a si mesmo. O querigma situa-se nas proximidades dessa abordagem, na medida em que evoca uma origem radical e um fim último que escapam ambos ao sujeito. Os dois domínios não se originam, portanto, de uma simples justaposição ou de uma simples concordância, e reencontra-se aí o tema, importantíssimo em Ricœur, da relação paradoxal do magnetismo entre ambos os discursos, sem que jamais um venha a recobrir a singularidade do outro. A impossível totalização remete sempre à abertura para um horizonte de expectativa, um horizonte de esperança que Ricœur qualifica como "poética". Essa poética terá sempre permanecido no horizonte de seu trabalho filosófico e, desde a sua tese, ele prometia uma "poética da vontade", originária de variações imaginativas.

É assim que o intenso diálogo que estabelece Ricœur com as ciências humanas se duplica em um trabalho de desmitificação dos textos religiosos. É no curso dos anos 1960 que ele vai poder ilustrar a fecundidade de *La symbolique du mal*, segundo a qual o símbolo faz pensar. A regularidade de suas contribuições nesse domínio provém do encontro com um personagem de cores fortes: Enrico Castelli. Os colóquios de Castelli vão--se desenrolar a partir de 1961 sob o título genérico da desmitificação. Filósofo e amigo do papa Paulo VI, de quem havia sido condiscípulo, Castelli é autor de trabalhos sobre o *Existencialismo teológico* (Castelli, 1948). As primeiras intervenções de Ricœur nesses colóquios aprofundam o trabalho realizado em *La symbolique du mal*. O projeto de desmitificação é a ocasião para retomar a questão do pecado e de relativizar o efeito de culpa que pesa sobre o mundo cristão.

Quando do primeiro Colóquio Castelli em 1961, Ricœur acaba de publicar o segundo volume de sua *Philosophie de la volonté: finitude et culpabilité*. Ele se encontra em um momento de reflexão sobre o símbolo, que o incita a contemplar o que pode ser uma hermenêutica dos símbolos articulada com a reflexão filosófica. Nessa ocasião, ele recorda a oposição entre duas tradições míticas sobre a origem do mal. Aos que veem uma anterioridade do mal em relação ao homem respondem os que situam no próprio homem essa origem. De um lado, os mitos babilônicos e a configuração trágica de um destino implacável que pesa desapercebidamente sobre o homem; de outro, a narrativa bíblica que faz imputar ao homem, com a queda de Adão, todo o peso da transgressão e do mal. Porém, essa divisão não é assim tão simples. Ricœur insiste sobre uma clivagem interna ao mito adâmico, introduzido pela presença da serpente, que revela a inclusão do conflito no interior mesmo do mito adâmico, como a outra face do mal, como o Outro do homem: "O mal já ali, o mal anterior, o mal que atrai e reduz o homem. A serpente significa que o homem não inicia o mal. Ele o encontra" (Ricœur, 1969d:291). Para pensar a partir da simbologia, Ricœur define três etapas do pensamento, visualizadas como o mesmo número de planos complementares. Em um primeiro nível, uma compreensão do símbolo pelo símbolo deve resultar de um tratamento fenomenológico. Após esse estágio preliminar, faz-se acesso a uma hermenêutica que tem por objetivo decifrar a singularidade da mensagem. Porém, a reflexão não se apropria verdadeiramente do símbolo senão ao acrescentar uma terceira etapa, propriamente filosófica, a de um pensamento a partir do símbolo. Ao desafio do mal Ricœur opõe a lógica de São Paulo da superabundância, a do "quanto mais". A passagem para a desmitificação tem por função fazer aparecer o mito como mito. Essa primeira vertente, negativa, pode ser qualificada como desmistificação e corresponde ao necessário descapeamento crítico de uma lógica da dúvida. Mas a essa se contrapõe outra vertente, positiva, que é a de fazer aparecer o homem como "produtor de sua existência humana" (Ricœur, 1969d:330). A operação praticada por Ricœur vem recolocar sob a luz da promessa o objeto de acusação e a culpa resultante do lado querigma. A religião não se deve apresentar como simples duplicata da acusação, deixando assim de sacralizar a proibição. Nesse ponto ainda, é em São Paulo que Ricœur encontra a via de uma desmistificação radical da acusação, assim como da transgressão.

Em Roma em 1967, Ricœur toma por objeto de reflexão o mito da punição. Esse carrega significado híbrido, composto, de um lado, da racionalidade segundo a qual uma lógica de equivalência relaciona o crime ao seu castigo; mas, por outro, ele é também tecido de uma vertente mítica segundo a qual a mácula exige reparação, purificação, para ser anulada. Na punição conjugam-se, portanto, uma racionalização fria e uma sacralização. De onde a necessidade de um trabalho de desconstrução do mito, a fim de reconduzir a punição à sua esfera de validade, o que permite assumir-se um distanciamento em relação ao escopo onto--teológico da punição. Seguindo a demonstração de Hegel em *Principes de la philosophie du droit*, Ricœur procede a uma desmitificação da punição. Esse primeiro tempo desconstrutivo não esgota a desmitificação da punição, a qual deve ser objeto de uma reinterpretação. Isso leva Ricœur a propor a ideia de um "memorial" da punição. Mais uma vez, é São Paulo que o inspira, em um duplo movimento que conduz ao extremo da condenação para se reverter em extremo da misericórdia: "Como o erro de apenas um arrastou a condenação para todos os homens, da mesma forma uma obra de justiça de um único traz a todos a justificação que dá a vida" (Épître de Paul aux *romains, Rom.* 5, 18-19). A lógica da punição, confrontada com essa lógica do excesso, da graça, deixa todavia subsistir um mito quebrado, um "memorial", isto é, um passado ultrapassado. A desmitificação deixa, portanto, um resíduo que não pode ser retomado pela simples lógica jurídica de equivalência, nem pela que tem caráter sagrado, a de superabundância.

Será, todavia, o pensamento protestante que vai inspirar o trabalho de desmitificação de Ricœur e foi notadamente Rudolf Bultmann que contribuiu para certo distanciamento de Karl Barth por toda uma geração de protestantes. Professor de teologia em Marburgo até 1951, ele foi muito marcado pelo seu contato de amizade com Heidegger e integrou sua exegese bíblica no cenário de uma interpretação existencial. É a partir dessa dupla finalidade do acreditar e do compreender que ele elabora seu programa de desmitificação. O Querigma que, diferentemente da profecia, é um anúncio relacionado com um acontecimento atual, senão quase presente, como a vinda do Cristo no Novo Testamento, é interpretado do ponto de vista da mensagem existencial que ele traz. Bultmann participa da reconquista de interesse pela hermenêutica e reimprime à exegese bíblica uma centralidade que essa havia perdido com Barth, para quem todo esforço é direcionado à construção de uma dogmática. Ele assume também um distanciamento em relação ao método histórico-crítico. As narrativas evangélicas não alcançam a realidade da vida de Jesus e, quando Bultmann publica seu *Jesus* em 1926, o que ele sobretudo retém é a palavra que chega até ele e que constitui uma interpelação existencial. A desmitificação a que procede Bultmann não visa a uma evacuação dos mitos, mas conduz a sua reinterpretação, tornada necessária porquanto a ciência como experiência vivida tem contradito o cenário de crenças do passado: "A tese fundamental de Bultmann é que o conjunto da revelação bíblica nos é dado em um cenário cosmológico que não mais podemos considerar senão como mítico" (Mehl, 1974:128). A pregação cristã deve, mais uma vez, adaptar-se resolutamente à modernidade, repetindo assim o gesto de Lutero, a fim de se dirigir aos homens em uma linguagem não mitológica. Sua conferência de 1941, "Novo Testamento e mitologia", define um vasto programa. Bultmann vê no Evangelho uma perspectiva de demundanização e uma via oferecida a uma decisão existencial, privilegiando a categoria do presente, do momento do acontecido, da decisão. Segundo Ricœur, o mérito de Bultmann é o de enfatizar a importância de todo um trabalho textual e de romper radicalmente com todas as formas de fundamentalismo, desmitificando e assim reatando com a tradição hermenêutica. Ele corresponde, de fato, nos anos 1960, à travessia dos mestres da dúvida e à corrente linguística que segue Ricœur. O *Jesus* de Bultmann é publicado pelo Seuil em 1968 e Paul-André Lesort pede a Ricœur que redija o prefácio do livro. Bultmann postula como central a questão hermenêutica, ou seja, a transformação dos traços escritos em palavra viva. A distância temporal que nos separa da pregação original é, de fato, fonte de um problema de ordem hermenêutica. De um lado, porque a palavra se tornou Escritura; de outro, a distância temporal nos afastou do ato original; e em terceiro lugar, a Bíblia tornou-se um texto entre outros, submetido às mesmas regras de leitura para os modernos da época pós-crítica. O primeiro aspecto do empreendimento de Bultmann parece puramente negativo, pois consiste em tomar consciência do revestimento mítico que envolve a pregação. Esse primeiro estágio resulta em restituir a especificidade da cosmologia implícita do texto, representação mental superada para sempre no mundo moderno. É a vertente epistemológica dessa desmitificação, forma de "perfuração no próprio sentido literal, uma *des-estruturação*, isto é, uma desconstrução do literal" (Ricœur, 1968b). O segundo momento da desmitificação necessita fazer aflorar, sob o sentido aparente de função explicativa ou etiológica, um segundo significado do mito. É essa a vertente positiva da desmitificação, a qual permite entrar no círculo hermenêutico. Bultmann autoriza não mais virar as costas ao mundo do *logos*, à filosofia, pois considera que não se pode absorver um texto, inclusive a Bíblia, sem pressuposições. Não existe, portanto, interpretação neutra, como já havia destacado Dilthey. Mas isso significa também que só se pode ter acesso à inteligibilidade de um texto mediante a condição de se ter uma antropologia em afinidade com ele. É esta última em que se baseia a interpretação existencial do Novo Testamento. Em Bultmann, a relação entre filosofia e exegese concebe--se como de complementaridade, na qual o acontecimento proclamado pela Bíblia confirma a virtualidade dos possíveis na filosofia, realizando-a ao mesmo tempo que a condena. É nesse plano que se situa um limite em Bultmann criticado por Ricœur. Este o censura por colocar uma trava nessa tarefa de desmitificação, já que está em questão um ato de Deus, a palavra de Deus. Esse núcleo não mitológico que se exprime em termos de transcendência, de tudo o mais, do que está além das expressões como as do ato, da palavra, do acontecimento... escapa ao questionamento sobre os sentidos. Ricœur entende pensar com Bultmann, mas também contra ele, para melhor pensar o que ficou impensado por ele. Ele o censura principalmente por não ir longe o bastante em sua reflexão sobre a linguagem, a qual se limita, em Bultmann, apenas ao cuidado com a objetivação. No final dos anos 1960, Ricœur, que acaba de realizar a travessia do campo semiótico, estruturalista, considera que Bultmann representa uma corrente de pensamento decerto importante, porém ultrapassada, em seu momento ainda existencialista. Devido a esse enquadramento, Bultmann tem a forte tendência de se apoiar sobre a dicotomia diltheyana entre o explicar e o compreender, assim como a valorizar o caráter psicologizante, existencial do compreender, em prejuízo da consideração da linguagem em toda a sua amplitude. À maneira de Heidegger, Bultmann teria optado por uma via curta. Ora, "uma teoria da interpretação que passa do início ao momento da decisão vai rápido demais" (Ricœur, 1968b).

Todavia, apesar de suas reservas, Ricœur encontra em Bultmann um sólido apoio no gesto de se debruçar sobre o texto bíblico como prática fundamental de uma fé que se situa diante do leitor como fonte constante de abertura crítica e interrogativa sobre o campo do possível. Ricœur aprofunda a temática bem protestante de crítica da religião e de defesa da linguagem da fé (Ricœur, 1964b:5-16, 1964c:17-31). A ideia que Ricœur procura fazer prevalecer é a de uma idade pós-religiosa da fé. O exercício da dúvida deve desembocar na compreensão do que significa o querigma, a proclamação cristã, na cultura moderna. Agentes do descortínio da falsa consciência, os mestres da dúvida contribuem para uma exegese geral e sua habilidade em decifrar as estruturas deve ser assimilada. É conveniente apropriar-se da obra desmistificadora de Marx como tarefa de veracidade e de autenticidade. Para Ricœur, em Marx, Nietzsche ou Freud, a crítica radical da religião é inteiramente justificada, pois esta se torna máscara do medo, máscara da dominação, máscara do ódio. A essa desmitificação externa com relação à religião acrescenta-se uma crítica interna com a desmitificação preconizada por Bultmann, e tornada inevitável em razão do distanciamento cultural que nos separa do mundo do Evangelho. Esse trabalho de descapeamento do passado torna possível uma recuperação do sentido que é a tarefa positiva da hermenêutica. Não é na nostalgia do passado perdido que se pode encontrar uma inscrição, mas, ao contrário, na restauração de um espaço de interrogação. A pré-compreensão da linguagem da fé passa por três momentos. Em primeiro lugar, convém construir uma antropologia filosófica que Ricœur pratica no estilo da fenomenologia ou da tradição existencial. Em segundo lugar, convém fazer preponderar tudo o que restaura a questão da humanidade, concebida como totalidade e, a esse respeito, tem valor de exemplo a antropologia kantiana das paixões humanas (o ter, o poder, o querer). Em terceiro lugar, a compreensão preliminar da pregação situa-se em nível da linguagem propriamente dita: "Humboldt dizia que o homem é linguagem" (Ricœur, 1964c:24). A tarefa consiste em impedir a explosão em linguagens plurais puramente técnicas, fechadas em sua funcionalidade específica. Essa pré-compreensão torna possível o desenvolvimento do trabalho de restauração do sentido. A fé se situa ao encontro, entre as possibilidades abertas, como uma possibilidade de existência. A fé abre o homem para o que o constitui no cerne de sua potência mítico-poética, pela palavra criadora.

Outro teólogo que contou bastante para Ricœur nesse período foi Gerhard Ebeling. Pós-bultmaniano, ele insistiu especialmente sobre a palavra, sobre o Cristo como acontecimento de linguagem, como advento da palavra. Ricœur bem rapidamente percebe o benefício que pode tirar dessa argumentação teológica como contrafogo à tendência estruturalista de reduzir a palavra em favor apenas das lógicas sistêmicas da língua. Ricœur aprecia que com Ebeling o problema da linguagem se torne fundamental, como para Heidegger em seus escritos dos anos 1950. Ebeling representa, de fato, uma acentuação da virada hermenêutica, enquanto Bultmann permanece ainda bastante impregnado de existencialismo. Gerhard Ebeling e Ernst Fuchs fundaram, um em Zurique, o outro em Marburgo, dois institutos de hermenêutica. Efetuando um retorno a Lutero, um e outro renovaram o problema hermenêutico: "A ideia fundamental da Reforma, segundo Ebeling, é ter colocado a palavra em lugar da ontologia" (Ricœur, 1967:40). Contra toda reificação, com seu cortejo de relíquias, a Reforma substitui a Igreja como lugar de junção entre um evento da palavra e outra palavra que a interpreta: "A Igreja é, de parte a parte, exegese" (Ricœur, 1967:42). Essa historicização da Igreja atribui à categoria da interpretação uma centralidade teológica e desemboca em um processo de atualização constante da palavra. Nesse ponto se coloca o problema hermenêutico da reconversão de uma palavra tornada texto que necessita de novo traduzir-se em palavra. Essa exigência expõe o problema da travessia do mundo profano, secularizado, pois a hermenêutica é uma e indivisível em uma simples justaposição de uma vertente sagrada e uma vertente profana. Ao contrário de Karl Barth, para Ebeling, a palavra divina não é separada da palavra humana. É no seio da palavra única que se pode discernir a polaridade Deus/homem: "É assim que Ebeling tenta compreender a expressão de São João 'A palavra fez-se carne'. Isso quer dizer: há um momento da história, e isso é o querigma cristão, em que a palavra foi inteiramente realizada" (Ricœur, 1967:48). Nesse sentido, Ebeling contribui para liquidar a distinção de Dilthey, que Ricœur qualifica como perigosa e empobrecedora, entre o explicar e o compreender. Ebeling representa assim, no final dos anos 1960, uma referência cada vez mais evocada por Ricœur, que nele encontra um sólido apoio em sua virada hermenêutica.

A radicalização do movimento de desmitificação nos anos 1960 passa também pela proximidade com as teses de Bonhoeffer. Discípulo de Barth, ele se destaca como herói da resistência ao nazismo. Assim que toma conhecimento da declaração de guerra, quando se encontra nos Estados Unidos, ele embarca no último navio e retorna à Alemanha, para estar junto a seu povo. Resistente contra o nazismo a ponto de participar de uma tentativa de eliminação de Hitler, é executado sob as ordens do Führer em 19 de abril de 1945, à idade de 39 anos, apenas algumas horas depois de ter pronunciado um último sermão para seus camaradas de cativeiro. Continuador de Barth, Bonhoeffer abre ao mesmo tempo toda uma reflexão que vai engendrar a teologia dita da morte de Deus ou um cristianismo irreligioso. Em contrapartida, diferentemente de Barth, que se opõe com firmeza ao programa de desmitificação de Bultmann, Bonhoeffer assume esse trabalho crítico para definir o que André Dumas (1968) qualifica como *Théologie de la réalité*. São sobretudo suas cartas e papéis da prisão, surgidos em 1951 sob o título de *Résistance et soumission*, que se tornam a fonte de profunda renovação da reflexão teológica: "A seus olhos, a religião constitui o esforço impossível do homem para encontrar-se com Deus, uma tentativa pecadora de autojustificação" (Dumas, 1968:194). O homem moderno, tornando-se adulto, pode deixar a religião tradicional no momento em que a ciência elimina a ideia de um Deus como explicação de todo o desconhecido. A secularização progressiva da sociedade, de uma parte, arruína a metafísica. A religião não passaria de ópio da fé. Essa crítica radical da religião, porém, não coloca em causa a fé. Ela implica que a Igreja a vivencie sem apoio exterior, baseada apenas na promessa de Deus.

Ricœur comentou as posições de Bonhoeffer (Ricœur, 1966a:3-20). Ele restabelece a genealogia barthiana da questão, já presente no Comentário da *Epístola aos romanos*, onde Barth escreve que "o cristianismo não é uma religião". Porém, Barth não havia tirado, segundo Bonhoeffer, todas as consequências lógicas de sua afirmativa. A secularização não mais permite invocar Deus nem como explicação do mundo, nem como escapatória às questões não resolvidas. O mundo moderno é de um desencanto radical e Bonhoeffer propõe uma teologia do Deus sofredor ou um ateísmo do Deus filosófico. Jesus Cristo abole a dualidade metafísica e a vida em um mundo sem Deus se manifesta pelo abandono do filho de Deus na cruz: "Deus se deixa desalojar do mundo, pregado na cruz. Deus é impotente e fraco no mundo e somente assim ele está conosco e nos ajuda" (Bonhoeffer, 1973:366). O que tenta fazer Bonhoeffer é pensar teologicamente a contemporaneidade de uma idade pós-religiosa. A transcendência tornou-se imanente em nosso mundo e conduz o cristão a uma ética fundamentada na existência para o outro, em um sofrimento compartilhado: "Não é o ato religioso que faz o cristão, mas sua participação no sofrimento de Deus na vida no mundo" (Bonhoeffer, 1973:167). Bonhoeffer segue Nietzsche quando afirma que Deus está morto, mas permanece o Deus em Jesus Cristo. Ricœur aprova essa travessia do niilismo inaugurado por Nietzsche e praticado por Bonhoeffer, mas na condição de bem compreender a oposição entre a afirmativa segundo a qual "Deus está morto" e aquela segundo a qual "Deus não existe". Bonhoeffer consegue, portanto, definir uma cristologia que descreve um Deus fraco e sofredor. Ele terá assim retomado a ideia nietzschiana de um Deus todo-poderoso ante o homem fraco devolvendo-a ao contrário. Seu Deus sofredor, imanente à plenitude da vida, abre caminho em Bonhoeffer ao que ele classifica de polifonia como experiência verdadeira do "caminho em direção a Deus". A Igreja passa a ser, segundo ele, a Igreja para os outros, como o Cristo é um homem para os outros. Pode-se reconhecer nesse horizonte plural e dialógico um universo muito próximo ao de Ricœur, nos limites de uma teologia agnóstica, tecida de uma concepção basicamente pluralista e voltada para o engajamento na sociedade, em direção à afirmação de uma presença no mundo, desprezando os aspectos da crença referentes à salvação.

Pensar a Bíblia como filósofo

A hermenêutica dos símbolos bíblicos, já presente em *La symbolique du mal*, vai-se desenvolver largamente a seguir, tornando-se uma interpretação da linguagem bíblica a partir de múltiplos trabalhos de exegese. O "mundo do texto" bíblico deu a Ricœur a ocasião de aproximar-se do horizonte poético que se situa sempre diante dele na qualidade de mundo projetado, em ruptura e em posição de abertura com relação ao mundo ordinário do presente. Nos anos 1970, Ricœur aporta uma contribuição maior ao desenvolvimento de uma hermenêutica teológica. Sua influência nesse domínio é menos conhecida e, contudo, tão decisiva quanto seu brilho no plano filosófico. A travessia da ascese estruturalista terá permitido nesse domínio liberar exegetas e teólogos da ambição do transporte psicologizante da hermenêutica romântica. Ele terá mostrado a autonomia do mundo do texto com respeito ao autor ou ao contexto histórico. Ele terá assim grandemente contribuído para deslocar o olhar do hermeneuta, porquanto em geral o objeto da hermenêutica é incessantemente transportado do texto, de seu sentido e de sua referência, em direção à vivência que lá se exprime. Ele conduz assim a busca da verdade não mais para o que se situa por detrás do texto, nas raízes ocultas e exteriores a ele, mas para o que está adiante do texto. Com essa inversão maior da montante para a jusante do texto, da pertinência do autor para o leitor, Ricœur renuncia a toda ontologia absoluta como a toda pretensão da consciência a ser a origem do sentido. As implicações do processo crítico e das lições de semiótica na construção de sua ontologia partida abrem o *corpus* bíblico à multiplicidade, à pluralidade interpretativa, a apropriações diversas. Essas consonâncias buscadas na contemporaneidade do ato da leitura se inserem no imperativo existencial do início do percurso filosófico de Ricœur.

Percebe-se o deslocamento da reflexão teológica notadamente na oportunidade de uma intervenção de Ricœur sobre uma noção opaca e tornada pesada por um enraizamento indiscutido na teologia cristã: a de revelação, já mencionada a propósito da querela com Levinas. Ricœur faz essa comunicação em fevereiro-março de 1976 (Ricœur, 1977:15-54), quando de uma sessão sobre teologia realizada na Escola de Ciências Filosóficas e Religiosas das Faculdades Universitárias

São Luís, em Bruxelas: "Ricœur se encontra devendo travar combate em duas frentes: contra um conceito maciço e unívoco de revelação; contra um racionalismo que se pretende sem qualquer dependência" (Eslin, 2004:129). Sua demonstração consiste em desconstruir o caráter monolítico da revelação e a fazer aparecer a polissemia, inseparável do registro do discurso pelo qual se enuncia. Ele dissocia assim a revelação de Deus no discurso profético, que "tende a acorrentar a noção de revelação à de inspiração, concebida como voz por detrás da voz" (Ricœur, 1977:18), de seu sentido no discurso narrativo. Este último registro afasta a atenção do lado dos acontecimentos que engendram a história, como a escolha de Abraão, a partida do Egito, a unção de Davi... Esse nível narrativo sublinha a existência de um referente histórico, ante uma teologia exclusivamente centrada na palavra. Contudo, se se atém a essa polaridade narrativa e profética, o risco é que a ideia de revelação tenda "a se identificar com a de um futuro de Deus" (Ricœur, 1977:22). A fim de contornar esse obstáculo, dispõe-se de outras modalidades de discurso religioso, como o discurso de prescrição, o discurso de sabedoria, o discurso de hino. A noção de revelação é, pois, fortemente tributária do modo enunciativo que a acompanha. Resulta um conceito polissêmico, polifônico de revelação que se desdobra de maneira analógica, a partir do discurso profético, em outros registros discursivos. Somente o discurso profético encerra, portanto, a ideia de revelação, e é abusiva a generalização desta ao conjunto do texto bíblico. Graças a essa pluralização, Ricœur destrói toda forma totalitária da autoridade que pretendesse deter a verdade revelada. Essa reposição do dogmatismo em questão abre caminho a uma renovação da teologia, compreendida como hermenêutica, tal como atesta Claude Geffré, que enxerga três modalidades de aprofundamento da ideia de revelação: a guinada hermenêutica acentua a tomada de consciência de que a Palavra de Deus não se identifica com a aceitação literal da Escritura, que a revelação não é uma comunicação vinda do alto de um saber fixo, imutável, e, enfim, a ideia segundo a qual a revelação não atinge sua plenitude senão na fé que a acolhe. Não existe, portanto, um único sistema possível, e essa é a condição mesma da apropriação da mensagem bíblica.

A nominação de Deus no registro bíblico deve ser recolocada em contexto: "A exegese nos convida a não separar as figuras de Deus das formas de discurso nas quais advêm essas figuras" (Ricœur apud Eslin, 2004:126). O aporte de Ricœur ao trabalho exegético vai consistir, portanto, em distinguir a pluralidade dos registros de discurso no universo textual bíblico entre o discurso narrativo, o discurso prescritivo, o discurso sapiencial, o discurso profético... Ricœur atribui importância maior a essa questão, entre filosofia e teologia, que impede o fechamento do texto sobre si mesmo, porquanto remete a um referente de última instância. Nesse sentido, Ricœur relembra aos estruturalistas a função do discurso como ato de comunicar alguma coisa a alguém: "Eis a inalienável função referencial do discurso. A escritura não a abole, mas a transforma" (Ricœur, 1994b:285). Da mesma maneira que se dá a revelação nos registros de discurso plurais, é múltipla a nominação de Deus. Segundo Ricœur, ela pertence a uma atividade poética e se abre sobre a polifonia bíblica. Esta pertence à hermenêutica, pois o fato de nomear Deus remete a um acervo de experiências passadas, depositadas em forma de linguagem. O texto bíblico não apenas se encontra em situação de abertura para outros textos, mas para outros contextos, outros mundos. Ora, Deus não é apenas referente, ele é locutor do texto, de maneira indireta. Essa secundariedade é reencontrada na poesia, que diz o mundo a partir de uma relação mediata, não descritiva, mais reveladora. Ora, essa revelação não é monocórdica. Escutar a polifonia bíblica supõe desprender-se da pretensão a um saber absoluto. Isso exige uma ascese de despojamento, de desprendimento de si, de sua posição de domínio, uma dupla renúncia ao objeto absoluto e ao sujeito absoluto. Outro horizonte se torna possível e pensável. Sua manifestação é justamente essa polifonia que faz aparecer sucessivamente Deus como agente efetivo de uma liberação, como o "ele" que age pela mediação de Abraão ou de

Isac, ou ainda como outro da palavra, interna à do profeta... A linguagem religiosa é poética apenas até certo ponto limite, a partir do qual o arquirreferente — Deus — ao mesmo tempo coordena os textos e se lhes escapa. A nominação de Deus remete a nomear uma questão mais vasta que as respostas que lhe aportam os diversos registros. A palavra Deus remete a uma busca de universalidade para além da pluralidade de suas formas de enunciação.

O episódio da Sarça Ardente (Ex. 3, 13-15) é concebido por Ricœur como ponto central dessa questão, no momento em que Deus diz a Moisés: "Eu sou aquele que sou". Essa repetição do "eu sou" abre-se para uma situação tipicamente hermenêutica, na qual o dizer é um redizer e o verbo "ser" é exposto a uma pluralidade de interpretações externas, oferecendo a possibilidade de uma recusa do nome, o que preserva o segredo de um "para si" de Deus. Ao mesmo tempo que se apresenta em sua aparente transparência, o nome — Deus — escapa a toda ascendência e impele a linguagem até suas expressões limítrofes, em uma fuga infinita do referente. Esse enunciado do nome e seu caráter inominável impedem notadamente que Deus se torne ídolo. Essa forma analógica de nominação constitui a própria matriz da linguagem teológica como linguagem metafórica, resultando uma teologia poética. É essa função poética da linguagem que oferece uma estrutura de acolhida ao conceito teológico de revelação como nominação de Deus.

Segundo Ricœur, a hermenêutica bíblica é "uma hermenêutica *regional* em relação à hermenêutica filosófica". A atenção a esse caráter indissociável das formas do discurso e do conteúdo teológico, Ricœur a deve ao teólogo Gerhard Von Rad (1963), tendo-a já bastante utilizado em *La symbolique du mal*. O segundo nível de operatividade da hermenêutica geral no domínio da exegese situa-se na relação palavra-escritura. O biblicista não deve engajar-se na via curta de uma teologia da Palavra, que não leve em conta a passagem pela escritura. É mesmo esse duplo movimento de transformação de uma Palavra em Escritura e de uma Escritura em Palavra que coloca o cristianismo no centro dos problemas de interpretação. Desde o início, essa cadeia palavra-escritura coloca a questão do distanciamento que destaca a mensagem do locutor e a de sua apropriação pelo leitor ou ouvinte, graças à mediação da tradição. É nessa relação no sentido montante da linguagem e de sua mensagem que se situa o sentido ontológico da hermenêutica, o sentido de pertinência ao mundo. Porém, nos anos 1970, Ricœur não se satisfaz com essa visão que privilegia o montante do texto, na qual ele havia fortemente insistido quando de seus primeiros ensaios de hermenêutica, publicados em *Le conflit des interprétations* (1969), enquanto o estruturalismo defendia vigorosamente o fechamento do texto e se fazia necessário opor-lhe o acervo da tradição. Naquele momento, o hermeneuta procurava fazer valer a verdade escondida por detrás da representação.

O encaminhamento de Ricœur desloca-se para o "mundo do texto", no sentido da montante do texto que se mostre como possibilidade de encontro com o leitor. Interpretar é imaginar um ou mais mundos possíveis apresentados pelo texto. A ontologia é então levada adiante, oferecendo possibilidades de ser e de agir. Ela se abre sobre uma poética como terra prometida. O momento da dúvida voltado para uma arqueologia de si mesmo constitui, então, a necessária vertente negativa, de descentralização, ante uma visada positiva dirigida para a imaginação e que se abre para um retorno ao indivíduo transformado por sua relação com o texto.

Essa abertura para a poética encontrará uma expressão unitária na obra de Northrop Frye (1984), que vai fortemente atrair Ricœur. Esse professor canadense de literatura inglesa não é teólogo nem exegeta. Constatando junto a seus estudantes um desconhecimento crescente do significado das alusões bíblicas na literatura, ele se lança em um esforço de leitura tipológica da Bíblia. Utilizando suas competências de crítico literário, ele põe em evidência as estruturas textuais próprias das Escrituras e aí discerne uma unidade imaginativa. Ricœur encontra em Frye a centralidade do nível metafórico da linguagem e o esquema de construção da poética bíblica, na qual prevalecem as forças centrípetas, em torno do estabelecimento de relações de tipos e arquétipos de significados bíblicos. Assim, as cenas do Antigo e do Novo Testamento oferecem correspondências que permitem uma intersignificação: o Êxodo dos Hebreus e a Ressureição de Cristo, a Lei do Sinai e a do Sermão da Montanha... A estrutura de conjunto oferece uma figura em U segundo uma polaridade que opõe um polo paradisíaco, apocalíptico como o Éden, a Terra Prometida, a doação da Lei... a um polo demoníaco, o dos abismos: o Paraíso Perdido, o cativeiro do Egito, os Filisteus, a profanação do Segundo Templo... A Bíblia partilha essa estrutura de conjunto com todas as grandes narrativas poéticas, e o próprio termo Grande Código provém do poeta William Blake. O que importa é o poder de suscitar no leitor o desejo de se compreender à luz do Grande Código.

Ricœur utilizará com frequência em suas demonstrações a *Epístola aos romanos* de São Paulo, na qual ele percebe a expressão da lógica de Jesus (Ricœur, 1980c:420-425). À lógica humana da equivalência, que se traduz no direito penal pela preocupação em proporcionar a punição dos crimes cometidos, a lógica de Paulo responde de forma diversa: "É uma lógica de excesso, de superabundância" (Ricœur, 1980c:420-). Ricœur a reencontra na narrativa do *Dilúvio* (Gênese, 6/5-7), que parece a expressão de um castigo equivalente ao crime, mas outra lógica abre seu caminho e o velho mito do *Dilúvio* se transforma em parábola da humanidade ressuscitada das águas. A lógica da superabundância impõe-se, portanto, como originária de outra ordem, divina, expressa pelos profetas e nos Salmos. Ela aporta realce, pelo uso de parábolas, de paradoxos, de hipérboles de imaginação, de uma poética, de uma imaginação ética que visa a generalizar uma lógica de generosidade.

A preocupação de Ricœur é de fazer convergir cada um dos métodos de leitura. Essa preocupação guia suas intervenções por ocasião de um congresso dedicado às relações entre exegese e hermenêutica, dirigido por Xavier Léon-Dufour (1971). Responsável na conferência pela abertura e pela conclusão, Ricœur põe em prática sua vontade de convergência em uma reflexão sobre Gênesis 1 (Ricœur, 1980d:67-84).

O campo da exegese bíblica é lugar de confrontação entre método histórico-crítico, método estruturalista e hermenêutica, cada qual com sua eficácia e seus limites. O método histórico-crítico é largamente dominante no meio dos exegetas e constitui um aporte insubstituível. Todavia, o intérprete não se pode contentar com ele, porquanto ele se limita a historicizar, já que é em parte ligado com o historicismo filosófico e com a queda do hegelianismo. O segundo modelo, preferido nos anos 1960 porque oferece ao biblicista a possibilidade de destacar a estrutura interna do texto bíblico, é o modelo semiológico. A participação de Roland Barthes naquele congresso é significativa da ligação entre estruturalismo e ciências bíblicas. Ao inverso do encaminhamento tradicional, que privilegia o estudo das filiações filológicas, essa segunda abordagem privilegia as lógicas síncronas em relação à diacronia e o código em relação ao conteúdo da mensagem. Esse método anti-historicista é também antipsicologista e antissociológico. Ele reduz, portanto, as relações causais a relações de homologia puramente internas ao texto. A esse nível explicativo acrescenta-se um terceiro plano que ultrapassa o domínio específico da exegese, a hermenêutica, no qual tudo se passa sobre a unidade discursiva e segundo um quadrilátero do discurso que reintegra ao campo de análise o que foi, por questões metodológicas, descartado pelos outros níveis de análise: a palavra, o locutor, o referente, o destinatário, que assumem um caráter diferenciado segundo as instâncias discursivas sejam aportadas pela palavra ou pela escritura. A hermenêutica é assim sempre aberta, por seu caráter fundamentalmente perspectivista, mas não exclusivo, do imperativo metodológico. Um aporte recíproco permite fazer convergir um método estrutural, que tem o mérito de deslocar a inteligência do sentido de uma semântica aparente para uma semântica profunda e oferece a possibilidade de tirar a hermenêutica da via do psicologismo, à qual ela ficou por muito tempo limitada. Ricœur, que se disse sentir mais próximo da exegese que da teologia, não deixou de buscar a articulação entre ambas. Em um estudo sobre as narrativas da Paixão, ele lhes apreende a amarração interna, inspirado pela obra do crítico literário Frank Kermode (1979). A ideia desenvolvida mostra que a narrativa evangélica tem uma função interpretativa simultânea a uma visada querigmática, e, portanto, que a relação entre exegese e teologia já se encontra presente, interna ao próprio texto. A narrativa evangélica se apresenta sob a forma "de uma narrativa querigmatizada ou de um querigma narrativizado" (Ricœur, 1985a:19). A tarefa da hermenêutica é a de revelar as homologias entre técnica narrativa e função querigmática. Ricœur desenvolve os recursos de três níveis de leitura: de um lado, o da semiótica da narrativa, inspirando-se em Propp e Greimas, para conduzir uma análise em termos de atuantes e de funções. Em segundo lugar, ele analisa o texto em termos de instância de discurso em torno da noção de enunciador e de um jogo cruzado de pontos de vista que Bakhitine elevou ao plano de princípio dialógico. Em terceiro lugar, a noção de voz narrativa permite perceber o caráter imanente da palavra na escritura. Tomando como ilustração as narrativas da Paixão no Evangelho de São Marcos, no qual o episódio principal é o de Jesus libertado, Ricœur mostra que a narrativa elucida menos que obscurece, pois sua maneira de interpretar o querigma no plano narrativo é reforçar o caráter enigmático dos próprios acontecimentos, como o do despertado ausente, do túmulo vazio, o que aliás remete a um decréscimo no corpo e a um crescimento da palavra, como na dupla parábola dos Maus Vinhateiros e do Semeador. O que prevalece para Ricœur é o ato da leitura.

Ricœur, na linha de Nabert, reconhece ao testemunho uma importância cardeal em sua hermenêutica bíblica (Ricœur, 1994d:107-140). O testemunho é da ordem do outro, do encontro, da contingência histórica, e oferece um contraponto à afirmação original proclamada no querigma ou em um *cogito* que afirma "eu sou", em nome do fato de que pensa. O testemunho apresenta vários aspectos dialéticos: "Em primeiro lugar, seu objeto é, ao mesmo tempo, *acontecimento e sentido*" (Thomasset, 1996:273-274). Por outro lado, o testemunho deve ser assumido sob a lógica da dúvida, pois pode ser verdadeiro ou falso e deve, portanto, passar pelo processo de desmitificação. Enfim, "o testemunho apela por uma interpretação dialética entre *a testemunha e as coisas vistas*" (Thomasset, 1996:274). Segundo Ricœur, deve resultar dessa travessia, a partir de uma dupla base, melhor compreensão de si, um retorno reflexivo sobre si, pelo qual o eu se transforma em si, o *idem* em *ipse*. Como se pode observar, Ricœur terá mantido conjuntamente os dois domínios de interpelação que são o filosófico e o religioso: "Parece-me que tão longe quanto eu remonte ao passado, eu sempre andei com duas pernas. Não é apenas por precaução metodológica que eu não misturo os gêneros, é porque insisto em afirmar uma dupla referência, absolutamente primordial para mim" (Ricœur, 1995b:211). Essa dupla base fornecerá o próprio sentido do trabalho de entrevista com François Azouvi e Marc de Launay publicado em 1996: a crítica e a convicção.

CONCLUSÃO

Um filósofo em seu século

Antes de tudo, Paul Ricœur é um filósofo do agir, como nos lembra a justo título Johann Michel (2006). Desde seus primeiros trabalhos, ele terá procurado, no plano especulativo, valorizar tudo o que se vinculasse à presença no mundo do homem capaz, ao mesmo tempo agindo e sofrendo. As primeiras influências que o marcaram incitaram-no a ser particularmente atento à elaboração da teoria do ato. De Gabriel Marcel, ele terá principalmente retido que "Ser é estar na estrada". Toda a influência de Gabriel Marcel, Maurice Blondel, Louis Lavelle ou René Le Senne transporta o jovem Ricœur em direção antes a uma filosofia do agir que a uma filosofia do Ser, a partir de um *cogito* partido, de uma afirmação original que não coincide jamais consigo mesma e se encontra então sempre empurrada para a frente, para uma frágil identidade que não é, mas que possui o ser. Mais tarde, mesmo se essa referência é pouco frequente em sua obra, a inspiração dessa filosofia do agir em Ricœur parece encontrar a sua fonte em Spinoza: "Jamais escrevi sobre Spinoza, apesar de ele não ter cessado de acompanhar minha meditação e meu ensino. Eu compartilho com Sylvain Zack a convicção de que se podem centrar todos os temas spinozistas em torno da noção de Vida" (Ricœur, 1990). Ora, quem diz Vida diz também Poder, como atesta a Ética, do início ao fim. O filósofo deve, portanto, favorecer a potência do ser, sua produtividade, seu poder de existir, sua *Potentia*. Ele deve tomar o partido das forças de afirmação desse poder e afastar-se dos afetos de natureza melancólica. De onde o combate constante de Ricœur contra a ideia de um "ser-para-a-morte" heideggeriano. A essa tentação mortífera, Ricœur opõe com insistência o tema spinozista da alegria, que se encontra, por exemplo, quando define o horizonte da memória e de sua possível "pequena felicidade" do reconhecimento, ou ainda quando afirma o "quanto mais" da vida e de seu poder de ser em relação com as forças negativas da morte. Toda essa temática vitalista remete em Ricœur a uma intensificação do presente e, portanto, à importância do tema do encontro, o de ser-com. Ao mesmo tempo, Ricœur preserva a tensão própria entre o horizonte kantiano da esperança em um futuro e a alegria presente em Spinoza, a ponto de não poder haver *happy end*, como ele diz a propósito da relação frequentemente conflituosa entre memória e história. Essa filosofia do desejo de ser é, sem dúvida, bem diferente da de um Gilles Deleuze e, no entanto, um e outro são fortemente inspirados por Spinoza. O *Conatus* de Spinoza, enquanto esforço para perseverar no ser, enquanto unidade do que constitui o fundamento do homem, reveste uma importância maior para Ricœur, não apenas como temática sobre a qual se desenvolva reflexão, mas como regra de vida, como ética que ele levou até o fim e fazendo-a sua, com a convicção de que é preciso "viver ao extremo", como ele mesmo disse. Ora, a *Ética* de Spinoza foi para ele um recurso fundamental para ligar o dinamismo interno da existência e o poder da inteligência que regula a passagem das ideias inadequadas a ideias adequadas:

> Nesse sentido, somos poderosos desde que compreendamos adequadamente nossa dependência de alguma forma horizontal e externa

com respeito a todas as coisas, e nossa dependência vertical e imanente com respeito ao poder primordial que Spinoza ainda denomina Deus. [Ricœur, 1990:366]

Encontra-se em Ricœur a insistência constante que visa a minorar o *cogito* cartesiano, a consciência de si, para melhor fazer sobressair a prevalência e a anterioridade do *Conatus* como originário ético que é o desejo de ser, o esforço para existir e atravessar todos os obstáculos: "Esforço e Desejo são duas faces do posicionamento do sujeito na primeira verdade: *eu sou*" (Ricœur, 1965:53). Esse poder deve ser referenciado em Ricœur à noção de limite e remete a Kant, tanto a suas três *Críticas* como a *A religião nos limites da razão*. Mas pode-se também encontrar essa tensão em Spinoza, pois com o *Conatus* cada coisa tende a perseverar em seu ser, ou em todo caso se esforça por isso, o que implica confrontar-se com um limite. O poder em Spinoza define-se assim, como um esforço enquanto tende a um limite e vai-se viver como poder tudo o que tender a um limite. Essa tensão voltada para um limite implica o Infinito, uma irredutibilidade do ser a todo o existente. De onde o desdobramento de um sistema de relações, de intensidades não redutíveis a seus termos.

Raro filósofo a ter destacado o desafio das ciências humanas, estas últimas, em sua busca de determinações, de causalidades, exprimem esses limites que se impõem à *Potentia*. Elas constituem, portanto, um desvio imperativo para encontrar os pontos de resistência à efetivação do poder. As ciências humanas representam, em consequência, um desafio para a filosofia. Sua importância se situa, com efeito, em um duplo nível: o de ser uma condição de possibilidade do exercício da potência do agir como limite e, ao mesmo tempo, um freio a essa ação. Esse desafio é destacado frontalmente por Ricœur que, ao longo de seu percurso, investiu em sua lógica. Resulta uma filosofia de longos desvios, necessários para escapar da alternativa entre uma filosofia do ser-para-si-mesmo e uma filosofia do ser-para-a-morte.

Essa visada ética deve, todavia, fazer o desvio epistemológico e é em um desses múltiplos desvios que Ricœur cruza com as ciências humanas. A esse respeito, ele é um dos raros filósofos a abrir sua problematização ao lhes atravessar o campo de experimentação. É duplo seu objetivo em atravessar o território das ciências humanas. Ele visa, em primeiro lugar, a bem defender os fundamentos da epistemologia regional, específica dessa ou daquela abordagem das ciências humanas. Em segundo lugar, ele visualiza sua intervenção como exercício de vigilância, postando-se como vigia ante a desmedida que possa apoderar-se aqui e ali de estratégias imperialistas conduzidas por essa ou aquela disciplina quando se erige no singular como A ciência social capaz de unificar sob sua batuta todo o concerto das outras ciências humanas. Com o mesmo espírito, Ricœur exerce sua vigilância contra toda forma de rebatimento das ciências sociais sobre uma física social mecanicista, na direção de um cientificismo que pretendesse saturar o sentido ou que se pretendesse representar uma *mathesis* universal. Para evitar esses obstáculos, Ricœur privilegia um andamento resolutamente reflexivo, em segundo grau, e que não coloque como alternativa a busca da verdade e o exercício do método — de onde seu comentário crítico ante Gadamer quando este último negligencia a estrutura metodológica para melhor consagrar-se à verdade. É na conjunção, no "e", que se encontra o caminho a seguir. As ciências humanas são marcadas pela preocupação metódica de reconstrução das estruturas gramaticais do social e Ricœur terá mostrado que elas somente atingem seu objetivo na condição de aceitar a crise hermenêutica que deve trabalhar permanentemente o duplo movimento do conhecer e do re-conhecer. A capabilidade encontra-se, portanto, posta à prova das determinações sociais ao aceitar seus condicionamentos, sem a isso reduzir o homem. É esse gesto que se reencontra de um extremo a outro do imenso percurso de Ricœur entre os meados do século XX e o início do século XXI.

Uma das constantes de Ricœur ao longo de todo seu percurso terá sido também seu engajamento no centro dos arranjos da Cidade para aí defender os ideais de uma melhor justiça social. Respondendo às interpelações do presente, ele tomou, de sua parte, algum risco. A travessia do trágico século XX terá, contudo, flexionado seu modo de intervenção entre os anos 1930 e o início do século XXI. Seus primeiros posicionamentos são muito marcados por uma forma de profetismo, de convicção escatológica. Eles vão evoluir para uma dose maior de sabedoria prática, para a elaboração de uma ética política que leve em conta a indeterminação e a fragilidade democrática. No entanto, seria demasiado simples e errôneo considerar que Ricœur tenha trocado sua ética de convicção por uma ética de responsabilidade única. Ele terá sempre sido cuidadoso em pensar conjuntamente as duas e em articular convicções e senso crítico, o que ele chamava sua veemência ontológica a uma preocupação de sabedoria prática, para fazê-las navegar em direção à realização de uma vida boa, de um espaço democrático, portanto, pluralista.

Renunciando à postura de filósofo como intelectual militante, denunciador em nome da simples indignação oriunda da ética de convicção, tal como a encarnada por Sartre, ele não adota, por outro lado, o modelo anglo-saxão, segundo o qual o intelectual é um sábio, um especialista confinado a seu círculo, e animado apenas pela ética da responsabilidade. Ricœur terá imposto, decerto com dificuldade, um estilo intermediário, entre crítica e competência. A intervenção do filósofo na Cidade consiste em realizar a tarefa essencial de prestar os esclarecimentos necessários quanto à carga de sentido sedimentada ao longo do tempo nos valores, nas noções, nas instituições que regem o ser-conjuntamente da sociedade. Além dessa função de mostrar o significado que recobrem as noções de liberdade, fraternidade, justiça, segurança... a filosofia segundo Ricœur deve ainda garantir uma função de vigilância, preservando cada uma das linguagens específicas de toda tentativa imperialista que tente anexá-las. O filósofo detém um duplo papel de agregador, o de visar a um olhar panorâmico que reúna a ambição de Platão ao definir a função do *logos*, e também o de um vigilante, guardião das fronteiras, cioso em preservar a integridade e a pluralidade, a riqueza das diversas linguagens. Não se pode distinguir em Ricœur o filósofo do cidadão, pois será sempre como cidadão que ele fará frente aos problemas filosóficos, restituindo-os à Cidade após intenso trabalho de elucidação. Seu horizonte é sempre, como já próprio a Aristóteles, o da práxis.

A filosofia, nessas condições, renuncia ao unívoco e privilegia a pluralidade e os múltiplos desvios. A obra que coroa, no dizer do próprio autor, sua busca filosófica, *Soi-même comme un autre*, explicita claramente a perspectiva: "Pode-se dizer que o conjunto desses estudos tem por unidade temática o *agir humano*, e que a noção de ação adquire, ao longo dos estudos, uma extensão e uma concretude incessantemente crescentes" (Ricœur, 1990:31). Esse agir visa a facilitar o diálogo entre as diferenças e a encontrar a justa distância na relação entre o mesmo e o outro, o próximo e o distante, contribuindo assim para a partilha de um fundo comum do ser dividido em múltiplas culturas. Ricœur não recomenda, a esse respeito, nem a efusão emocional nem a postura de superioridade que pretendesse tudo englobar. A tomada de consciência da verdadeira distância ao outro é a condição para avançar em direção a uma real proximidade. Esse princípio de limitação de perspectivas, fonte de um sentido de relatividade, não se transforma minimamente, porém, em Ricœur, em ceticismo ou relativismo, e ainda menos em qualquer lamentação sobre a era do vazio. Ao contrário, ele está na base de uma visão do mundo concebido como absoluto relativo. A dialética do próprio, do próximo e do distante conduz Ricœur a tomar como sua a visada aristotélica da vida boa, do viver bem como fundamento das regras da comunidade civil. Ele enraíza assim o voto de vida boa como o que deveria ser a fonte de inspiração mesma do viver em conjunto, deslocando o desejo privado de felicidade em favor da capacidade de uma realização coletiva na troca de um dar-receber. Todas as intervenções de Ricœur na Cidade têm por objetivo revivificar, rejuvenescer, reencontrar o sopro inicial do desejo de ser transportado para a ação, para o presente. É assim que a cada vez ele se recarrega de energia, de dinamismo, a deontologia da vontade, graças a uma "teleologia do desejo" (Ricœur, 1993b). É nessa ação sempre colocada adiante do ser que se revela a verdade atestatória, ou seja, uma concepção que não parte de uma verdade preestabelecida, mas que remete ao valor de testemunho representado por um discurso ou uma ação.

Bibliografia

Obras de Paul Ricœur

1947: *Karl Jaspers et la philosophie de l'existence* (com Mikel Dufrenne). Seuil.
1948: *Gabriel Marcel et Karl Jaspers, philosophie du mystère et philosophie du paradoxe*. Seuil.
1950: *Idées directrices pour une phénoménologie, Edmund Husserl*, tradução e apresentação. Gallimard.
1950: *Philosophie de la volonté 1 Le volontaire et l'involontaire*. Aubier, reed., "Points-Seuil", 2009.
1954: *Essence et substance chez Platon et Aristote*. Apostila mimeografada editada por Sedes, 1982, reed. Seuil, 2011.
1960: *Philosophie de la volonté 2 Finitude et culpabilité 1, L'homme faillible*. Aubier, reed., "Points-Seuil", 2009.
1960: *Philosophie de la volonté 2 Finitude et culpabilité 2, La symbolique du mal*. Aubier, reed., "Points-Seuil", 2009.
1955/1964: *Histoire et vérité*. Seuil.
1966: *De l'interprétation, essai sur Freud*. Seuil.

1969: *Le conflit des interprétations*. Seuil.

1975: *La métaphore vive*. Seuil.

1983: *Temps et récit* vol. 1 L'intrigue et le récit historique. Seuil.

1985: *Temps et récit* vol. 2 La configuration du temps dans le récit de fiction. Seuil.

1985: *Temps et récit* vol. 3 Le temps raconté. Seuil.

1986: *Du texte à l'action*. Seuil.

1986: *À l'école de la phénoménologie*. Vrin.

1986: *Le Mal, un défi à la philosophie et à la théologie*. Genève, Labor et Fides.

1990: *Soi-même comme un autre*. Seuil.

1990: *Amour et justice*. Tübingen: Mohr (edição PUF, 1997), reed., "Points-Seuil", 2008.

1991: *Lectures 1, Autour du politique*. Seuil.

1992: *Lectures 2, La contrée des philosophes*. Seuil.

1994: *Lectures 3, Aux frontières de la philosophie*. Seuil.

1995: *Réflexion faite*. Esprit.

1995: *La critique et la conviction* (entrevistas). Calmann-Levy, reed., Hachette, "Pluriel", 2002.

1995: *Le juste*. Esprit.

1997: *Idéologie et utopie* (retomada de uma obra lançada em inglês em 1986). Seuil, edição de bolso.

1997: *Autrement, lecture d'Autrement qu'être d'Emmanuel Levinas*. PUF.

1998: *La nature et la règle, ce qui nous fait penser* (com Jean-Pierre Changeux). Odile Jacob.

1998: *Penser la Bible* (com André LaCocque). Seuil.

2000: *Mémoire, histoire, oubli*. Seuil.

2001: *Le juste 2*. Esprit.

2004: *Sur la traduction*. Seuil.

2004: *Parcours de la reconnaissance*. Seuil.

2007: *Vivant jusqu'à la mort*, continuação de *Fragments*. Seuil.

2008: *Amour et justice*. Seuil.

2008: *Écrits et Conférences. 1. Autour de la psychanalyse*. Seuil.
2010: *Écrits et Conférences. 2. Herméneutique*. Seuil.

Trabalhos sobre Paul Ricœur

ABEL, Olivier. *Paul Ricoeur. La promesse et la règle*. Paris: Michalon, 1996. (col. "Le Bien Commun").
____ (Dir.). *La juste mémoire*. Lectures autour de Paul Ricœur. Labor et Fides, 2006.
____; PORÉE, Jérôme. *Le vocabulaire de Paul Ricœur*. Paris: Ellipses, 2009.
AMALRIC, Jean-Luc, *Ricoeur, Derrida*. L'enjeu de la métaphore. Paris: PUF, 2006.
AZOUVI, François; REVAULT D'ALLONNES, Myriam (Dir.). *Paul Ricœur*. Cahiers de L'Herne, 2004.
AMHERDT, François-Xavier *L'herméneutique philosophique de Paul Ricœur et son importance pour l'exégèse biblique*. En débat avec la New Yale Theology School. Paris: Cerf, 2004.
BOCHET, Isabelle. *Augustin dans la pensée de Paul Ricœur*. Paris: Éditions facultés jésuites de Paris, 2004.
BOUCHINDHOMME, Christian; ROCHLITZ, Rainer (Dir.). *"Temps et récit" de Paul Ricœur en débat*. Paris: Cerf, 1990.
BOURGEOIS, Patrick L. *Extension of Ricoeur's hermeneutics*. La Haye: Martinus Nijhoff, 1975.
CITÉS, Paul Ricœur, interprétation et reconnaissance, n. 33, 2008.
DELACROIX, Christian; DOSSE, François; GARCIA, Patrick (Dir.). 2007, *Paul Ricoeur et les sciences humaines*. Paris: La Découverte, 2007.
DORNISCH, Loretta. *Faith and philosophy in the writings of Paul Ricoeur*. Lewiston, Nova York: Edwin Mellen Press, 1990. (Problems in Contemporary Philosophy, v. 29).

DOSSE, François. *Paul Ricœur, les sens d'une vie.* Paris: La Découverte, 1997; reedição atualizada e aumentada, 2008. (Col. "La Découverte poche").

____. *Paul Ricœur, Michel de Certeau et l'histoire*: entre le dire et le faire. 1988. Ed. de L'Herne, 2006.

____; GOLDENSTEIN, Catherine (Dir.). *Penser la mémoire avec Paul Ricœur.* Seuil, 2013.

ESPRIT, "Paul Ricoeur", n. 7-8.

____, "La pensée Ricœur", n. 3-4, mar./abr. 2006.

FÈVRE, Louis. *Penser avec Ricœur.* Introduction à la pensée et à l'action de Paul Ricœur. Lyon: Ed. Chronique Sociale, 2003. (Col. "Savoir penser").

FIASSE, Gaëlle (Dir.). *Paul Ricœur*: de l'homme faillible à l'homme capable. Paris: PUF, 2008.

FOESSEL, Michaël; LAMOUCHE, Fabien. *Paul Ricœur.* Anthologie. Paris: Seuil, 2007. (Col. "Points-Essais").

____; MONGIN, Olivier. *Paul Ricœur.* De l'homme coupable à l'homme capable. ADPF, 2005.

FREY, Daniel. *L'interprétation et la lecture chez Ricœur et Gadamer.* PUF, 2008.

GAUTHIER, André-Pierre *Paul Ricœur et l'agir responsable.* Les figures bibliques du prophète et du témoin. Lyon: Université Catholique de Lyon, Profac, 2001.

GREISCH, Jean. *Paul Ricœur.* L'itinérance du sens. Grenoble: Ed. J. Million, 2001. (Col. "Krisis").

____; KEARNEY, Richard (Dir.). *Paul Ricœur.* Les métamorphoses de la raison herméneutique [atas da década de Cerisy-la-Salle 1988]. Paris: Cerf, 1991.

ILUNGA KAJOMBO, Bernard. *Paul Ricœur*: de l'attestation de soi. Paris: L'Harmattan, 2005.

JOY, Morny (Ed.). *Paul Ricoeur and narrative.* Context and contestation. Calgary: University of Calgary Press, 1997.

KAPLAN, David M. *Ricœur's critical theory*. Albany: State University of New York, 2003.

KEARNEY, Richard (Ed.). *Paul Ricœur*. The hermeneutics of action. Sage Publications, 1996.

KEMP, Peter. *Sagesse pratique de Paul Ricœur*. Huit études. Ed. du Sandre, 2010.

KLEMM, David. *The hermeneutical theory of Paul Ricœur*: a constructive analysis. Lewisburg, PA: Bucknell University Press, 1983.

____; SCHWEIKER, William (Ed.). *Meanings in texts and actions*: questioning Paul Ricœur. Charlottesville, Virginia: University Press of Virginia, 1983.

LE PORTIQUE, "Paul Ricœur: une anthropologie philosophique", n. 26, 2010.

LENTIAMPA, Shenge. *Paul Ricœur*. La justice selon l'expérience. Ed. Lessius, 2009.

MADISON Jean. *Sens et existence*. En hommage à Paul Ricœur. Paris: Seuil, 1975.

MATTERN Jens. *Paul Ricoeur zur Einführung*. Junius Verlag, 1996.

MICHEL Johann. *Paul Ricoeur, une philosophie de l'agir humain*. Paris: Cerf, 2006.

MOLEKA LIAMBI, Jean de Dieu. *La poétique de la liberté dans la réflexion éthique de Paul Ricoeur*. Paris: L'Harmattan, 2007.

MONGIN, Olivier. 1994, *Paul Ricoeur*. Paris: Seuil, 1994. (Col. "Les contemporains"; atualizada em 1998); reedição, col. "Points Seuil", 2002.

MÜLLER, Bertrand (Dir.). *L'histoire entre mémoire et épistémologie*. Autour de Paul Ricœur. Lausanne: Payot, 2005.

NDI-OKALLA, Joseph-Marie. *Récit et théologie*. Enjeux de la narrativité en théologie africaine. Une réception de l'herméneutique de Paul Ricœur. Karthala, 2010.

PHILIBERT, Michel. *Paul Ricœur ou la liberté selon l'espérance*. Paris: Seghers, 1971.

PORÉE, Jérôme; VINCENT, Gilbert (Dir.). *Paul Ricœur*. La pensée en dialogue. Rennes: Presses universitaires de Rennes, 2010.

____; ____ (Dir.). *Répliquer au mal*: symbole et justice dans l'œuvre de Paul Ricœur. Rennes: Presses universitaires de Rennes, 2006.

REAGAN, Charles E. *Paul Ricœur*: his life and his work. Chicago: University of Chicago Press, 1996.

ROBERGE, Jonathan. *Paul Ricœur, la culture et les sciences humaines*. 2305, rue de l'université, 2008.

RUE DESCARTES, "L'homme capable. Autour de Paul Ricœur". Paris: PUF, 2006.

SLIVER, Dan R. *Theology after Ricœur*: new directions in hermeneutical theology. Louisville: Westminster John Knox, 2001.

STEVENS, Bernard. *Paul Ricœur*. L'apprentissage des signes. Dortrecht: Kluwer Academic Publishers, 1991.

THOMASSET, Alain. *Paul Ricœur*. Une poétique de la morale. Louvain: Leuwen University Press, 1996.

TIAHA, David-Le-Duc. *Paul Ricœur et le paradoxe de la chair*. Brisure et suture. Paris: L'Harmattan, 2009.

VINCENT, Gilbert. *La religion de Ricœur*. Paris: Éditions de l'Atelier, 2008.

VALLIC, Marie-Antoine. *Le sujet herméneutique*. Étude sur la pensée de Paul Ricœur. Éditions universitaires européennes, 2010.

WALLACE, Mark I. *The second naiveté*: Barth, Ricœur, and the New Yale Theology. Studies in American Biblical Hermeneutics 6. Macon, Ga.: Mercer University Press, 1990.

Referências

ALEXY, Robert. *A theory of legal argumentation*. Oxford: Clarendon Press, 1989. [ed. bras.: *Teoria da argumentação jurídica*. São Paulo: Landy, 2001].

AMALRIC, Jean-Luc. *Ricœur, Derrida. L'enjeu de la métaphore*. Paris: PUF, 2006. (Col. "Philosophies").

ANSCOMBE, Elisabeth. *Intention*. Oxford: Basil Blackwell, 1957.

ARENDT, Hannah. Qu'est ce que l'autorité? In: ____. *La crise de la culture*. Paris: Gallimard, 1972. p. 120-185.

ARRIVÉ, Michel; COQUET, Jean-Claude. *Sémiotique en jeu*. Actes de la décade tenue à Cerisy-la-salle, 4-14 août 1983. Hadès-Benjamins, 1987. p. 291-298.

ATIENZA, Manuel. *Teoría de la argumentación jurídica*. Madri, 1989.

AUTOUR de *La mémoire, l'histoire, l'oubli* de Paul Ricœur. *Le Débat*, n. 122, p. 4-61, nov./dez. 2002.

BARTOLI, Henri. Les chrétiens vers une civilisation du travail. *Esprit*, n. 7, 1952.

BECQUEMONT, Daniel. La confrontation avec le structuralisme: signe et sens. In: DELACROIX, Christian; DOSSE, François; GARCIA, Patrick (Dir.). *Paul Ricœur et les sciences humaines*. Paris: La Découverte, 2007.

BÉGUÉ, Marie-France. La promesse et la fidélité: dialogue avec Gabriel Marcel. In: PORÉE, Jérôme; VINCENT, Gilbert (Dir.). *Paul Ricœur*: la pensée en dialogue. Rennes: PUR, 2010.

BÉGUIN, Albert. Editorial: Les flammes de Budapest. *Esprit*, dez. 1956.

BENVENISTE, Émile. *Problèmes de linguistique générale*. Paris: Gallimard, 1966. [ed. bras.: *Problemas de linguística geral*. São Paulo: Companhia Editora Nacional; Editora da Universidade de São Paulo, 1976].

BOLTANSKI, Luc; THÉVENOT, Laurent. *De la justification*. Les économies de la grandeur. Paris: Gallimard, 1991.

BONHOEFFER, Dietrich. *Résistence et soumission*. Genebra: Labor et Fides, 1973.

CAILLÉ, Alain (Dir.). *La quête de la reconnaissance*. Paris: La Découverte, 2007.

CARR, David. Épistémologie et ontologie du récit. In: GREISCH, Jean; KEARNEY, Richard (Dir.). *Paul Ricœur*. Les métamorphoses de la raison herméneutique. Cerf, 1991.

CASSIRER, Ernst. *La philosophie de la connaissance*. Paris: Minuit, 1972.

_____. *Philosophie des formes symboliques* (1929). t. III. [ed. bras.: *A filosofia das formas simbólicas*: III. Fenomenologia do conhecimento. São Paulo: Martins Fontes, 2011].

CASTELLI, Enrico. *Existencialisme théologique*. Hermann, 1948.

CHANGEUX, Jean-Pierre; RICŒUR, Paul. *La nature et la règle*. Ce qui nous fait penser. Odile Jacob, 1998.

COLETTE, Jacques. *L'existencialisme*. Paris: PUF, 1994. (Col. "Que sais-je?").

DANTO, Arthur. *Analytical philosophy of history*. Cambridge: Cambridge University Press, 1965.

DAVIDSON, Donald. Actions, reasons and causes. In: ____. *Essays on actions and events*. Oxford: Clarendon Press, 1980a.

DAVIDSON, Donald. *Essays on actions and events*. Oxford: Clarendon Press, 1980b. [Tradução francesa de Pascal Engel. *Actions et événements*. Paris: PUF, 1983].

DELACROIX, Christian. Intervention au Colloque Internacional "*La mémoire, l'histoire, l'oubli*: 10 ans depuis", Fonds Ricœur; EHESS, 3 dez. 2010.

DELEUZE, Gilles. *L'image-temps*. Paris: Minuit, 1985. [ed. bras.: *A imagem-tempo*. São Paulo: Brasiliense, 2005].

DERRIDA, Jacques. La mythologie blanche. In: ____. *Marges de la philosophie*. Paris: Minuit, 1972a. p. 247-324. [ed. bras.: *Margens da filosofia*. Campinas: Papirus, 1991].

____. La parole. Donner, nommer, appeler. Paul Ricœur. *Cahiers de l'Herne*, n. 81, 2004.

____. Signature, événement, contexte. In: ____. *Marges de la philosophie*. Paris: Minuit, 1972b. p. 49-76. [reimp. em DERRIDA, Jacques. *Limited Inc*. Galilée, 1990. p. 15-51].

DESCOMBES, Vincent. Une philosophie de la première personne. Paul Ricœur. *Cahiers de l'Herne*, n. 81, p. 219-228, 2004.

DILTHEY, Wilhelm. *L'édification du monde historique dans les sciences de l'esprit* (1910), *Œuvres III*. Cerf, 1988. [ed. bras: *A construção do mundo histórico nas ciências humanas*. São Paulo: Editora da Unesp, 2010].

DOSSE, François. *Histoire du structuralisme*. Paris: La Découverte, 1991. t. I. [ed. bras.: *História do estruturalismo*, v. 1: o campo do signo. São Paulo: Ensaio; Campinas: Unicamp. 1993].

DRAY, William. *Laws and explanation in history*. Oxford: Oxford University Press, 1957.

DUFRENNE, Mikel; RICŒUR, Paul. *Karl Jaspers et la philosophie de l'existence*. Paris: Seuil, 1947.

DUMAS, André. *Une théologie de la réalité*. Genebra: Labor et Fides, 1968.

ESLIN, Jean-Claude. Paul Ricœur, lecteur de la Bible. Paul Ricœur. *Cahiers de l'Herne*, n. 81, 2004.

ESPRIT. Structuralismes. Idéologie et Méthode, maio 1967.

FARIAS, Victor. *Heidegger et le nazisme*. Verdier, 1987. [ed. bras.: *Heidegger e o nazismo*: moral e política. Rio de Janeiro: Paz e Terra, 1988].

FERRY, Jean-Marc. Paul Ricœur et la philosophie de l'existence: l'influence première de Karl Jaspers. In: L'homme capable. Autour de Paul Ricœur. *Rue Descartes*, hors-série, Paris: PUF, 2006.

FOESSEL, Michaël. Penser le social: entre phénoménologie et herméneutique. In: DELACROIX, Christian; DOSSE, François; GARCIA, Patrick (Dir.). *Paul Ricœur et les sciences humaines*. Paris: La Découverte, 2007.

FONTANIER, Pierre. *Les figures du discours* (1830). Flammarion, 1968.

FONTANILLE, Jacques; GREIMAS, Algirdas-Julien. *Sémiotique des passions*. Des états des choses aux états d'âme. Paris: Seuil, 1991.

FOUCAULT, Michel. *Les mots et les choses*. Paris: Gallimard, 1966. [ed. bras.: *As palavras e as coisas*. São Paulo: Martins Fontes, 1985].

FRASER, Nancy. *Qu'est-ce que la justice sociale?* Reconnaissance et redistribution. Paris: La Découverte, 2005.

FREUD, Sigmund. *Trauer und melancolie* (1917). In: _____. *Métapsychologie*. Paris: Gallimard, 1952. p. 189-222. [ed. bras.: *Luto e melancolia*. São Paulo: Cosac Naify, 2012].

FRYE, Northrop. *Le grand code*. La Bible et la littérature. Paris: Seuil, 1984. [ed. bras.: *O código dos códigos*: a Bíblia e a literatura. São Paulo: Boitempo, 2004].

GADAMER, Hans-Georg. *Vérité et méthode*. Paris: Seuil, 1976. [ed. bras.: *Verdade e método*. Petrópolis: Vozes, 2008. 2 v.].

GARCIA, Patrick. Paul Ricœur et la guerre des mémoires. In: DELACROIX, Christian; DOSSE, François; GARCIA, Patrick (Dir.). *Paul Ricœur et les sciences humaines*. Paris: La Découverte, 2007. p. 57-76.

GERHART, Mary. Paul Ricœur's hermeneutical theory as resource for theological reflection. *The Tomist*, v. 39, 1975.

GINZBURG, Carlo. *Mythes, emblèmes, traces*. Morphologie et histoire. Flammarion, 1989. [ed. bras.: *Mitos, emblemas, sinais*: morfologia e história. São Paulo: Companhia das Letras, 2003].

GOLDENSTEIN, Catherine. Postface. In: RICŒUR, Paul. *Vivant jusqu'à la mort*. Paris: Seuil, 2007.

GREIMAS, Algirdas-Julien. *Maupassant*. La sémiotique du texte: exercices pratiques. Paris: Seuil, 1976.

____. *Sémantique structural*. Paris: Larousse, 1966. [ed. bras.: *Semântica estrutural*. São Paulo: Cultrix, 1973].

GREISCH, Jean. La sagesse de l'incertitude. In: PORÉE, Jérôme; VINCENT, Gilbert (Dir.). *Paul Ricœur*. La pensée en dialogue. Rennes: PUR, 2010. p. 23-37.

____. Temps bifurqué et temps de crise. *Esprit*, n. 7-8, p. 88-96, jul./ago. 1998.

HARTOG, François. L'inquiétante étrangeté de l'histoire. In: COLLOQUE INTERNATIONAL DU CONSEIL SCIENTIFIQUE DU FONDS PAUL RICŒUR ET DE L'EHESS, "La mémoire, l'histoire, l'oubli: 10 ans après", 4 dez. 2010.

HEIDEGGER, Martin. *Être et temps* (1927). Tradução de Alphonse de Waelhens e R. Bohem. Paris: Gallimard, 1964. [ed. bras.: *Ser e tempo*. Petrópolis: Vozes, 2006].

____. *Qu'est-ce que la philosophie?* Tradução de Kostas Axelos e Jean Beaufret. Paris: Gallimard, 1957. [ed. bras.: *Que é isto — a filosofia?* Identidade e diferença. São Paulo: Duas cidades; Petrópolis: Vozes, 2006].

HÉNAULT, Anne. *Le pouvoir comme passion*. Paris: PUF, 1994.

HERSANT, Yves. *La métaphore baroque*. Paris: Seuil, 2001.

____. Ricœur et la métaphore. In: COLOQUE INTERNATIONAL "L'HÉRITAGE LITTÉRAIRE DE PAUL RICŒUR", IPT, 17-19 jun. 2010.

HONNETH, Axel. *La lutte pour la reconnaissance* (1992). Cerf, 2000.

HUSSERL, Edmund. *Idées directrices* (1913). Paris: Gallimard, 1985. (Col. "Tel").

_____. *Idées directrices pour une phénoménologie*. Paris: Gallimard, 1950. [reed. col. "Tel", 1985].

JASPERS, Karl. *Bulletin de la Société Française de Philosophie*, 4 dez. 1937.

JONAS, Hans. *Le principe responsabilité*. Tradução para o francês por Jean Greisch. Cerf, 1990. [ed. bras.: *O princípio responsabilidade*: ensaio de uma ética para a civilização tecnológica. Rio de Janeiro: Contraponto, 2006].

KANT, Emmanuel. Le mal radical. In: _____. *La religion dans les limites de la simple raison*. Vrin, 1983. Vrin-poche, 1994. [ed. bras.: *A religião nos limites da simples razão*. São Paulo: Escala, 2006].

KERMODE, Frank. *The genesis of secrecy*. On the interpretation of narrative. Harvard University Press, 1979.

KIERKEGAARD, Sören. Miettes philosophiques (1844). In: _____. *Œuvres complètes*. Ed. Orante, 1973. v. 7.

KOSSELLECK, Reinhart. *Le future passé*. EHESS, 1990. [ed. bras.: *Futuro passado*: contribuição à semântica dos tempos históricos. Rio de Janeiro: Contraponto; Ed. PUC-Rio, 2006].

LA PENSÉE sauvage et le structuralisme. *Esprit*, n. 322, nov. 1963.

LA RÉVÉLATION. Bruxelas: Publications des Facultés Universitaires Saint-Louis, 1977.

LAPLANCHE, Jean; LECLAIRE, Serge. L'inconscient: une étude psychanalytique. In: COLLOQUE DE BONNEVAL, 1960.

LEFORT, Claude. *Essais sur le politique*. Paris: Seuil, 1986. [ed. bras.: *Pensando o político*: ensaios sobre democracia, revolução e liberdade. Rio de Janeiro: Paz e Terra, 1991].

LÉON-DUFOUR, Xavier (Dir.). *Exegèse et herméneutique*. Paris: Seuil, 1971.

LEVINAS, Emmanuel. *Autrement qu'être ou au delà de l'essence*. Haia: Martinus Nijhoff, 1974.

_____. Du langage religieux et de la crainte de Dieu. In: _____. *L'au-delà du verset*. Lectures et discours talmudiques. Paris: Minuit, 1982. p. 107-122.

_____. La trace. In: _____. *Humanisme de l'autre homme*. Montpellier: Fata Morgana, 1972. p. 57-63.

_____. Lettre à Paul Ricœur du 28 mai 1990. In: AESCHLIMANN, J.-Ch. *Éthique et responsabilité*. Paul Ricœur. Neuchâtel: La Baconnière, 1994.

LÉVI-STRAUSS, Claude. *Anthropologie structurale*. Plon, 1958. [ed. bras.: *Antropologia estrutural*. São Paulo: Cosac Naify, 2012].

_____. *Esprit*, nov. 1963.

_____. *L'homme nu*. Plon, 1971. [ed. bras.: *O homem nu*. São Paulo: Cosac Naify, 2011].

LÖWITH, Karl. *Ma vie avant et après 1933*. Récit. Tradução de M. Lebedel. Paris: Hachette, 1988.

MADISON, G. Brent. Ricœur et la non-philosophie. *Laval Théologique Philosophique*, Presses de l'Université de Laval, p. 227-241, out. 1973.

MARCEL, Gabriel. *En chemin vers quel* éveil. Paris: Gallimard, 1971.

_____. *Être et avoir*. Paris: Aubier, 1935.

_____. *Journal métaphysique*. Paris: Gallimard, 1927.

MEHL, Roger. *Le protestantisme*: hier-demain. Paris: Buchet-Chastel, 1974.

MERLEAU-PONTY, Maurice. De Marcel Mauss à Claude Lévi--Strauss. In: _____: *Signes*. Paris: Gallimard, 1960a. [ed. bras.: *Signos*. São Paulo: Martins Fontes, 1991].

_____. *Phénoménologie de la perception* (1945). Paris: Gallimard, 1976. (Coll. "Tel"). [ed. bras.: *Fenomenologia da percepção*. São Paulo: Martins Fontes, 2011]

_____. Sur la phénoménologie du langage. In: _____. *Signes*. Paris: Gallimard, 1960b.

MICHEL, Johann. *Paul Ricœur*. Une philosophie de l'agir humain. Paris: Cerf, 2006.

MONGIN, Olivier. *Face au scepticisme*. Paris: La Découverte, 1994a.

_____. *Paul Ricœur*. Paris: Seuil, 1994b.

MOUNIER, Emmanuel. *Le personnalisme* (1949). QSJ, PUF, 1985. [ed. bras.: *O personalismo*. São Paulo: Duas cidades, 1964].

_____. Refaire la Renaissance. *Esprit*, n. 1, p. 5-51, out. 1932.

NABERT, Jean. *Éléments pour une éthique*. Paris: Aubier, 1962.

_____. *Essai sur le mal*. Paris: PUF, 1955. [reed. Aubier, 1970].

NORMAND, Claudine. Le sujet dans la langue. *Langages*, Larousse, n. 77, mar. 1985a.

_____. Linguistique et philosophie: un instantané dans l'histoire de leurs relations. *Langages*, Larousse, n. 77, p. 33-42, mar. 1985b.

PELLAUER, David. Que les hommes capables se reconnaissent! In: L'homme capable. Autour de Paul Ricœur. *Rue Descartes*, Collège International de Philosophie, PUF, 2006.

PETIT, Jean Luc. La constitution de l'événement social. In: L'événement en perspective. *Raisons Pratiques*, n. 2, 1991.

PETITDEMANGE, Guy. Paul Ricœur, la mémoire du tragique. In: _____. *Éthique et responsabilité*: Paul Ricœur. Neuchâtel: La Baconnière, 1994.

PIAGET, Jean. Psychologie et philosophie. *Raison Présente*, n. 1, 1966.

POIRIÉ, François. *Emmanuel Levinas*. Besançon: ed. La Manufacture, 1992. [ed. bras: *Emmanuel Lenivas*: ensaio e entrevistas. São Paulo: Perspectiva, 2014].

PORÉE, Jérôme. Le déchiffrement de l'existence: dialogue avec Karl Jaspers. In: _____; VINCENT, Gilbert (Dir.). *Paul Ricœur*: la pensée en dialogue. Rennes: PUR, 2010.

PORTIER, Philippe. La question politique. In: PORÉE, Jerôme; VINCENT, Gilbert (Dir.). *Paul Ricœur*. La pensée en dialogue. Rennes: PUR, 2010.

QUÉRÉ, Louis. Événement et temps de l'histoire. In: L'événement en perspective. *Raisons Pratiques*, n. 2, 1991.

_____. Sciences cognitives et herméneutique. In: DELACROIX, Christian; DOSSE, François; GARCIA, Patrick (Dir.). *Paul Ricœur et les sciences humaines*. Paris: La Découverte, 2007. p. 145-165.

RAWLS, John. *Justice et démocracie*. Paris: Seuil, 1993. [ed. bras: *Justiça e democracia*. São Paulo: Martins Fontes, 2002].

____. *Théorie de la justice*. Paris: Seuil, 1987. [ed. bras.: *Uma teoria da justiça*. Brasília: Editora da UnB, 1981].

RICŒUR, Paul. À *l'école de la phénoménologie*. Vrin, 1986a. [ed. bras.: *Na escola da fenomenologia*. Petrópolis: Vozes, 2009].

____. *Amour et justice*. Paris: PUF, 1997a.

____. *Amour et justice*. Paris: Seuil, 2008. (Col. "Points").

____. Analyses et problèmes dans *Ideen II* de Husserl. In: ____. À *l'école de la phénoménologie*. Vrin, 1993a.

____. Communication au cinquième Forum *Le Monde*-Le Mans sur le thème "Où est le bonheur?". 28-30 out. 1993. *Le Monde*, 5 nov. 1993b.

____. *De l'interprétation*. Essai sur Freud. Paris: Seuil, 1965. [ed. bras.: *Da interpretação*: ensaio sobre Freud. Rio de Janeiro: Imago, 1977].

____. *De quoi est fait le politique aujourd'hui?* Bibliothèque Nationale de France, 3 fev. 1997b.

____. Discours et communication. In: LA COMMUNICATION, ACTS DU XVE CONGRÈS DE L'ASSOCIATION DES SOCIÉTÉS DE PHILOSOPHIE DE LANGUE FRANÇAISE. Université de Montréal (1971). 1973a. p. 23-48.

____. *Du texte à l'action*. Paris: Seuil, 1986b.

____. E. Husserl — la cinquième *Méditation cartésienne*. In: ____. À *l'école de la phénoménologie*. Vrin, 1993c. p. 197-225.

____. Ebeling. *Foi Éducation*, n. 81, out./dez. 1967.

____. Emmanuel Levinas, penseur du témoignage. In: ____. *Répondre d'autrui, Emmanuel Levinas*. Neuchâtel: La Baconnière, 1989a. p. 14-40.

____. Emmanuel Levinas, penseur du témoignage. *Lectures 3*. Paris: Seuil, 1994a. p. 83-105.

____. Entre herméneutique et sémiotique. In: ____. *Lectures 2*. Paris: Seuil, 1992a. p. 431-448.

____. Entre histoire et mémoire. *Projet*, n. 248, 1996.

_____. Entre philosophie et théologie II: nommer Dieu. *Lectures 3*. Paris: Seuil, 1994b.

_____. *Entretiens Paul Ricœur, Gabriel Marcel*. Paris: Aubier, 1968a.

_____. *Esprit*, nov. 1963a.

_____. Être, *essence et substance chez Platon et Aristote*. reed. Paris: Seuil, 2011. [ed. bras.: *Ser, essência e substância em Platão e Aristóteles*. São Paulo: Martins Fontes, 2014].

_____. Étude phénoménologique de l'attention et de ses connexions philosophiques. *Bulletin du Cercle Philosophique de l'Ouest*, n. 15, mimeografado, jan./mar. 1940. 29 abr. 1941.

_____. Étude sur les *Méditations cartésiennes* de Husserl. In: _____. *À l'école de la phénoménologie*. Vrin, 1993d.

_____. Événement et sens. *Raisons Pratiques*, n. 2, 1991a.

_____. Expliquer et comprendre. In: _____. *Du texte à l'action*. Paris: Seuil, 1986c.

_____. *Finitude et culpabilité* (1960). Paris: Aubier, 1988a.

_____. Fondements de l'étique. *Autres Temps*, n. 3, nov. 1984.

_____. *Gabriel Marcel et Paul Jaspers*. Temps présent, 1948.

_____. Herméneutique de l'idée de révélation. In: LA RÉVÉLATION. Bruxelas: Publications des Facultés Universitaires Saint-Louis, 1977. p. 15-54. (reed. 1984).

_____. Herméneutique des symboles et réflexion philosophique. *Archivio di Filosofia*, v. 32, p. 19-34, 1962a. [reimp. em *Le conflit des interprétations*. Paris: Seuil, 1969. p. 311-329].

_____. Herméneutique et critique des idéologies. In: _____. *Du texte à l'action*. Paris: Seuil, 1986d. p. 333-377.

_____. Herméneutique et sémiotique. CPED, suplemento do Bulletin, nov. 1980a.

_____. Histoire et rhétorique. *Diogène*, n. 168, out./dez. 1994c.

_____. *Histoire et vérité*. Paris: Seuil, 1964a. [ed. bras.: *História e verdade*. Rio de Janeiro: Forense, 1968].

_____. Husserl et le sens de l'histoire. *Revue de Métaphysique et de Morale*, v. 54, p. 280-316, 1949.

_____. Interprétation et/ou argumentation. In: _____. *Le Juste*. Esprit, 1995a. [ed. bras.: *O justo*. São Paulo: WMF Martins Fontes, 2016. 2 v.].

_____. Introduction du traducteur. In: HUSSERL, Edmund. *Idées directrices pour une phénoménologie*. Paris: Gallimard, 1950. [reed. col. "Tel", 1985].

_____. Kierkegaard et le mal. *Revue de Philosophie et de Théologie de Lausanne*, 1963b. [reproduzido em *Lectures 2*. Paris: Seuil, 1992].

_____. L'acte de juger [intervenção proferida no IHEJ]. *Esprit*, jul. 1992b. [reimp. em *Le juste*. *Esprit*, 1995. p. 189].

_____. L'acte et le signe chez Jean Nabert. *Études Philosophiques*, n. 3, p. 339-349, 1962b. [reimp. em *Le conflit des interprétations*. Paris: Seuil, 1969. p. 211-221].

_____. L'acte et le signe selon Jean Nabert. In: _____. *Le conflit des interprétations*. Paris: Seuil, 1969a.

_____. L'herméneutique du témoignage (1972). *Lectures 3*. Paris: Seuil, 1994d. p. 107-140.

_____. L'interprétation non religieuse du christianisme chez Bonhoeffer. *Cahiers de Centre Protestant de l'Ouest*, n. 7, p. 3-20, nov. 1966a.

_____. La critique de la religion. *Bulletin du CPED*, n. 4-5, p. 5-16, 1964b.

_____. *La critique et la conviction*. Entretien avec François Azouvi et Marc de Launay. Calmann-Lévy, 1995b.

_____. La grammaire narrative de Greimas. *GRSL*, EHESS, n. 15, 1980b. [reimp. em *Lectures 2*. Paris: Seuil, 1992. p. 387-419].

_____. La logique de Jésus. *Études Théologiques et Religieuses*, n. 3, p. 420-425, 1980c.

_____. La marque du passé. *Revue de Métaphysique et de Morale*, n. 1, mar. 1998a.

_____. *La mémoire, l'histoire, l'oubli*. Paris: Seuil, 2000. [ed. bras.: *A memória, a história, o esquecimento*. Campinas: Editora da Unicamp, 2007].

_____. La métaphore et la nouvelle rhétorique. In: _____. *La métaphore vive*. Paris: Seuil, 1975a. p. 173-220.

_____. *La métaphore vive*. Paris: Seuil, 1975b. [ed. bras.: *A metáfora viva*. São Paulo: Loyola, 2000].

_____. La philosophie à l'âge des sciences humaines. *Cahiers de Philosophie*, n. 1, jan. 1966b.

_____. La philosophie et le politique devant la question de la liberté. In: LA LIBERTÉ et l'ordre moral. Genebra, 1969b.

_____. La philosophie politique d'Éric Weil. In: _____. *Lectures 1*. Paris: Seuil, 1991b. [ed. bras.: *Leituras 1*: em torno do político. São Paulo: Loyola, 1995].

_____. La structure, le mot, l'événement. In: _____. *Le conflit des interprétations*. Paris: Seuil, 1969c. p. 80-97.

_____. La tâche de l'herméneutique (1975). In: _____. *Du texte à l'action*. Paris: Seuil, 1986e.

_____. Le concept de responsabilité. In: _____. *Le juste*. Esprit, 1995c.

_____. *Le conflit des interprétations*. Paris: Seuil, 1969d. [ed. bras.: *O conflito das interpretações*. Rio de Janeiro: Imago, 1978].

_____. Le conscient et l'inconscient. In: _____. *Le conflit des interprétations*. Paris: Seuil, 1969e.

_____. Le Dieu méchant et la vision tragique de l'existence. In: _____. *La symbolyque du mal*. Paris: Aubier, 1960a.

_____. Le juste entre le légal et le bon. In: _____. *Lectures 1*. Paris: Seuil, 1991c. p. 176-195.

_____. Le langage de la foi. *Bulletin du CPED*, n. 4-5, p. 17-31, 1964c.

_____. Le paradoxe politique (1957). In: _____. *Histoire et vérité* (1955). Paris: Seuil, 1964d. p. 260-285.

_____. Le philosophe. In: BILAN de la France: 1945-70, colloque de l'association de la presse étrangère. Plon, 1971.

_____. Le récit interprétatif. Exègese et théologie dans les récits de la Passion. *Recherche en Sciences Religieuses*, v. 73/1, 1985a.

_____. Le socius et le prochain (1954). In: _____. *Histoire et vérité*. Paris: Seuil, 1955.

_____. Le symbole donne à penser. *Esprit*, p. 60-76, jul./ago. 1959.

_____. *Lectures 2*. Paris: Seuil, 1992c [ed. bras.: *Leituras 2*: a região dos filósofos. São Paulo: Loyola, 1996].

_____. *Lectures 3*. Paris: Seuil, 1994e. [ed. bras.: *Leituras 3*: nas fronteiras da filosofia. São Paulo: Loyola, 1996].

_____. Lettre à Emmanuel Levinas du 25 juin 1990. In: AESCHLIMANN, J.-Ch. *Éthique et responsabilité*. Paul Ricœur. Neuchâtel: La Baconnière, 1994f.

_____. Méthode et tâches d'une phénoménologie de la volonté. In:_____. À *l'école de la phénoménologie*. Vrin, 1993e. p. 59-86.

_____. Note sur l'existencialisme et la foi chrétienne. *Revue de l'Évangélisation*, n. 31, 1951.

_____. Objectivité et subjectivité en histoire (dez. 1952). In: _____. *Histoire et vérité*. Paris: Seuil, 1964e. p. 23-44.

_____. *Parcours de la reconnaissance*. Stock, 2004. [ed. bras.: *Percurso do reconhecimento*. São Paulo: Loyola, 2006].

_____. *Penser la Bible*. Paris: Seuil, 1998b.

_____. Phénoménologie et herméneutique. In: _____. *Du texte à l'action*. Paris: Seuil, 1986f.

_____. Philosopher après Kierkegaard. In: _____. *Lectures 2*. Paris: Seuil, 1992d.

_____. *Philosophie de la volonté* (1960). Paris: Aubier, 1988b. t. 2.

_____. *Philosophie de la volonté*, 2. Finitude et culpabilité, 1. L'homme faillible. Paris: Aubier, 1960b.

_____. *Philosophie de la volonté*. Tome 1, Le volontaire et l'involontaire (1950). Paris: Aubier, 1988c.

_____. Philosophie et communication: table ronde. In: LA COMMUNICATION, ACTS DU XVE CONGRÈS DE L'ASSOCIATION

DES SOCIÉTÉS DE PHILOSOPHIE DE LANGUE FRANÇAISE. Université de Montréal (1971). 1973b. p. 393-431.

____. Pouvoir et violence. In: ____. *Lectures 1*. Paris: Seuil, 1991d.

____. Préface. In: NABERT, Jean. *Éléments pour une éthique*. Paris: Aubier, 1962c.

____. Préface. In: BULTMANN, Rudolf. *Jésus, mythologie et démythologisation*. Paris: Seuil, 1968b. [reimp. em *Le conflit des interprétations*. Paris: Seuil, 1969. p. 381].

____. Qui est le sujet du droit? In: ____. *Le juste*. Esprit, 1995d.

____. *Réflexion faite*. Esprit, 1995e.

____. Rhétorique, poétique, herméneutique. In: ____. *Lectures 2*. Paris: Seuil, 1992e.

____. Signe. In: ENCYCLOPEDIA universalis. Corpus, 1989b. v. 20, p. 1075-1079.

____. *Soi-même comme un autre*. Paris: Seuil, 1990. [ed. bras.: *O si-mesmo como um outro*. São Paulo: Martins Fontes, 2014].

____. Structure et herméneutique. In: ____. *Lectures 2*. Paris: Seuil, 1992f.

____. Sur l'exegèse de Genèse 1, 1-2, 4a. *Études Théologiques et Religieuses*, n. 3, p. 67-84, 1980d.

____. Sur la phénoménologie. In: ____. *À l'école de la phénoménologie*. Vrin, 1993f.

____. *Temps et récit*. Paris: Seuil, 1983. t. 1. [ed. bras.: *Tempo e narrativa 1. A intriga na narrativa histórica*. São Paulo: Martins Fontes, 2010].

____. *Temps et récit* (1983). Paris: Seuil, 1991e. t. 2. (Col. "Points-Seuil"). [ed. bras.: *Tempo e narrativa 2. A configuração do tempo na narrativa de ficção*. São Paulo: Martins Fontes, 2010].

____. *Temps et récit* (1985). Paris: Seuil, 1991f. t. 3. (Col. "Points-Seuil"). [ed. bras.: *Tempo e narrativa 3. O tempo narrado*. São Paulo: Martins Fontes, 2010].

____. *Temps et récit*. Paris: Seuil, 1985b. t. 3. (Col. "Points-Seuil").

____. Travail et parole (1953). In: ____. *Histoire et vérité* (1955). Paris: Seuil, 1964f. p. 210-233.

____. Une lettre de Paul Ricœur, *Critique*, p. 183, fev. 1966c.

____. *Vivant jusqu'à la mort*. Paris: Seuil, 2007. [ed. bras.: *Vivo até a morte*: seguido de fragmentos. São Paulo: Martins Fontes, 2011].

SANTO AGOSTINHO. *Livre XI*. Garnier-Flammarion, 1964. [ed. bras.: *Confissões*. Petrópolis: Vozes, 1988].

SARTRE, Jean-Paul. *Huis clos*. Paris: Gallimard, 1944. [ed. bras.: *Entre quatro paredes*. São Paulo: Abril, 1976].

____. *L'être et le néant*. Paris: Gallimard, 1943. [ed. bras.: *O ser e o nada*. Petrópolis: Vozes, 2011].

____. *L'être et le néant*. Paris: Gallimard, 1948.

____. *L'existentialisme est un humanisme*. Nagel, 1946. [ed. bras.: *O existencialismo é um humanismo*. Petrópolis: Vozes, 2012].

THÉVENOT, Laurent. Reconnaissances avec Paul Ricœur et Axel Honneth. In: DELACROIX, Christian; DOSSE, François; GARCIA, Patrick (Dir.). *Paul Ricœur et les sciences humaines*. Paris: La Découverte, 2007.

THOMASSET, Alain. *Paul Ricœur*. Une poétique de la morale. Presses Universitaires de Louvain, 1996.

TORT, Michel. De l'interprétation ou la machine herméneutique. *Les Temps Modernes*, n. 237, p. 1461-1493, 1966a.

TORT, Michel. De l'interprétation ou la machine herméneutique. *Les Temps Modernes*, n. 238, p. 1629-1652, 1966b.

VALABREGA, Jean-Paul. Comment survivre à Freud? *Critique*, p. 68-78, jan. 1966.

VON RAD, Gerhard. *Théologie de l'Ancien Testament*. Genebra: Labor et Fides, 1963.

VON WRIGHT, Georg Henrik. *Explanation and understanding*. Londres: Routledge and Kegan, 1971.

WALZER, Michael. *Spheres of justice*. A defense of pluralism and equality. Basic Books, 1983. [ed. bras.: *Esferas da justiça*: uma defesa do pluralismo e da igualdade. São Paulo: Martins Fontes, 2003].

WEIL, Éric. *Philosophie politique.* Vrin, 1956. [ed. bras.: *Filosofia política.* São Paulo: Loyola, 1990].

WHITE, Hayden. *Metahistory*: the historical imagination in nineteenth-century Europe. Baltimore; Londres: The Johns Hopkins University Press, 1973. [ed. bras.: *Meta- história*: a imaginação histórica no século XIX. São Paulo: Editora da Universidade de São Paulo, 1992].

YERUSHALMI, Yosef Hayim. *Zakhor.* Histoire juive et mémoire juive. Paris: La Découverte, 1984.